Colección Popular

Torcuato Luca de Tena
LA BRÚJULA LOCA

Planeta

COLECCIÓN POPULAR
Dirección: Rafael Borràs Betriu
Consejo de Redacción: María Teresa Arbó, Marcel Plans, Carlos Pujol y Xavier Vilaró

© Torcuato Luca de Tena, 1964
Editorial Planeta, S. A., Córcega, 273-277, Barcelona-8 (España)
Diseño colección, cubierta y foto de Hans Romberg (realización de Jordi Royo)
Primera edición en Colección Popular: junio de 1976
Segunda edición en Colección Popular: marzo de 1980
Tercera edición en Colección Popular: julio de 1981
Depósito legal: B. 24453-1981
ISBN 84-320-2140-7
ISBN 84-320-5165-9 primera publicación
Printed in Spain - Impreso en España
"Duplex, S. A.", Ciudad de la Asunción, 26-D, Barcelona-30

No sería justo desprenderme del original de este libro sin rogar al Editor me permita anteponer unas líneas que expresen públicamente mi gratitud hacia cuantos respondieron con generosidad a mis impertinentes peticiones de ayuda.

El médico asturiano Antonio Alonso Pagazaurtundúa y su esposa, la montañesa Maruja Palacios —hidalgos en tierras donde toda hidalguía tiene su asiento—; los también montañeses Bustamante de Potes, Teodoro Palacios Cueto, Antonio Obregón; el palentino Luis Antonio Corral Salvador y su esposa, la escritora y pintora Caty Juan; la reverenda Madre María Inmaculada, Abadesa del Monasterio de Clarisas de Astudillo (Palencia); el Teniente Coronel de Ingenieros Guillermo Nadal Simó, Gregorio Marañón Moya, José Luis Vázquez-Dodero me ayudaron a resolver problemas no siempre fáciles de ambientación y léxico popular. Aquél alojándome en su casa y acompañándome por los vericuetos —más propicios a la uña del rebeco que no a mis botas de improvisado montañero—; éste sugiriéndome una variación del itinerario que la acción de la fábula exigía; corrigiendo esotro impresiones de léxico o desplegando ante mí un abanico de anécdotas, dichos, voces o fonías propias de una región, un oficio, o un momento histórico, han suplido todos con creces las muchas lagunas abiertas en la narración por mi corto ingenio. No puedo agradecer con sus nombres a otros colaboradores: queseros, pastores, clérigos, soldados, arrieros, pescadores a quienes cargo con la responsabilidad de colorear la ambientación y los diálogos, guardando para mis alforjas la de la transcripción y —por no quedarme en cueros de responsabilidades— de la fábula.

Y ya que andamos entre gratitudes quiero también citar a Víctor de la Serna, porque enseñó a toda una generación a amar la geografía de su país; a buscar la substancia histórica y política, la entraña literaria, la gracia —negra o rosa— de esta España dulce y tremenda, en cada una de sus piedras, sus horizontes o el cruce de sus caminos. A mí, su lector apasionado, me hubiera gustado ofrecerle en vida este libro, escrito en las encrucijadas que tanto amó.

TORCUATO LUCA DE TENA

A BLANCA, MI MUJER, EN DESAGRAVIO, PORQUE FUE VÍCTIMA DE LAS IMPACIENCIAS, MALOS HUMORES, ZOZOBRAS QUE ACOMPAÑARON LA MUY LARGA GESTACIÓN DE ESTE LIBRO, REDACTADO EN LUCHA CON EL TIEMPO Y CON LOS AFANES INELUDIBLES DE OTROS QUEHACERES. SIN SU EQUILIBRIO, SIN SU INTELIGENTE Y FINÍSIMO CONSEJO, SIN SU COMPAÑÍA, SIN SU ALIENTO, ESTAS PÁGINAS NO HUBIERAN SIDO ESCRITAS. NI ÉSTAS NI OTRAS MUCHAS QUE YA SON VIDA.

A

«En los ojos de tu madre
serás niño hasta el final.» (*)

—¡Aquí hay otro!
 —¿Está vivo?
 —¡Qué va a estar!
 —¿Le has palpau?
 —No llego, pero le columbro con los ojos de la mi cara, que por eso están. Pásame el palu.
 —Ten cuidau. Como nos falle el suelo nos vamos los dos p'abajo... ¿Qué? ¿Llegas?
 —Tan guapamente... ¡Ya toco en blando!
 —¿Se mueve?
 —No sé... ¡Mira que si está vivo!
 —Pero ¿resueya o no resueya, roño?
 —Te digo que no sé... Avisa a los otros... ¡Creo que se ha movío!

Damián hizo altavoz con las manos.

—¡Eeeeeeeeh! ¡Que aquí hay otruuuu!

Abajo, en la taberna, el alcalde pedáneo había organizado su estado mayor.

—¿Cuántos van ya?
 —Ocho, creo.

(*) N. del A. Los versos que a modo de lemas encabezan —y matizan— los capítulos de esta obra son todos de Agustín, conde de Foxá: homenaje del autor a su memoria y a su obra.

—¿Todos muertos?
—¡Toos muertos!
—¡Leñe!
—A mí me agüele que el padre era fascista. Y que se vino al pueblo pa esconderse. ¡Como aquí naide le conocía!
—¿Qué sabes tú? Eran forasteros. Y el hombre estaba enfermo y no hacían mal a naide.
—Ni bien tampoco.
—¿Enfermo el padre? ¿Nueve meses enfermo? ¡Los meses de la guerra! ¡Echa la cuenta y verás...!
Petra, la tabernera, intervino.
—Los niños no son fascistas. Los niños son niños y na más.

En la carretera, tumbados junto a la cuneta, estaban los ocho cuerpos. Tulio, el peón caminero, tuvo la precaución de poner varios metros antes y varios después dos triángulos de señalización que decían: «Peligro-Obras». No fuera a venir algún coche y se armase un estropicio.
La mujer de la tienda los conocía a todos. Daba pelos y señales de cada uno.
—Ésa es Merceducas. Tenía novio.
—¡Anda la mi madre! ¡Si paice una chiquilla!
—Pues tenía novio.
La Pilara se acercó al cadáver de la niña y le bajó las faldas del camisón.
—Debían quitarlos del sol. Se van a poner perdidos.
—¿Cuál es el padre?
—El del saco en la cara.
Levantó la lienza para mostrarle. Tenía el cráneo abierto y los ojos se le habían derramado sobre la boca.
—Y ésa será la madre, ¿no?
—Dicen que era de Madrid y más guapuca que un sol.

Pilara explicó que aquel muchachote grande, casi un hombre, que llevaba la cara cortada por los rasguños, fue el único al que sacaron vivo, pero murió en seguida. Se llamaba Carlos. Los rasguños eran de la navaja, pues no sabía afeitarse. Con esto todos le gastaban bromas. Los otros eran informes montones de carne aplastada.

La bomba cayó poco después del amanecer. Según Pilara, el avión iba tocado y soltó lo que tenía dentro antes de estrellarse en el mar. Otra bomba cayó en lo alto de Miranda y otra en Mataleñas, cerca del Cabo Mayor. Su hermano Toñuco había visto el hoyo que hizo la explosión. Más de doce metros tenía.

En esto se oyó la voz de Damián.

—¡Eeeeeh! ¡Que aquí hay otruuu...!

—¡Puños! Pero ¿aún hay más?

Pilara puntualizó:

—Diez tie que haber. Siete niñucos, los padres y una criada.

Subieron por el vertedero de cascotes. Antes de apoyar el peso de la pierna convenía tantear la firmeza del suelo. Un ala de la casa estaba en pie. La pared se veía dividida en cuadrículas de distintos tamaños, marcadas por las plantas y las paredes desgajadas, con lo que parecía un decorado teatral con múltiples escenarios. El plano inclinado formado por el derribo cruzaba por un lateral los pisos caídos, de modo que una de las plantas intermedias, la única habitada cuando sobrevino la catástrofe, quedaba mitad cubierta por el hundimiento de los pisos más altos y mitad al aire, impúdica, desgarrada, como el vientre de un caballo corneado, con las entrañas fuera. Allí el azulejo del cuarto de baño, el papel floreado del dormitorio, el fregadero de piedra con su grifo seco. En el vestíbulo, una percha con una boina que se movía con la brisa; en un cuarto indefinido, un inmenso crucifijo de pasta y, colgando sobre el vacío, un bidé unido al azulejo desconchado por la arteria reventada de una tubería de plomo. Una cuerda cruzaba el espacio entre el ángulo de la cocina y el lavadero. Había pantalones de pana colgados y pijamas y enaguas y prendas íntimas, y, como ingrávido fantasma, un camisón de mujer que movía en el aire los brazos vacíos.

El grupo de curiosos alcanzó la zona más alta de aquella terrible ladera. Habían abierto un hoyo entre las ruinas. El fondo del pozo era una alcoba medio cegada por el derrumbamiento. El hombre de la escoba enganchó algo con el palo. Y lo sacó. Era un oso de trapo. Lo dejaron al borde del agujero. Semejaba un curioso más sentado entre los mirones, la cabeza ladeada, avizorando el pozo. Un ojo de cristal se le había movido y parecía bizco.

Damián se deslizó al interior. Las cuatro paredes estaban enteras, pero parte del techo se había venido abajo. Palpó con miedo, como si fuera a provocar una descarga eléctrica, el cuerpo recién cubierto. Sólo se veía el brazo y parte del cuello y del costado. Rufino bajó junto a él y comenzaron a retirar los escombros, con cuidado de no provocar una nueva catástrofe. Como allí no cabían, pasaban las piedras a los de arriba y éstos las arrojaban sobre las ruinas. En seguida se vio que se trataba de una mujer. La postura del cuerpo era harto extraña, pues estaba boca abajo, mas no tendida, sino en cuclillas, sentada sobre los calcañares y apoyada en éstos y en los codos, como si anduviera a gatas cuando la sorprendió la muerte. Pilara certificó que era Anselma, la criada. Alguien aventuró una hipótesis. Antes de morir quisó, quizá, presionar con la espalda hacia arriba, para liberarse del peso que la aplastaba. De ser así, si la llegan a descubrir antes, quién sabe si no la sacan con aliento.

Uno de los hombres, que introdujo la mano entre el cuerpo de la mujer y una gruesa viga para retirarla, miró a los de arriba anhelante.

—Me ha parecido oír...

—¿Qué pasa?

—No sé... Me ha parecido oír... Ven tú... Pon las manos aquí.

Palparon ambos el costado, entre el pecho y la cadera, y creyeron percibir un sí es no es levísimo, lejanísimo temblor.

—¡Callarse toos! —gritó Rufino—. ¡Está viva!

Parecía imposible, pues tenía la cabeza enterrada.

Comenzaron a trabajar febrilmente. Uno de ellos arañaba la tierra junto a la cara; lo hacía con las manos, por miedo a utilizar el pico y herirla. En pocos minutos el cuerpo de la mujer quedó liberado. Vestía una bata, que se adivinaba azul bajo la película de polvo, y calzaba alpargatas. Era, pues, la única que estaba levantada y vestida cuando sobrevino la desgracia. Retiraron el cuerpo. Bajo el vientre de la mujer muerta apareció el cuerpo vivo de un niño. La mujer, al oír el estrépito del avión y de la bomba, y quizá las primeras sacudidas de la casa, tuvo tiempo de precipitarse sobre la criatura para protegerla y aun de cubrirla y de improvisar una cámara heroica entre los codos y las rodillas, mientras el mundo se derrumbaba en torno. En ese hueco, en aquel claustro materno, el niño vivió cuando los demás morían. Fue un parto terrible e inesperado. Damián y Rufino depositaron en el suelo el cuerpo de Anselma y se acercaron al chiquillo. No tendría más de cinco o seis años. Parecía desvanecido. El color de la piel era el de un muerto, pero respiraba. Un haz de brazos se tendió hacia ellos. Rufino se acercó a la cama. Damián trepó sobre los escombros para recibir al niño de manos de su compañero y entregarlo a los de arriba. Cuando Rufino fue a cogerle, el niño abrió los ojos y le miró.

—¡Despierta, gandul, tus hermanos ya se están desayunando!

Apenas pronunciadas las palabras, rituales, Anselma se acercaba a la ventana y la abría de par en par. Había entonces que hundirse bajo las sábanas, o cubrirse la cabeza con la almohada para atrapar ese cabo de sueño que se escapa, ese «un poco más» de vida imaginada antes de que el sol, colándose por el primer intersticio de la persiana entreabierta, cayera sobre él como un chorro de agua caliente y dorada. Tornaba entonces a cerrar los párpados y en la penumbra mental de la duermevela, convivía perezosamente unos instantes más con los últimos jirones del sueño.

Nunca, como hoy, tardó tanto tiempo Perico en contrastar la irrealidad imaginada con la incongruente realidad. Una vez, siendo todavía muy niño, cayó a un pozo seco de pocos metros, de donde tardaron una eternidad en poderle sacar. Recordaba —como gruesas cuentas de un collar redondo que rodeaban el brocal del pozo— las caras de sus hermanos mayores, de sus padres y de unos hombres que acudieron a los gritos de auxilio de Anselma. Los veía a contraluz, proyectados sobre el cielo, asomadas las cabezas en torno al agujero. Esta escena real la había cien veces revivido Perico en sueños. Hoy, aquella vivencia se repetía. En el brocal de un gran agujero abierto en el techo de su cuarto, caras de hombres y mujeres le miraban pasmados y en silencio. Abrió y cerró los párpados repetidas veces. Allí estaba Pilara, la tendera, y Petra, la de la taberna. Clavó sus ojos en ella.

—¿Por qué estás en el tejado? —le preguntó.

Después bajó los ojos y miró en torno suyo. Entendió que Anselma se había caído desde el techo y lo había roto. Mientras miraba y remiraba el descalabro sufrido, su pensamiento se expresaba en forma de diálogos con su madre. *«Entonces, Anselma se puso a limpiar la lámpara, y entonces se le cayó la silla y entonces se colgó así, y entonces el techo se rompió, y entonces...»*

Entonces, descubrió a Anselma de bruces en los escombros.

—¡Anselma! —dijo.

—¡Saca al angeluco de ahí, venturau, que no vea así a la chica!

El hombre le tomó en brazos y trepó, llevándole en alto, por un desmonte del derribo. Lo acercó a los de fuera. Igual que al sacarle aquel día del pozo, cien brazos se le tendieron.

—¡Aúpalo un poquituco más...! ¡No llegamos!

Perico tuvo conciencia de la novedad que representaba cruzar por los aires el techo de su alcoba. Y tanto le emocionó la experiencia, que imaginó que eso no le acontecía a nadie salvo a las almas de los niños cuando se mueren. Tuvo un vahído, torció la cabeza y se desvaneció.

Los hombres regresaron empapados de agua. Damián se quitó la gabardina y la capucha de goma. Las tiró al suelo con rabia.

—¡Buen mandau pa una noche como ésta... leñe!

—¡Pero, Damián, hijo, alguien tie que ayudar!

—¡Están los hombres trabajando como güeyes desde que salió el sol pa buscar muertos... y ahora de noche a echar las tripas ajuera pa buscar vivos!

La tabernera no se movió de su silla.

—¿No habéis visto na?

—¡Na; leñe, na!

Petra, mientras hablaba, se sobaba las sienes con las yemas de los dedos. Se resistía a aceptar la evidencia.

—¡Pues no pue estar lejos! —gritó.

—Eso nos decimos toos... ¡Mas que lo busque otro! —replicó Damián.

Se volvió al mancebo, que atendía en la barra.

—A ver, guaje, tira de aguardiente.

Petra aclaró:

—Serviros lo que queráis. Yo pago.

—Eso no. Tan hijo tuyo es el angeluco como mío o del cura.

—Pero estaba a mis cuidaus —replicó la mujer.

Bebieron, volcando el primer vaso al coleto para sentir la quemazón, paseando el segundo por la lengua a pequeños sorbos, como debe ser.

—¿Habéis caminau mu lejos?

—Por la carretera hasta Santander. Y nadie le ha visto.

Petra informó de lo que hicieron los otros, por distintos caminos, con el mismo resultado.

Cuando entró el pedáneo, Damián y Rufino se fueron a dormir.

—¡Y que no me pueda apartar del barrio sin que pase una desgracia!

—¿Ya se lo han contau a usté?

—En cuanto llegué a mi casa. Vamos a ver. ¿Qué ha pasado?

—Pos ya lo sab'usté: U que han robau al crío u que se ha marchau, u que... que... ¡qué sé yo!

—Tú ¿a qué hora le viste por última vez?

—A las cinco. Entoavía no estaba encendida la luz.

—¿Dónde le habías metido?

—Mesmamenti en mi cuarto. Y le acosté en la mi cama. Y le subí de comer.

El pedáneo tuvo un pensamiento siniestro, mas no se atrevió a expresarse a las claras.

—¿El niño no se recelaba nada?

—¿Respective a lo de sus padres? ¡Vaya usted a saber! Pa mí que no se arrecelaba, pero con los niños, ya sabe usted, no hay quien se entienda. Asustau y extrañau sí estaba.

—¿No te preguntó por su madre o por Anselma?

—De Anselma sí me habló; pero yo no le entendí mu bien; que si un día se colgó d'una lámpara y qué sé yo qué cosas más; pero ni de la su madre, ni de su padre, ni de los hermanucos dijo na ni apreguntó na... Como le veía mu solo y yo no podía entretenerle y me acordé que habían encontrau un osu de trapo, fui a buscarle y se lo traí. Le arregló el ojuco de cristal que tenía bisojo. Y al verle entretenido me salí.

—¿Eso cuándo fue?

—¿Qué sé yo? ¡Pa las cuatro serían! Después le dejé solo mucho rato, pos vino el alcalde de Santander y el Comisario de no sé qué, y hubo aquí mucha reunión.

—Ésa es otra —gruñó el pedáneo—. Cuando avisé al alcalde no vino, y en cuanto me ausenté se vino para acá.

—Habló con unos y con otros y dijo que una de estas noches vendrían de madrugada unos dinamiteros pa volar las paredes que han quedau en pie. Que así son un peligro. Y que no se asustara el vecindario, que ya avisarían antes de poner la denamita. Y respective al niño que me lo aquedara una servidora y que de aquí a tres días le golverían a buscar. En cuantu se jueron subí a ver al Perico.

—Y ya no estaba...

—Sí, señor, que sí estaba, pero llorando. Mire usted —continuó— que toos habemos concencia de la tragedia de ese críu. Pos mientras se le veía reír y jugar, una se olvidaba de to. Pero verle llorar y pensar en el padre aplastau y la madre aplastá y los hermanucos aplastaus y en que se ha quedau más solo que un perro con sarna fue to uno y me tuve que golver pa que no me viera llorar a mí. Endispués, mascando las agrias y como a socapa le pregunté que de qué lloraba. Y va y me dice: «Ése que es tonto», me dice. Y yo le digo: «¿Ése? —como por tirarle de la lengua—. ¿Y qué te ha dicho?» El niño miró al osu, endispués me miró a mí, así mu cabal, y me arresponde: «No te lo digu». «¿Y qué te puede a ti decir el osu que tú no me puedas decir a mí?», le pregunté. Rompió entonces a llorar y yo le besé en la su caruca pa consolarle y le dije, digo: «Anda, no llores más, tesoro, y no hagas caso al muñecu. Los muñecus no hablan». Endentonces me fui a prepararle una merienda. Cuando golví el niño ya no estaba.

—¿Y el oso?

—El osu, tampoco.

El pedáneo golpeó la mesa con el puño.

—¡Pues hay que seguir buscando!

Se organizaron nuevas cuadrillas de voluntarios; preguntaron a los peones, a los guardias, a las milicias que vigilaban la carretera. A la luz de antorchas y de linternas le buscaron por huertas, cuadras, establos, pajares. Registraron, ayudados de perros, los silos, las porquerizas, los graneros; hasta rastrearon las acequias con pértigas.

A nadie se le pasó por el magín que Perico estuviese en su casa, en su cuarto; ni que hubiera ido allí para algo tan elemental como advertir a su madre de lo que había ocurrido.

Perico reconoció en seguida el establo de las vacas y el gran portalón por el que tantas veces había visto desde la calle, acompañado por Anselma, entrar el ganado. Tiró con fuerza de las desvencijadas maderas y salió al exterior. Dos mozalbetes pasaron corriendo junto a él y estuvieron a punto de derribarle. Iban como ciegos. «¡Ya se los llevan!», oyó que gritaban. De la taberna salieron también varios hombres y mujeres —Petra, entre ellos— y se alejaron a grandes pasos dándole la espalda. Perico no tenía ojos más que para las ruinas. ¡Cómo se iba a poner su padre cuando viera cómo había quedado todo por culpa de Anselma!

Comenzó a trepar por los escombros. En su cuarto había una puerta por la que se llegaba al dormitorio de su madre. Ya se veía con la imaginación cruzando su umbral, y adivinaba el gesto de la mujer llevándose las manos al rostro al conocer la magnitud del desastre. Los pies le hacían daño al subir, pues iba descalzo y apenas podía ayudarse con las manos, ya que llevaba el oso entre los brazos. Por este motivo tuvo que detenerse varias veces. Todo el pueblo estaba arracimado junto a un camión. Había soldados y guardias que daban órdenes y las gentes miraban embobadas cómo cargaban unos sacos en la trasera. Siguió subiendo. Aquello no iba con él. El ruido del camión al ponerse en marcha le obligó a detenerse de nuevo. Los hombres se quitaron la boina y algunas mujeres a hurtadillas se santiguaron. Perico no quiso saber más. «En su cuarto había una puerta.» Siguió escalando hasta divisar el agujero que buscaba. Se agachó junto a él y estuvo largo rato mirando dentro, con temor primero, con suma atención después. A través de la grieta divisó su armario y su cama. Esto le llenó de satisfacción. Sin pensarlo más cogió el muñeco y lo dejó caer. Comenzó a introducirse de frente; acto seguido lo hizo de espaldas. Después rodó y varias piedras desprendidas le acompañaron.

—¡Menudo susto!

Le serenó oír su propia voz.

El cuarto estaba en penumbra, mas comprendió que no podría encender la luz pues la lámpara del techo estaba hecha añicos entre los cascotes. Con sumo cuidado de no clavarse un cristal avanzó hacia la puerta. En el camino descubrió entre unas piedras su estatuilla fosforescente de la Virgen, que brillaba en aquel caos como una estrella caída. La recogió. Sin desprenderse de ella se subió al hacinamiento de escombros que cegaba la puerta.

—¡Mamá! —murmuró muy bajo.

Aplicó el oído sobre aquella madera combada, traspasada otros días por los gritos y las voces de sus hermanos y hoy silenciosa.

—¡Mamá, Anselma ha roto el techo de mi cuarto!

La tarde, muy avanzada ya, oscurecía las paredes. Súbitamente se volvió lloroso hacia el muñeco de trapo.

—¡Cállate! ¿No ves que no me dejas oír?

Cogió entonces una gruesa piedra y la apartó de la puerta. Se hizo daño, tropezó, quiso apartar otra más y no pudo. El miedo comenzó a rondarle de cerca.

—Tu madre está dormida —dijo, para tranquilizarle, el oso—. ¿No ves que ya es de noche?

—¡Los muñecos no hablan!

—Yo no hablo —respondió el oso—. Eres tú quien habla por mí.

Perico descendió lentamente de su pequeña atalaya. Su madre no podía oírle. ¿Cómo iba a poder si estaba dormida? Mañana, cuando hubiera luz, se lo diría todo. Retiró como pudo el polvillo de cemento, adobe y cal que cubría las sábanas; recogió al oso del suelo y, sin desprenderse de la estatuilla de la Virgen, se introdujo en la cama.

La Virgen, el oso y el niño durmieron hasta el amanecer.

B

> «No bien hemos nacido
> ya comienzas a herirnos.»

Y EL BUEN SOL visitó de nuevo la Tierra. Escaló primero la vertiente oriental de los picos de Europa, hasta las cumbres del Castro de Valvanera, y desde allí inició la ronda de cada día, Occidente abajo. Despertó a las águilas que anidan en los farallones y las crías sacudieron al verle sus plumas entumecidas; despertó a los rebecos que asomaron el hocico humeante y tembloroso entre las grietas de los peñascos; deshizo unos jirones de niebla que habían quedado enganchados en un crestón de Piedras Luengas, y se detuvo curioso ante una mancha de nieve, un sombrerillo de lana, con que se tocó la cumbre de Peña Labra, la de las tres vertientes. Como el verano ya estaba en puertas, le pareció mucha presunción aquel solideo y lo fundió con sólo mirarlo. Un tercio del agua se despeñó hacia las quebradas de Brañosera, con lo que algún día, allá por el otoño, haría amistad con las aguas del Pisuerga, y, por el Duero, moriría en el Atlántico. Otro tercio se deslizó por una vaguada abierta hacia el Sur. Siguiendo la pendiente muy pronto llegaría al Híjar, padre del Ebro, y por él acabaría rindiendo culto al culto Mediterráneo. La tercera y mínima piecezuela opuso cierta resistencia a fundirse, pues miraba al Norte, pero muy pronto goteó sobre una pradera que la engulló y por secretos vericuetos subterráneos inició el descenso hacia la fuente que alumbra el torrente Tibierga, condenado a engrosar por el cauce del Nansa las aguas del Cantábrico.

Ya los corzos y rebecos, tensas las patas de alambre, saltan entre las peñas disparándose como muelles; ya los gavilanes avizoran, quietos en el aire, el paso de las torcaces; ya las abejas zumban en los panales, abiertos en los troncos de las hayas, anunciando su primera salida. Entonces, monte abajo, el sol despertó a los osos.

—¡Hala, gandules, que la miel es vuestra y los madroños están perlados por el rocío!

Planeó el buen sol sobre el peine que tiene por nervio la Cordillera Cantábrica y por púas los altos que encauzan los valles y estrechuras rotos por los álveos del Besaya, el Deva, el Nansa y el Pas; descubrió Villacarriedo cabe el Pisueña y Santillana por sus torres, y Tudanca con flecos de bruma deshilachados sobre las tejas, y Potes, y San Vicente de la Barquera. Abajo, con un dedo crispado de mar, hendido en su costado, Santander.

Se adelgazó el buen sol para ceñirse a las hoces y grietas que estorbaban su camino, se abrió en mil pedazos para filtrarse entre los bosques de abetos, hayas, robles y eucaliptos, y se desparramó holgazaneando por las praderas.

Como la barriada de San Blas está hundida entre collados, cuando el sol llegó a sus puertas ya estaba muy avanzada la mañana.

—Buenos días, sol.
—Buenos días, Perico.
—¿Hace bueno?
—Hace un tiempo excelente. Tus hermanos no te han querido esperar y se han ido a la playa. ¡Ya pronto empezará otra vez el tiempo de bañarse!

Perico se restregó los ojos y se sentó en la cama. Bostezó. El desayuno ya estaría frío. Miró hacia la puerta que daba al corredor. Ayer retiró dos piedras y aún quedaban más de cien.

—¡Anselma! —llamó.
—Anselma se ha roto —comentó el oso—, y la han llevado a arreglar.

Perico miró al muñeco de soslayo, y no replicó.

Saltó al suelo, y con pasos vacilantes se acercó al armario. Lo abrió con temor. Los trajes de Anselma, colgados de las perchas, le dieron miedo. Sacó el bañador y se lo puso. Encima se vistió el pantalón de pana y una camisa limpia. Por último inició la más delicada —y más deseada también— de las operaciones: calzarse los zapatos. Con la lengua entre los dientes y todos sus sentidos presos en la ejecución de la difícil maniobra, consiguió anudarse los lazos como un experto. Por último dobló su «pyjama» y estiró las sábanas como pudo.

—¿Para qué haces orden? —le preguntó el oso.
—Para que no me regañen.
—¿Y quién te va a regañar?

Perico miró temeroso hacia la puerta, y avanzó unos pasos. Un extraño desasosiego, cual si fuese a cometer una acción prohibida, le detuvo frente al umbral. Se inclinó y retiró un pequeño ladrillo, puñados de adobe, esquirlas de cemento, trizas minúsculas de material. Aunque estuviera cien años trabajando no conseguiría liberarla. Un poco pálido y con la voz temblona, preguntó muy alto:

—¡Mamá! ¿Quieres que retire *todas* las piedras?

Esperó un rato y añadió:

—Son muchas.

Contuvo la respiración.

—¿Has oído? —preguntó al oso con la cara iluminada—. Dice mi mamá que ya están todos en la playa y que, como ya se acerca otra vez el verano, que, a lo mejor, podemos bañarnos... Que vayamos nosotros también, y que mientras tanto vendrán unos hombres y retirarán las piedras.

Se acercó al talud, dispuesto a salir.

—Yo no he oído nada —comentó el oso.

El niño le miró con desprecio.

Un oculto sentimiento de enemistad comenzaba a nacer en su interior hacia el oso de trapo. El muñeco hablaba más de lo que debía y a veces decía cosas que Perico no quería escuchar.

La familia de Perico veraneaba todos los años en Santander. Insólitamente, las últimas vacaciones fueron tan elásticas, a causa de la guerra, que llegó el otoño y el invierno y la primavera sin que el temido regreso a Madrid —temido para los niños por la reanudación del curso escolar— se produjera. ¡Qué dolorosa sensación ver la playa vacía, desnuda de toldos multicolores, desamueblada de sillas de mimbre y tumbonas de lona, deshabitada de bañistas! ¡Y qué ilusión intuir —a medida que la primavera volvía por sus fueros— que ya pronto recuperaría la playa sus antiguos atributos!

Rodrigo, Mariví y Perico —que era el menor de los pequeños— se distinguían por un privilegio del que no gozaban sus hermanos mayores. Como éstos tenían bicicleta, bajaban a la playa por la carretera. Los pequeños, en cambio, lo hacían por un atajo y raro era el día —según la estación— que no eran agasajados con un par de panojas o de manzanas. Una mañana del último otoño, Mariví, que ya tenía siete años, se dejó un diente en la suculenta operación de desgranar con la boca la dorada espiga del maíz, y tal fue su voracidad, que con los granos se tragó el diente. Aquello representaba una doble tragedia, pues sobre la pérdida del diente había la pecuniaria, ya que siguiendo la tradición de «a diente caído, duro de plata», su padre indemnizaba con una moneda de cinco pesetas la deseada mutilación.

Perico, al cruzar ahora en primavera por el mismo sitio que ocupaban en otoño los dorados maizales, recordaba las lágrimas de su hermana y la inesperada aparición un día más tarde del diente perdido, pues tan apegada era Mariví a los bienes materiales, que por no perder el duro estuvo hurgando donde no debiera hasta encontrar lo que buscaba. La entrada solemne de Mariví en el comedor donde estaban todos reunidos, exhibiendo como un trofeo el producto de sus pacientes investigaciones, fue tan celebrada que las bromas duraron varias semanas.

¡Y cómo se reía Perico, mientras trotaba cuesta abajo entre los maizales, al recordar este episodio! Repetía en voz alta los disparates de Carlos, el primogénito; imitaba, sin dejar de trotar, los ademanes pudibundos de Mariví, y tuvo que detenerse para reír a gusto, al recordar a su madre, que se atragantó por culpa de la risa cuando Anselma, siempre solícita, trajo un frasco de alcohol para desinfectar el diente.

El recuerdo del episodio de Mariví rememoró en Perico que la causa de todo fue precisamente una mazorca; el maíz le trajo a la memoria que no se había desayunado, y que tenía hambre y que en esta época del año no había nada a su alcance que llevarse a la boca.

Como no vio a sus hermanos en la playa, no se atrevió, estando solo, a bañarse en el mar. Sentóse en la orilla, en la zona donde éstos acostumbraban el año pasado a chapuzarse, y allí estuvo absorto, largo tiempo, dobladas las piernas, apoyados los codos en las rodillas y la cara entre las manos. Había unos pulgones rubios, del mismo color que la playa, que se escondían bajo la superficie; habían unas chirlas en la orilla que sólo se veían cuando el mar se retiraba, pues el agua las desguarnecía de arena; había un trocillo de madera que flotaba en la espuma y que tan pronto parecía que iba a quedarse en tierra cuando la ola le empujaba, como que iba a perderse mar adentro cuando la resaca lo atraía; había una gaviota quieta, quieta, en el aire, como prisionera entre dos vientos, y había unos pájaros diminutos que volaban bajísimos sobre el agua sin que ninguna ola los salpicara. Y barcos que entraban por la bocana del puerto, mugiendo como las vacas, y algas, y conchas, y nubes y mil cosas más que Perico observaba atentamente, mientras las horas pasaban y el sol, que tiraba de ellas inexorable, doblaba ya la primera mitad de su camino. De cuando en cuando tenía Perico que pasarse el dorso de la mano por los ojos porque las lágrimas no le dejaban ver a gusto ¡y había cosas estupendas que mirar y que admirar! De súbito vio un delfín y fue tal su entusiasmo que se puso en pie, no fiándose de sí mismo, por comprobar si era cierto. ¡Y entonces vio dos, tres, nueve, negros y relucientes, que saltaban una y otra vez! Necesitaba que alguien participara con él de la alegría de aquel portento y volvió la cabeza buscando a sus hermanos. Pero la playa estaba vacía. Sólo a lo lejos unos chicos, ya mayores, jugaban a las canicas. Por lo menos tenían once años, o, a lo mejor, doce. Corrió hacia ellos para que vieran tamaña maravilla. Uno de los muchachos tenía en la mano un saco de avellanas. Ver el saco y sentir hambre fue todo uno.

—¿Me das una avellana?

El chico le miró con disgusto. Cogió una pieza entre el índice y el pulgar, y se la entregó.

Perico la comió sin moverse de allí.

—¿Me das otra?

—¡No! —respondió firmemente el muchacho.

Y entonces Perico, por vengarse, no le dijo que había visto nueve delfines.

Dos cosas tenía Martín que subyugaron la atención y la admiración de Perico. Una, por el Norte: la boca sin dientes.

Otra, por el Sur: los pies. Eran los pies más deformes, grandes, sucios y hermosos que nunca viera. Las venas, gruesas cual tuberías, levantaban la piel del empeine y los gollizos, igual que las raíces de los pinos levantan la tierra hasta muy lejos del tronco. Los tendones parecían cuerdas de guitarra de puro tensos; los tobillos, inmensas protuberancias tan grandes como huevos de gaviota, y los dedos —¡ah, los dedos!— largos, nervudos, inquietos, estaban armados de las uñas más largas y negras —admirables en suma— que cabe imaginar. Cuando Martín hablaba, los enormes dedos de sus pies se movían al unísono de sus labios, como si pulsaran las teclas de un órgano y cada nota fuera una emisión de la profunda, cavernosa, tremenda voz de Martín.

Cuando aquellos soberbios cascos se detuvieron frente a él, Perico alzó la vista. A la altura de las rodillas descubrió el borde arremangado de un pantalón mil rayas.

Las piernas de Martín Pescador se doblaron en una flexión y todo el corpachón descendió a la altura de Perico. Éste se sentó para verle mejor. Quedaron frente a frente, sentado el niño, en cuclillas el hombre.

—¿Por qué lloras?

Si los pies del pescador fueron la primera causa de la simpatía de Perico hacia Martín, la corriente inversa, la de Martín hacia Perico, fue el gesto de infinito, sincerísimo estupor del chiquillo, al oír tan increíble pregunta.

—¡Pero si no estoy llorando! —exclamó con la cara empapada en lágrimas y a pesar de esto iluminada por la sorpresa.

—Y eso... ¿qué es? —le preguntó el hombre pasándole un dedo por los carrillos mojados.

Perico se llevó las manos a la cara, las miró, y armándose de una sonrisa angelical, exclamó:

—Son mocos.

Martín hablaba muy despacio, y, con frecuencia, antecedía lo que fuera a decir, de un silencio cargado de guasa durante el cual sus ojillos escrutadores e insolentes miraban burlones a su interlocutor. (Hubo un tiempo en que las buenas mozas se turbaban, y no poco, ante esta manera tan descarada de mirar, pues, al decir de algunas, las desnudaba con sólo verlas. Y es que era muy derretido en sus amores. A muchas, esto les gustaba.)

Martín se encaró con Perico.

—¿Sabes lo que tú eres?

—¿Qué?

—Un grandísimo embustero.

Perico confesó la verdad.

—Es que... no me había dado cuenta.

—¡De modu y manera que no te diste cuenta de que llorabas!

—No —dijo el niño con gran sinceridad. Y para corroborar que cuanto decía era cierto, se llevó una mano al corazón. Esto entre sus hermanos equivalía a un juramento formal. A renglón seguido añadió—: Y tú ¿por qué no tienes dientes?

—¿Que yo no tengo dientes?

—¡No tienes! ¡Tócate y verás!

—Sí tengo...

—¿Sabes lo que tú eres? —dijo riendo Perico—. ¡Un grandísimo embustero!

Martín se llevó los dedos a la boca y fingió la mayor de las sorpresas.

—Pues es verdad —exclamó—. Lo que pasa es que no me di cuenta.

—¿No te habías dado cuenta de que no tienes dientes?

—No —replicó muy serio Martín. E imitando el ademán de Perico se llevó una mano al corazón.

El chiquillo se tuvo que tumbar de espaldas para reír mejor. Martín le dejó carcajearse a gusto. Después le preguntó:

—Vamos a lo nuestro, galopín. ¿Te has perdido?

—No.

—Entonces ¿por qué llorabas?

—Pos... porque mis hermanos no han venido.

—¡Acabáramos! Se han olvidau de ti.

Perico se encogió de hombros.

—Sí.

—¿Y por qué no te vas a la tu casa? Ya no hay nadie en la playa.

—Pos... porque a lo mejor vienen y a lo mejor después no me encuentran.

—Y ¿no te da miedo estar aquí soluco?

—No.

—Y ¿cuando te canses sabrás volver a la tu casa sin que

nadie t'ayude?
—Sí.
—¿No quies que t'acompañe?
—No.
—Pos entonces me voy, que aún no eché aceite a mis bisagras. ¡A pasarlo bien, buen mozu!

Y, sin más circunloquios, se fue.

Perico le miró marchar.

Vestía Martín, como se ha dicho, unos pantalones mil rayas recogidos y enrollados por media pantorrilla. Llevaba una camisa blanca arremangada también a la altura de los codos. Y una chaqueta de lana azul que tan pronto arrastraba por el suelo, como colgaba de un hombro. Una boina caída sobre el colodrillo componía el resto de su indumentaria.

Andaba ya bastante lejos cuando Perico —que al oír que su amigo se iba a comer, sintió despertársele un voracísimo apetito— se puso en pie de un salto y echó a correr tras de él.

—Ya me acuerdo por qué lloraba.
—¿No es por lo que me dijiste denantes?
—No.
—Entonces ¿por qué era?
—Porque le dije a un niño: «¡Dame una avellana!», y cuando me la dio le pedí otra y no me la quiso dar.
—¿Y tú por qué querías otra avellana, si pue saberse? —preguntó Martín, alargando la oreja.

Perico se echó a reír. ¡Menuda pregunta! ¿Por qué iba a ser?

—Pos... ¡porque tenía hambre!

Martín le miró fijamente. ¿Sería posible que esta criatura tuviera realmente hambre? En poco menos de un año que duraba la guerra el hambre había hecho presa en las provincias del centro, pero aquí en la costa —dijeran lo que dijeran las radios facciosas— la gente tenía apetito —¡apetito, roño!—, pero... hambre, no. Posó una mano en el hombro del guaje y se dispuso a averiguar la verdad.

—Pero ya se te pasó el hambre, ¿no es cierto?

Perico exclamó, cargado de razón:

—¡Pero si te he dicho que no me dio más que una avellana! —y se rió ante la falta de lógica de su interpelante.

Martín se rascó una ceja. El chiquillo le empezaba a in-

trigar.
—¿Cómo te llamas?
—Perico.
—Dime, Pericu: ¿por ónde se va a tu casa?

Perico inició el ademán de señalar con el brazo hacia las cuestas por donde se toma el camino de San Blas, pero se arrepintió en seguida.

—¿Para qué lo quieres saber? —preguntó muy despacio.
—Para acompañarte.

Perico sintió una gran vergüenza de que su amigo viera lo estropeada y sucia que estaba su casa desde que Anselma la rompió. Por nada del mundo se dejaría acompañar.

—He visto un delfín —exclamó cambiando de tema—. ¡Un delfín así de grande!

—En Santander no entran los delfines... Serían corvinas... Pero... ¿qué rancajos importa eso ahora? ¿Quiés decirme ónde vives, o no me lo quies decir?

—También había una delfina, y los hijos de la delfina y el delfín, y todos saltaban así... ¡puf! ¡puf!

Martín le observó con atención por encima de los lentes.
—¿Te gustan los muergos?
—¿Qué son muergos?
—Como almejas, pero más grandes y estrechas cual si fueran navajas.
—¡Sí!
—Pues si me dices ónde vives te invitaré a comer muergos. ¡Muergos y mejillones! ¡Los mejores del Cantábrico!

Perico no había probado nunca los muergos; los mejillones, en cambio, le entusiasmaban. Tenía hambre, pero ni por un asomo, ni cosa que lo valga estaba dispuesto a permitir que aquel hombre le acompañara a su casa.

—Y tú ¿por qué me miras por encima de las gafas y no por dentro?

—Porque me da la gana. ¿Me dices ónde vives o no?
Perico tardó mucho tiempo en emitir la respuesta.
—Tengo mucha hambre, ¿sabes?
—Pues si no me dices ónde vives **no te daré** los muergos.
El niño suspiró.
—Y... ¿los «mellijones» tampoco?
Martín dio un gran vozarrón:

—¡Los «mellijones» sí, recuernos!, ¡los «mellijones» sí!

Y se lo llevó al más fantástico palacio que el niño pudiera soñar. El tal palacio era una barquía, reformada por su dueño, que se movía a remo, vela y motor y se llamaba *La Pilonga*, nombre de una mulata sandunguera que Martín conoció en La Habana antes de la Guerra del Catorce, y que se meneaba así como con cierta marejadilla truhana al andar. Martín, según dijeron las malas lenguas, le hizo un hijo y aunque nunca volvió a Cuba para comprobarlo, bautizó a su barca, en desagravio de la fechoría, con el nombre de la mulata. Para compensar.

La Pilonga era distinta a todas las barquías que atracaban en Puerto Chico. Y es que Martín Pescador, que no salía a merluza, ni a besugo, ni a nada que exigiera la ayuda o colaboración de otros; y que no quería ceder la embarcación a tanto la parte, pues hubiera perdido con esto la jubilación del Cabildo de Mareantes; y que en tierra no podía sufrir la tiranía de una patrona, había constituido con sus manos una cabinuca muy curiosa en la que no sería justo decir que vivía, pero al menos dormía y cocinaba. Vista desde fuera la cabina, era como una segunda barquía más chica a lomos de la grande. En cubierta de la falsa navecilla, y tirando a proa, se abría la carlinga que sujetaba el palo, de modo que lo que el total perdía en estabilidad lo ganaba en majeza. Con esto *La Pilonga* era más alta de guinda que ninguna de su género, y era una gozada verla cuando tenía al aire —lonas y perejiles— todo el trapío.

A bordo de *La Pilonga,* comieron mano a mano muergos y mejillones hasta hartarse. Los muergos, crudos, con un chorreoncillo de limón. Los mejillones, al vapor.

—¿Te gusta la mi casuca, Perico?

—¡Oh, sí! —exclamó el niño lleno de admiración.

—Pues, aquí aonde la ves, bandeando, bandeando, se pue llegar con ella si menester juere a toas partes del mundo.

—¿A todas, *todas,* partes? —exclamó Perico frunciendo la nariz, para dar al vocablo «todas» su dimensión total.

—¡A toas...!

—¿Y a China también?

—A China también. To es quistión de tiempo.

Perico se acordó —¿quién sabe por qué?— del pueblo de

Anselma en el corazón de Toledo.

—¿Y a Olías del Rey? —preguntó.

—Si en Olías hay mar, tamién se pue llegar a Olías del Rey.

Perico asoció en seguida el pueblo toledano, a la fotografía del novio, vestido de quinto, y que la criada guardaba en la mesilla de noche envuelta en papel de seda, como una reliquia. Sería estupendo llegar a Olías, a bordo de *La Pilonga*, con la Anselma vestida de novia, y encontrarse a mucha gente aplaudiendo en la plaza, y ver llegar al novio con una espada en una mano y un ramo de flores en la otra, y...

—Bueno, mozuco. Ahora que ya has comío, te vas pa la tu casa. A cada uno de tus hermanos les darás un buen tirón de orejas. Y les dirás: «Esto de parte de Martín Pescador». Y si no sabieran por qué, les arrespondes que por dejarte solo en la playa.

Perico puso ademán feroz.

—Y les tiraré... ¡así!, y les diré... que he comido «mellijones». Y que ellos no, por tontos. Y que he visto un delfín.

—¡Eso!

El hombre ayudó a Perico a saltar al muelle.

Una hora después el niño se deslizaba por las ruinas de su cuarto dispuesto a contar al oso, antes que a nadie, todas las cosas estupendas que había visto durante el día.

Perico no había olvidado la catástrofe. Antes bien, a medida que se acercaba a la barriada por el atajo del maizal, al recrearse en las escenas que iban a venir, en ningún momento imaginóse entrando por la puerta de la calle subiendo escaleras y presionando el timbre, sino escalando ruinas y deslizándose por el techo perforado de su dormitorio. Con esto y con todo había vivido con el inapelable verismo de su fantasía, que, una vez dentro, atravesaría la puerta del corredor —liberada ya de sus obstáculos, «pues unos hombres habían venido a quitar las piedras»—, trotaría por el pasillo en dirección al cuarto de sus hermanos mayores para tirarles de las orejas de parte de Martín Pescador; su madre, al llegar a este punto, le diría que la pobre Anselma se había hecho mucho daño y la habían llevado a casa del médico; él confesaría que estaba enterado y contaría, convencido de que decía verdad, cómo vio a la criada colgándose de la lámpara al limpiarla. Perico había también dejado volar su imaginación al prefigurar cómo iba a describir el espectáculo de esos delfines que Martín decía que eran corvinas. (Lo de los muergos lo guardaría en secreto. No fueran a pensar que era por comerlos por lo que llegaba tan tarde, cuando la verdad, la verdad —y Perico se ponía la mano en el corazón al decir esto— es que toda la culpa era de sus hermanos.)

Una terrible sorpresa le esperaba. Nadie había retirado las piedras que cegaban la puerta del pasillo. La habitación estaba tal como la dejó. El oso le dio la pavorosa noticia.

—¡Se han ido todos a Madrid!

Súbitamente sintió ganas de vomitar. Las paredes derrumbadas adquirieron de pronto una significación nueva como si hubieran variado de forma y representaran un escenario distinto. Hasta ahora habían seguido siendo las de su cuarto, modificadas por un accidente, pero listas para ser rápidamente reparadas gracias a la diligencia de su madre, que no permitía que un roto (lo mismo en un traje que en una sábana o en una tubería) durará más tiempo del estrictamente necesario para ser arreglado. Ahora, de golpe, las ruinas aparecían ante él como ruinas, y la puerta (la puerta que unía aquel amasijo de escombros con el dormitorio de su madre, con el pasillo de la casa, con las voces de sus hermanos) era símbolo del abandono y la soledad. Más allá de esa puerta no había nadie. Más allá de esa puerta no había nada.

—¡¡Se han ido todos a Madrid!! —repitió el oso, cruel.
—No es verdad —replicó Perico, muy bajo, casi sin habla.
—Como la casa se ha roto...
—¡No es verdad! —dijo Perico, gritando.
—Y como no te encontraban...
—¡No es verdad!
—Y como Anselma está mu malita...
—¡¡No es verdad!!
—Pos se han ido todos a Madrid.

Perico, exasperado, se lanzó contra el muñeco y le tapó la boca. «Se han ido todos a Madrid», repitió el oso a pesar de todo. Perico palpó la cara del muñeco, buscó los ojos de cristal y se los arrancó. «¡Se han ido...!» Introdujo la mano febrilmente en la ranura que separaba el cuello del tronco y tirando con todas sus fuerzas le desgajó la cabeza.

«... ¡A Madrid!» Se hizo sangre en un dedo con un muelle y esto le exasperó aún más. Agarró entonces el tronco mutilado por las patas y le golpeó con rabia contra una gruesa piedra cortante. El tronco se abrió por el pecho y la sangre que goteaba del dedo de Perico manchó el serrín y los trapos que tenía el oso dentro y que ahora le colgaban por las heridas. Entonces lanzó los restos lejos de sí. Fue su último esfuerzo. Se llevó las manos al vientre y empezó a dar vueltas entre las piedras como un demente.

—Estoy muy malito —dijo en voz alta.

Tuvo una arcada, se apoyó sobre un muro y vomitó el pan, los muergos y los mejillones. Jadeando se acercó a la puerta del pasillo y sentóse en el suelo. No volvió ni una vez la mirada hacia el muñeco asesinado; se hizo un ovillo con el cuerpo y apoyó la cabeza sobre el panel. Durante largo rato tuvo contracciones, hípidos, lágrimas, temblores.

Al cabo de una hora se puso en pie. Extrajo del armario una gruesa caja de madera y la abrió. Allí estaban las puntas de lápices, el tiragomas, unas canicas de cristal, dos pastillas de chicle y un rollo de alambre. Buscó entre las sábanas la estatuilla fosforescente de la Virgen, y la guardó entre las chucherías.

—¿Adónde me llevas? —preguntó la Virgen.

—A Madrid —respondió Perico.

—¿No has oído decir que hay una guerra?

—Sí lo he oído, pero ¡a mí no me da miedo!

Quedóse un rato mirando a la imagen por si éste tenía algo que objetar, pero la Virgen no dijo más.

Los ojos de Perico iban de las baldas del armario a su caja de madera, y de la caja a las baldas. ¡Qué difícil problema! Todavía le cabían algunas cosas, pero ¿qué meter? ¿Una chaqueta de lana? ¿Unos calcetines? ¿Una camisa? Lo primero que añadió Perico a su parvo equipaje no fue ninguna de estas cosas, sino una fotografía —nunca se supo por qué— del novio de Anselma, vestido de «quinto». Quiso entonces meter la chaqueta, mas comprobó que no cabía. Tuvo entonces una idea luminosa; se vistió la prenda de lana y en el espacio a ella reservado metió una pelota de trapo del tamaño de una naranja. Aún sobraba sitio. ¿Qué meter ahora? Hurgó por el armario para encontrar algo útil, y descubrió envuelto en un algodón el diente de Mariví. ¡A la caja! Aún cabían más cosas. Después de largas meditaciones metió una medallita de oro con su cadena, un peine, un tarro de crema Nivea, un estuche vacío y un par de calcetines.

Salió fuera de su escondrijo; descendió de las ruinas por el lado del maizal, alcanzó el atajo y emprendió la más fantástica aventura que niño alguno realizó jamás. Al iniciar su estupenda jornada, Perico ignoraba que este viaje le haría famoso a través del tiempo. Tan sólo el corazón le latió con más fuerza, cuando empezó a avanzar por el camino abierto.

Sin más bagaje que unas chucherías —dos pastillas de chicle; la fotografía de un soldado desconocido; el diente, entre algodones, de su hermana muerta—, Perico emprendió una tarde de primavera el camino de Madrid.

C

«Una barca en tierra. ¿Hay algo más triste?»

EL MALECÓN DEL PUERTO estaba circunvalado por un zócalo de gente menuda. Sentados en el borde, los pies colgantes en la vertical del agua y una caña entre las manos, la chiquillería hacía difíciles equilibrios para lograr introducir el hilo del que pendía el anzuelo entre el breve espacio que dejaban las barcas amarradas y la pared del muelle. Los mejor situados tenían a sus pies mayor espacio: el que separaba la roda de una embarcación del codastre de otra. Los pececillos —que se veían desde arriba en grandes bancos— miraban caer el anzuelo ante sus morros con cierto escepticismo y, por lo general, teniendo como tenían la barriga llena de los desperdicios de las embarcaciones, no facilitaban en absoluto la pretensión de la muchachada. Como siempre acontece las desigualdades eran irritantes. Había una niña ofendidísima porque un ejército de diminutos peces atacaban constantemente a dentelladas el corcho de su aparejo, mas ni por asomo repetían la misma operación con la carnaza del anzuelo. Un bribón, en cambio, había sacado ya tres piezas, con gran desesperación de sus compañeros, pues no usaba anzuelo, sino un alfiler sabiamente retorcido y en vez de lombrices ponía junto a la punta un trocillo de latón.

—Pero ¿cómo lo haces? —le decía un vecino grandullón (que se empeñaba en poner para los panchitos una carnaza que no cabía en la boca de un mero). Y el pequeño respondía con suficiencia: «Si es que estos peces, como son mu chiquirritucos, no quieren comer; lo que quieren es jugar». Y movía el trozo de lata que brillaba entre dos aguas como un pecezuelo de juguete recamado de espejos.

En otra zona del puerto unos mozalbetes en cueros buceaban hasta atrapar con la boca las monedas que les echaran al agua, pero con la guerra este género de industria había perdido a las chachas de tierra adentro de los «niños bien», que eran, por tradición, su mejor clientela.

Los milicianos que también los había que no habían visto nunca el mar, en vez de monedas les echaban vainas de mosquetón.

Perico contempló hasta cansarse las evoluciones de los buceadores y se sentó entre los que pescaban. El agua estaba verde como fondo de botella y, en algunas partes, la grasa de los barcos formaba círculos azules, amarillos, naranjas y malvas, en la superficie del mar. Mirando justo por debajo de él, se veía como en un espejo las plantas de los pies de los que estaban sentados en el muelle. Era sorprendente ver a todo el mundo del revés. Los pies de los mayores estaban quietos. Y los de los niños se balanceaban a contra compás como columpios que se cruzaran. Perico bostezó. Martín Pescador no venía y él estaba ya impaciente por comenzar su viaje. ¿No le había dicho Martín el día anterior que con esa barca podía llegarse hasta el fin del mundo? Pues él le quería pedir que le llevara hasta Madrid. ¿Cómo era esa palabra que había Martín repetido dos veces? A Perico, las palabras nuevas se le quedaban grabadas en la memoria como si en vez de frente tuviese un cilindro de huecograbado entre las cejas. ¡Ya se acordaba! «Bandeando, bandeando»...

Perico se incorporó. Estaba un poco mareado. Bajó con mucho tiento los peldaños del muelle. Saltó a *La Pilonga* y se tumbó en la litera. Allí le encontró dos horas después Martín Pescador.

Pegó un respingo al verle.

—¡Concho!

Cerró la puerta de la escotilla, corrió las cortinillas de los ojos de buey y sentóse en el borde de la litera.

Estuvo mirando al niño largo rato.

—¡Concho! ¡Concho!

Se llevó la mano a la boina y la cambió de sitio. Toda la ciudad andaba a la busca de esta criatura. Aquella misma mañana, cuando le descubrió en la playa, no se había hecho pública su desaparición, de modo que, a pesar de encontrar harto extraña su actitud, no se le pasó por las mientes relacionarle con el huerfanuco superviviente del barrio de San Blas. Pero en cuanto leyó los papeles de la tarde y oyó las informaciones de la radio no le cupo duda alguna de que aquel niño que se buscaba era el mismo con quien topó.

Perico estaba profundamente dormido, y tan pálido que la piel parecía transparentársele. Quizá la lividez de su rostro se la prestara la débil luz de una estatuilla fosforescente que apretaba fuertemente en su mano. En el suelo, había una caja abierta llena de adorables cosas inútiles.

Martín volvió a mover la boina sobre el colodrillo. Esto le ayudaba a meditar. Parece ser —todos lo decían— que las bombas de aviación que dejaron huérfano a Perico iban destinadas al *Odesa*, un buque soviético surto en el puerto, y que el frustrado bombardeo tenía por objeto evitar que el buque se llevara a Rusia una expedición de niños refugiados. (El avión fue alcanzado por un antiaéreo y soltó todas sus bombas fuera de su objetivo antes de estrellarse en el mar.) ¡Qué cosas se ven! El avión no sólo no consiguió evitar el viaje, sino que era la causa directa de que se añadiera a la lista de niños emigrantes un número más, el de Perico. Eso al menos se decía por el puerto. El Ayuntamiento iba a adoptar al niño, y si aparecía a tiempo, cosa que nadie dudaba, le incluirían en la peregrinación para alejarle de los riesgos de la guerra. En una tasca oyó decir que a estos planes se oponía la dueña de la taberna del barrio de San Blas, que quería quedarse con el chaval hasta que las circunstancias le permitieran depositarlo en manos de algún familiar si es que alguno le quedaba. Y que muchos sospechaban que el chiquillo no estaba perdido ni Cristo que lo fundó, sino que era la Petra quien lo tenía oculto para evitar que le expatriaran. Y que en cuanto el *Odesa* saliera del puerto, ya verían todos como aparecía de pronto por arte de birlibirloque. Esta solución le pareció de perlas a Martín y a muchos que no eran Martín, pero ahora, al comprobar que el niño buscaba refugio en su barca, comprendió que tales rumores serían pura fantasía de las gentes.

—¡Concho! ¡Concho!

Martín tomó una decisión. Descorrió suavemente unos cajones y extrajo su dentadura postiza, una camisa limpia y unos zapatos. Volvió a cambiarse de sitio la boina, encajóse los falsos dientes, miróse al espejo, y con mucho sigilo, comenzó a vestirse. A pesar de las precauciones tomadas para evitarlo, Perico se despertó.

—¡Hola!

Martín le miró con disgusto.

—¡Duérmete!

—¿Te enfadas de que haya venido?

—No. Duérmete.

—Los muergos estaban muy ricos, ¿sabes?, pero los vomité todos. Y los mejillones también.

Martín le pasó una mano por la frente.

—Ties mu mala cara. ¿No te sientes bien?

—Pero si ya estoy bueno... sólo que tengo hambre.

De pronto, pegó un grito, y se llevó las manos a la frente, arrebatado por indescriptible emoción. Si hubiera visto volar un buey o fumar a una merluza no habría sido más grande su estupor.

—¡Pero si ya te han crecido todos los dientes!

Martín no pudo menos de reírse, y le dio rabia de hacerlo. Y volvió a reírse y se maldijo por reírse. No contestó.

—¿Te han dado mucho dinero?

—¿Y por qué van a dármelo?

—Por los dientes. Una vez...

—Cállate y duerme.

Perico, lejos de obedecer, se sentó en la litera.

—¿Por qué te llamas Martín Pescador?

Ahora fue el hombre quien le miró lleno de asombro.

—¿Y quién te ha dicho a ti cómo me llamo?

—Tú me lo has dicho.

Martín negó con la cabeza.

—Sí, señor. Tú me dijiste (Perico puso los ojos casi en blanco, mirando al techo, para recordar mejor)... me dijiste: «Bueno, mozuco, ahora te vas a tu casa... te vas a tu casa y les das un tirón de orejas a tus hermanos... hermanos... y les dices que es de parte de Martín Pescador...» ¡A que sí me lo dijiste!

—Pero... ¡güeno!, ¿es que tú te acuerdas de toas las cosas que te dicen?

Perico aseguró formalmente:

—¡De toas!

Con un nudo en la garganta, Martín preguntó:

—Y... ¿y les diste un tirón de orejas de mi parte... a tus hermanos?

—No... porque se han ido todos a Madrid.

El hombre le miró de hito en hito.

—¿A Madrid?

El chico bajó los ojos avergonzado, y añadió:

—¡Por eso vomité!

Martín sintió encogérsele el corazón. Se volvió de espaldas y se limpió los lentes con el borde de la camisa. Hurgó en un cajón y sacó una colilla de puro. La encendió. El cigarro, fabricado por él, no era de tabaco sino de hojas secas de maíz. Desde que empezó la guerra se acabó el tabaco.

—Dime, Perico: ¿por qué te has venío a dormir aquí?

—Pos... pos... ¡para que me lleves a Madrid!

Martín Pescador se volvió lentamente. A Perico le corrían gruesos lagrimones por los ojos, pero al igual que la otra vez no debía saber que lloraba, pues sus labios sonreían cínica, adorable, enternecedoramente para conquistar su voluntad.

Martín Pescador movió de un lado a otro la cabeza. ¿A Madrid en barco? ¡Puño! Eso no podría ser. La sonrisa de Perico se acentuó a medida que los lagrimones corrían ya desatados por las mejillas.

—¿Y... «bandeando, bandeando»... tampoco?

Martín no respondió.

Perico buscó una fórmula transaccional:

—¿Y... a Olías del Rey?

Martín Pescador se arrodilló junto a Perico.

—¿Quieres tú que hablemos como dos hombres?

Contrariamente a lo que el viejo imaginaba, aquello no agradó a Perico. Le asustaba tanta seriedad.

—Yo no soy un hombre. Soy un niño —protestó. Y en seguida, queriendo huir de todo compromiso—: ¡Qué zapatos más bonitos tienes! ¿Quién te los ha comprado?

—Escucha, Perico: ahora voyme de visiteo; duérmete. No salgas de aquí. No tie que verte nadie.

—¿Y por qué no quieres que me vean?

—Diréte la verdad: porque andan en manipulencias contigo. Y si te hallan, pos ya no podrás ir a Madrid.

Perico le miró con grandes ojos asustados. Estuvo a punto de preguntar: «¿Qué quiere decir manipulencias?» Mas no replicó y se tumbó en la litera, obediente. Martín le echó una manta sobre el cuerpo, cambióse de sitio la boina, terminó de vestirse, y a grandes zancadas, salió.

CH

> «Y cambiaste la rosa
> por las olas amargas.»

MARTÍN PESCADOR entró en la taberna de la Petra. En una mesa, un hombre, con la gorra puesta, se entretenía haciendo torres con unas fichas de dominó. Fuera de él no había nadie.

—¡A la buena de Dios! —dijo Martín procurando que no advirtiese su mal humor. Y se llevó el índice a la boina a guisa de saludo.

—¡Si ya no hay Dios, so chalao! —dijo, sin mirarle, el de la mesa.

Martín le observó por encima de los lentes y se acercó a él. Llevaba sobre la testa la gorra inequívoca de los de su oficio.

—Usted es el peón caminero, ¿no es verdad?

—Eso parece —dijo éste con acento muy marcado de tierra adentro, y sin quitar los ojos de sus fichas.

—¿Vive aquí una señora llamada Petra?

—Es la dueña.

—¿Aónde está?

—Pregunte en la barra. Yo soy un cliente —añadió sin alzar la cabeza ni dignarse mirarle.

Martín, que estaba de mal talante, no supo resistir la tentación. Aquel tipo le había caído mal. De un roce de la mano le echó el castillo abajo.

—¡Perdón! —le dijo con sorna—. Como soy miope, no había visto la arquitectura.

—¡Pues ponga usted los ojos donde debe!
—Y usted, peón, pa llamar «chalao» a un hombre, dígaselo mirándole a la cara.

Lo dijo con mucha calma, poniéndole una mano en un hombro. El caminero, que aparte de ser esquinado, era hombre prudente, le midió de soslayo la estatura y no replicó. Parsimoniosamente se dedicó a recomponer su torrezuca de Babel.

Martín se acercó a la barra. Dio una palmada.

—¿Está la dueña?

—Ha bajado a Santander. ¿Qué la quiere?

—¿No es ella la que cuidaba del niño ese de que hablan los papeles?

—¿Sabe usted algo del chaval?

—Pue que sepa, y pue que no. Con ella quiero hablar.

El peón caminero se acercó a Martín.

—Usted me sabrá disculpar; como aquí todos somos amigos y no vi quién era, me pasé de confianza.

A Martín Pescador, de la gente de tierra adentro no le gustaban más que las mujeres. A pesar de todo aceptó el cumplido.

—¿Es cierto que sabe usted algo del chaval? —insistió el caminero.

Martín contestó por el mismo método que Perico.

—La dueña es asturiana, ¿no verdad?

—Yo soy de Peña Grande —aclaró el peón—. ¡Pegadito a Madrid!

Lo dijo por congraciarse, pero al saber el pescador que aquel ser esmirriado de patillas puntiagudas como navajas, y cara de chulo en activo, era de la capital, se le acabó de atragantar.

Cuando en la barriada supieron que Martín había subido desde Santander para dar noticias de un chiquillo que muy bien podía ser el desaparecido, medio vecindario se concentró en la taberna para oír sus explicaciones.

—Vamos a ver si nos entendemos —dijo acallando el barullo—. De toos los que hay aquí, ¿quién es el responsable del peque?

40

—Pues toos y ninguno —contestó el Damián.

—¿No ha visto usted la casa derribá? —terció otro—. Pues allí se han quedau aplastaus toos los que eran responsables del niñuco.

—Ya he oído por la radio —insistió Martín queriendo precisar— que había aquí una mujer, que era la que cuidaba del niño y que lo tenía en su mesma cama, y que sin saber cómo ni cómo no, el chiquillo se le fue. ¿Es así o no es así?

—Así es.

—Pos con ella quiero yo hablar pa que me explique cómo era.

—Pero ¿no te chinga? ¡Si eso lo sabemos todos! —terció el peón caminero—. El que tiene que decir cómo es el que usted ha visto, es usted. Y dejarse de coñas.

Martín, que no estaba con sus alfileres, apartó con el brazo a un mozalbete que tenía delante para mirar mejor al insolente. Después de observarle con cierta guasa preguntó con irritante sosiego:

—Usted es el peón caminero, ¿no verdad?

—¡Sí!, ¿qué pasa? Ya me lo preguntó usted antes. ¿No me ve usted el gorro?

—Lo veo, lo veo... y no me sé quién va a volar primero: si el gorro o el que lo lleva puesto.

—Eso habrá que probarlo —exclamó el peón engallándose, pero sin hacer nada por acercarse.

—Cuando yo tenía su edad, si un hombre me alzaba la voz, le mandaba a pique de un bofetón, en un decir Jesús. Ahora...

—¿Ahora no?

—Ahora, como ya he cumplido los setenta le doy tiempo a considerar al respective si hizo bien en faltar a un hombre de mis años, o si fue un pronto, de los que hay que disculpar.

—¡Setenta años! Nadie lo pensara —dijo una mujer, por si el halagarle le aplacaba los humos.

—Tampoco es pa ponerse así —gruñó el caminero—. Intención de faltarle no ha habido.

—Lo que yo quiero saber —continuó Martín, sin volver a mirar al peón— es qué se va a hacer con el peque si es que aparece. Porque si se lo va a quedar alguien que lo cuide, bien está, pero si se iba a hacer lo que ha dicho la radio, ¡puño!,

mejor está perdido que no encontrau.
—¿Y qué ha dicho la radio?
—Lo que ha dicho la radio —terció Pilara, la de la tienda, que lo sabía siempre todo— es lo cabal. Que hay que apartar a los niños de los riesgos de la guerra. Que las guerras de ahora no son como las de antes, y que los niños probes no tien la culpa de na. Y que la Rusia proletaria ha ofrecío sitio a diez mil niños del pueblo pa que se estén allí enmientras aquí nos andemos a mía sobre tuya. Y que como el Perico ha quedau como quien dice sin sol, sin luz y sin moscas, que lo mejor era mandarle pa Rusia con los demás niños.

El Damián intervino:
—Pero, ¡chapla! ¿No se decía que los padres del Perico eran fascistas?
—Eso no lo sabe nadie y ya nunca se sabrá.
—Aquí se dijo —explicó Pilara— que se vinieron a Santander como a un sitio donde no se les juera a conocer, y que por eso buscaron un barrio tan apartadísimo, y que por eso los padres no salían nunca de casa y los chicos andaban sueltos como gitanos.
—Ahí voy yo —dijo entonces el Casimiro, que era de Valladolid, y hablaba muy redicho—. Aceptemos el suponer que los padres eran fascistas. Que Santander está cuajado de fascistas escondidos, eso lo saben hasta los gatos. Pues si un fascista vivo se entera por los papeles que ha sobrevivido la cría de una familia de fascistas muertos y que a esta cría la van a empaquetar para la Rusia del proletariado, a mí no me extrañaría que para evitarlo lo hubieran raptado. Vamos, digo yo...

El peón caminero, que estaba deseando hacerse amigos, intervino:
—Pues ¿sabes lo que te digo? Que es ése un suponer mu bien pensao.
—Por eso —insistió Casimiro—, y corriendo los rumores que corren de que al niño lo han raptado los de la Quinta Columna, no deja de ser sospechoso que aquí el Martín haya dicho lo que ha dicho.
—¿Y qué he dicho yo que sea tan sospechoso?
—Pues nada más que esto: que si se iba a hacer con el niño lo que ha dicho la radio, que mejor está el niño perdido que encontrado.

—¡Todos lo hemos oído! —gritó el caminero—. ¡Todos somos testigos!

—¡Calma, muchachos, que si us dejo hablar va resultar que el que aquí ha entrau era Martín Pescador y el que va a salir es Benito Musolini!

—Pues tú nos dirás —concluyó el caminero, espetándole un tuteo que le sentó a Martín como un arponazo.

—Oiga usté, peón caminero, antes de hoy no nos tuteábamos, ¿no verdad? Pos Dios amanezca a usté con bien, pero endispués de hoy tampoco. De modo que apéeme el «don», y que cada pez se quede en sus aguas. Iba diciendo, Casimiro, que paice usté olvidarse de un pequeño detalle. Que yo he subío aquí no pa ocultar a un niño, sino pa dar razón de uno que he visto y que mu bien pue ser el desaparecío. De modo que pa ayudar a encontrarlo. ¿Hablo claro? Porque si lo buscan por las acequias, ¡puño!, como me han dicho por si s'había suicidau, y entretanto, ¡puño!, lo está pasando en grande andando al muergo por las playas, el error es mayúsculo como dicen los cratedáticos. De modo que quede bien claro, que he subío no por la codicia de un sistipendio, sino en la seguranza de ayudar. —Miró a todos despaciosamente por encima de los cristales—. ¿Entendío? ¡Pos sigamos!

—¡Sigamos!

Seguir no pudo, pues a estas alturas de la cháchara entró Petra, la tabernera, que llegaba de Santander. La habían advertido de la presencia de Martín y llegó exhalada, desempedrando calles.

—¿Qué sabe usted de mi niñuco?

—Yo he visto un niño que pue ser y pue no ser —dijo calmosamente Martín.

—El mío se llama Pericu, y es... no sé cómo decirlo, como mu descarau y simpático.

—Pues si quie usted que hablemos a solas, yo le diré lo que sé y lo que no sé.

Se encerraron en la trastienda.

—Usted me pasará por alto que a pesar del medio paisanaje...

—¿Paisanaje? ¿De ónde es usted?

—De aquí, pero una mi abuela era de Cudillero.

—Yo soy de Avilés.

—Ya sé, ya. Pues digo que me lleve usted la mano blanda, si a pesar de ser medio paisanos me tome algunas precauciones. Por ahí se rezonga mucha gente que tie usted al crío escondido pa que no se lo lleven a las Rusias.

—Ya me lo ha dicho el alcalde. Que ando en bocas de unos y otros. ¡Fantasías! ¡Le digo a usted que son fantasías! Pero yo me digo, digo —Petra le miró con desconfianza—. Si lo tengo escondido, sea por un suponer, ¿qué reñules de noticias me va a dar usté a mí? Y si me las viene a dar es porque sabe mu rebién que yo no tengo oculto a naide.

—¡No paisana, si a mí no me paice mal que usté se oponga a que se lleven al crío! Lo cabal sería guardarlo pa entregarlo a la legítima familia. Me han dicho que usté ha dicho que el niño tiene abuelos y tíos que lo podrían cuidar como a hijo suyo de sus entrañas.

—Yo no he dicho tal. Lo que yo he dicho al señor Alcalde de Santander... es lo mesmo y no es lo mesmo: lo de los agüelos o los tíos sí que lo dije, pero no como cosa cierta que yo sabiera de güena ley sino como un suponer. Y el Alcalde me dijo que eso eran tontainas, que él s'ocuparía de saber si tenía o no tenía el crío familia de sangre y que entretanto ¡pa Rusia! Entonces yo le dije que Santas Pascuas, y que si lo encontraba se lo daría al Concejo, y que si el Concejo lo encontraba que me lo dijeran pa quedar más tranquila y pa comprarle unas quisicosas antes del viaje. Ni más ni menos, ni menos ni más.

—¿Y usted no se pue quedar con él?

—¡Y dale! ¿No le digo que no? ¡Y vamos al grano y no por las ramas, que me paice usté más amigo del palique que de ir a las cosas en derechura! ¿Qué sabe usté de mi niño?

Martín encendió despaciosamente la colilla de puro que se le había apagado.

—Lo que yo sé es que desde hace varios días, en cuantuco llego a la playa por muergos a la salida del sol, veo a un muchacho dormir entre las rocas y yo me digo pa mis adentros: este chico se esconde.

—¿Cuántos días hace deso?

—Unos catorce. Y antier habléle. Y hoy al oír la radio me quedé sentenciau...

—¡Pero quite allá, si el mío perdióse no va pa dos días!

—Entonces ¡no pue ser! ¿De qué años es el suyo?

—Cinco o seis años tendrá. O siete, que es mu despierto. Más no tiene.

—¡Pues güeno! Aquí hemos perdío el tiempo toos. Yo por subir hasta aquí y ustedes por escucharme.

—¡No te joroba! ¿Y a qué va usted a naide con esas coplas?

—El niñu que yo he visto, y con el que hablau, tiene, ¡qué se yo! Pero muchísimo más que éste. Yo nu entiendu mucho de críos, pero al que yo digo ya estále saliendo el bigote.

—¡Entonces no pue ser!

—¡Eso digo yo! ¡Que no pue ser...!

Cuando, ya de salida, Martín cruzó la taberna, notó dos miradas, fijas en él, que no le dieron buena espina: las del peón caminero y las de Casimiro, el redicho de Valladolid.

—¿Y qué piensas hacer? —preguntó, ya de camino, Martín Pescador a Martín Pescador.

Martín Pescador respondió de mal talante:

—Calentar motores, y salir ahumando.

Cuando Perico se despertó, ya estaban en alta mar.

D

> «Y la espuma giraba
> en sus hélices nuevas.»

MARTÍN PESCADOR conocía medio mundo y en ninguna tierra echó raíces; ejerció diez o doce oficios y a ninguno le sacó gusto; enamoró a muchas mujeres, mas él a ninguna amó. Le gustaba enredarlas sin enredarse, conquistarlas sin ser conquistado. Si una de sus amantes de turno cometía la torpeza de expresarle sus sentimientos, Martín sentía ganas de huir, mas si le decía *«para siempre»*, las ganas se trocaban en hechos, preparaba sus maletas y se mandaba cambiar. ¡Qué manía de las mujeres con el «nunca», «siempre», «para siempre» y «jamás»! ¡Para siempre! ¿Por qué para siempre? ¿El agua que cada día moja la playa es siempre, acaso, la misma? ¡Quia! El sol la evapora y la hace nube; el viento la traslada, el frío la licua, llueve sobre un cerro, la pendiente la empuja y convertida en río se va a engrosar otro mar, y a mojar otras playas. Otras playas distintas. Si así no fuera se estancaría y le crecerían ranas. A los dos o tres años de abandonar a una mujer le gustaba regresar a su lado. Lo hacía por higiene mental, por una especie de profilaxis de la libertad. La evocación de la mujer orillada le producía nostalgia, un sí es no es de melancolía. Volvía entonces a verla; comprobaba que todas cuantas visten faldas son bribonas, embusteras, e inconstantes; convivía de nuevo con ellas más tiempo del que convenía a su paciencia, hasta hartarse ¡mismamente, hasta hartarse!, y, curado ya para siempre, se iba para no volver más.

El despego que Martín sentía por las mujeres no era más que la mitad del que profesaba por el género humano. Huía de la compañía de los hombres, porque no se fiaba de ellos. Amigos no tuvo más que uno y su amistad acabó a navajazos. «Los hombres —solía decir— si son inferiores te chupan la sangre, como una liendre, si son tus iguales son tus rivales, y si son más que tú te aplastan.» A esto se le ponía música de tango y daba la vuelta al mundo. Las canciones era lo único serio que había hecho el hombre en su largo peregrinar por la tierra. En las canciones y no en los libros estaban las verdades como puños, el secreto de la vida, el amor y la muerte. A los veinte años, Martín Pescador, que cantaba con el talento y la gracia por arrobas, no sabía, en cambio, leer. Le enseñó a hacerlo un muchacho de doce, grumete en un barco donde Martín viajaba de polizón. Es decir, le explicó cómo se juntan las letras para formar las palabras. Después, él a solas, completó el aprendizaje. ¡Y qué! ¡Tampoco valía la pena! ¡La mayor parte de lo que estaba escrito no se entendía! ¡Y lo que se entendía eran mentiras, mentiras y más mentiras! Para lo único que servía saber leer es para evitar que los envidiosos dijeran a las chicas: «Pero... ¿cómo te arrejuntas con ése que ni siquiera conoce la cartilla?»

Martín Pescador, sin necesidad de lecturas, sabía muchas más cosas que otros que habían criado callos en el trasero de tanto tiempo como estuvieron sentados en los bancos de la escuela. Y sabía más que ellos, por los viajes, donde veía todo lo hermoso que Dios había desparramado sobre el mundo; por las mujeres, donde estaba concentrada toda la picardía y la maldad de la tierra; por las canciones, que encerraban todo el dolor y la sabiduría del universo y por lo que él mismo, en sus largas horas de soledad, rumiaba y deducía. A viajar, galantear, cantar y cavilar, a Martín Pescador no le ganaba nadie.

Él era autor de un texto no escrito de filosofía y militante de una religión de un solo adepto: Martín Pescador. Coincidía con judíos, moros y cristianos en la existencia de un solo Dios, creador y anterior a todas las cosas; comulgaba con los hinduistas en una especie de panteísmo que le llevaba a creer, no ya en la omnipresencia de Dios en todas partes, sino que todas las cosas creadas eran Dios mismo, que se manifestaba en ellas como los hombres se manifiestan en los gestos del rostro o el ademán de las manos; era budista por su desprecio del mundo y musulmán por su interpretación de la pereza: un cielo lleno de huríes que soplaban la flauta o tañían el laúd, le amaban y desaparecían sin pretender retenerle; era cristiano por el concepto que tenía de «su» propia dignidad de hombre y muy poco cristiano por su insolidaridad con el resto de los mortales.

A medida que fue envejeciendo, su odio hacia el prójimo se fue reduciendo a los límites de un piadoso y condescendiente desprecio de todo lo ajeno. De joven y de hombre maduro era ceremonioso y cortés con todos cuantos se veía forzado a tratar, mas no por afecto, sino por temor a que alguien no lo fuera con él: si esto acontecía, le mataba. De aquí su fama de pendenciero, que tanto contribuyó a hacerle atrayente con las mujeres. Hoy ya no era así. Hoy se contentaba con defender rabiosamente su amor a la libertad. Las historias y cuentos que más le atraían eran aquellos en que estuviera en juego la libertad de alguien. Las canciones que interpretaba con más sentimiento y desgarro, eran las de presos que soñaban con el mundo prohibido que brillaba más allá de las rejas. Pos eso, pensar que Perico tenía puesta en juego su libertad, le irritaba hasta el paroxismo. No podía aceptar que aquella criatura pudiera ser enviada contra su voluntad a un país lejano como la Rusia, cual una cabeza más de ganado de un rebaño de crías humanas. Esto no sólo le parecía una injusticia, sino un contrasentido. Se decidió, pues, a hacer la gran jugada: ocultar a Perico los días que el Odesa estuviese en el puerto, y devolverlo a Petra su paisana, en cuanto el buque extranjero zarpara con viento fresco. Diría como disculpa que el chiquillo se había colado de polizón en *La Pilonga,* cosa que de otra parte era cierto. Y si no le creían les diría que lo había encontrado cabalgando por los mares sobre un defín, o que era una cría de sirena que había robado del nido, y los mandaría a todos a hacer gárgaras.

El olorcillo, nada ingrato, del condumio que Martín estaba preparando despertó a Perico y le atrajo a cubierta como el grumeo al pez. Miró absorto la negrura del mar y el pálido claror de las estrellas.

—¿Falta mucho para Madrid?
—Mucho. ¿Ties hambre?
—Sí.

—Pos a comer y a callar.

El cielo, aunque oscuro, tenía ese color denegrido de pizarra de escuela después de pasar el trapo para limpiar la tiza. Y es que, por el lado de tierra, el alba avanzaba tiernamente. El amanecer es la sola combustión en que la ceniza precede al fuego. El agua, los jirones de niebla, la altura, la lejanía, tienen ese vago aire ceniciento de labios enfermos, de fotografía velada, de recién parido antes de respirar manchado aún por el sebo violáceo de la placenta.

Martín Pescador extrajo de la sartén pan frito y unos trozos de tocino. En dos vasos de metal diluyó en agua hirviendo unas pastillas de caldo Maggi.

El sol pugnaba por asomarse tras las montañas. Comieron en silencio. Entretanto el sol se despegó de los montes e inició la ronda de cada día.

—¡Qué rico está así el pan! —comentó Perico.

Y es que ni el pan es siempre el mismo pan, ni la ronda del sol la misma ronda. El pan nuestro, la ronda del sol nuestro de cada día, no son siempre —¡bendígalos Dios!— iguales. Tras los días terribles, el que hoy amanecía estaría marcado para Perico con el signo del gozo. Aquella noche, cuando hubo concluido la jornada, resumió su alborozo con estas palabras:

—¿Sabes, Martín? ¡Ya no tengo ganas de morirme!

¡Qué de cosas nuevas vivió Perico aquel día y los que siguieron! Al cabo de una semana de navegar, ya había aprendido a fabricar poteras para pescar calamares, a «fijar» la posición de la barca en el mar por medio de los accidentes de la costa, a baldear la cubierta... También aprendió a encarnar el cebo, empatillar anzuelos, limpiar metales, y cantar «habaneras». Observó con curiosidad cómo los calamares cuando salían del mar eran transparentes como agua de té, y cómo al minuto de yacer en cubierta les salían unos punticos como pecas sobre la piel de gelatina; al rato se volvían mates y lo que empezaba siendo puro caldo cuajado se transformaba lenta y milagrosamente hasta adquirir la forma y el color de los que estaba harto de ver en las pescaderías.

—¿Y por qué pican, si no les ponemos comida?
—No pican, se abrazan a la guadeñeta.
—¿Y por qué se abrazan?

Martín Pescador, que ignoraba quién era Freud, atribuía,

sin embargo, móviles freudianos al atávico instinto de los cefalópodos. Se rascó la coronilla antes de contestar.

—Porque son unos ansiosos. Los machos creen que lo que brilla es una hembra y sin pensarlo más, ¡hala!, se lanzan sobre ella como bestias.

Entre las cosas que Perico aprendió aquellos días destacaba la estupenda noticia de que el mundo era redondo. No es imposible que en otras circunstancias también lo hubiera aprendido, pero no es fácil que con tales argumentos. Los diálogos entre el viejo y el niño eran asaz originales.

—Pos dice mi hermano que el mundo es redondo, pero no es verdad.

—Que sí es verdad, Pericu, que yo lo he visto.

—¿Dónde lo has visto?

—Desde la Luna. Endeallí la Tierra se ve, como endeaquí la Luna, sólo que muchísimo más grande, y en vez de blanca, azul.

—¿Y en el otro lado del mundo también hay mar?

—Tamién...

Perico meditó profundamente.

—Pos no puede ser redondo porque entonces el agua del otro lado va, y se cae.

—No pue caerse, Perico, porque si juere así, apagaríase el fuego del infierno y ¿adónde irían entonces los granujas, los ladrones, los bribones y las mujeres? ¿Dónde irían las mujeres, dímelo tú, si no habría infierno?

—¡Todas las mujeres no van al infierno! —protestó Perico.

—Las que yo conozco... ¡toas! —replicó Martín Pescador.

—¿Tú no quieres a las mujeres?

—¡Sí las quiero, ahí está lo malu, pero no las creo! Toas son traidoras y farfallonas, y mentirosas.

—Yo conozco una —dijo Perico, pensando en Mariví— que dice muchas mentiras. —La cara se le iluminó al añadir—: Pero conozco otra que nunca dice mentiras. ¡Nunca, nunca!

Martín Pescador le miró por encima de los lentes. Al poco tiempo, siguiendo el hilo de sus ideas, Perico volvió a preguntar:

—¿Falta mucho para Madrid?

Martín se puso a tararear:

> *Tres cosas tiene La Habana*
> *que no las tiene Madrid.*
> *El Morro, las habaneras...*
> *¡y el ver los barcos venir!*

—¡Qué bien cantas! —exclamó Perico. Y la admiración le desbordaba por los ojos.

Martín, que llevaba en la diestra el timón, agarró con la izquierda una caja metálica que guardaba el plomo para los aparejos, y se acompañó usándola como maraca:

> *Y el ver los barcos venir*
> *así...*
> *¡ay, niña, dime que sí!*
> *Y el ver los barcos volver*
> *a ver...*
> *¡niña, dame tu querer!*
> *Y el ver los barcos marchar*
> *ay, ay...*
> *¡déjame, niña, llorar!*

Perico aplaudió entusiasmado y Martín Pescador, que tenía un alto concepto de su habilidad para cantar, decidió, a la vista del entusiasmo del niño, que éste era un experto, ante quien valía la pena repetir la experiencia.

—Aúpame la guitarra y endimpués verás lo que es güeno. ¿Sabes ónde está?

—¡Sí, que la he visto!

—Trae acá, que pa esto no sirven maracas. Esto son palabras mayores. Lo escribió para que yo se lo cantara, una señora poetisa de mucho postín.

Martín Pescador cantaba y recitaba a la vez, o alternaba, sin dejar de rasguear la guitarra, el canto y el verso.

> —*¿Cuántos tienes, tres, seis, doce?*
> *¡Yo los tengo a centenares!*
> *¡ay, tus lunares*
> *los punticos suspensivos*
> *de mis pesares!*

*Uno en el bozo
otro en el talle
y otros... donde no...
lo digo a nadie.*

*¡Ay tus lunares
que merecen ser cantados
por soleares,
pues vino un ángel
y sembró eclipses de luna
sobre tu carne!*

*Y a centenares
puñadicos de confetis
calamidades
¡a centenares
para que yo me entretenga
por carnavales!*

*—Pero ¿cuándo ha visto usted
ay, mis lunares?
¡que yo no los tengo a cientos,
que yo los tengo a millares!*

*—No los he visto, mi china,
para mis males
pero es que sueño con ellos
todas las tardes.*

*¡Todas las tardes!
¡Nunca vi lluvias de estrellas
menos fugaces!
Ay, tus lunares
¡cada uno era un bocado
de cardenales!*

—¡Otra vez, otra vez! —palmoteó Perico.

Martín dejó la guitarra, agarró la improvisada maraca y puesto en pie se puso a medio bailotear, marcando el ritmo, con los codos, los hombros y las rodillas.

Perico saltó, aplaudió, rió, tumbóse de espaldas, alzó las

piernas al aire, en señal de júbilo.

—¡Que te vas al agua, venturao, y pa los ahogados en la mar océana no sirven las melecinas!

No todo fue pescar o cantar durante aquellos días. Hubo tiempo de sestear, baldear, arreglar aparejos, conversar y, sobre todo, contar. Martín Pescador narraba con arte singular cuentos y aventuras, en los que mezclaba experiencias realmente vividas con fantasías imaginadas, de las que extraía después las más peregrinas moralejas, base de su personalísima filosofía. La inconstancia de las mujeres, la avaricia de los hombres, el tesoro de la libertad, la virtud de la soledad y el sentido de la muerte eran lugares comunes de casi todas las historias. Martín Pescador no excluía en algunos de sus protagonistas la bondad y el desinterés, pero generalmente revestía con estas virtudes a seres fantásticos (sirenas, tritones) o a individuos tan lejanos y difíciles de encontrar que eran casi irreales: tibetanos, tejedores chinos de seda, habitantes de aldeas perdidas en los mares del Sur. Y aun en estos casos, los definitivamente buenos eran niños o ancianos sapientísimos y centenarios que habían ido perdiendo la maldad con el paso del tiempo, como algunos peces pierden sus escamas al cambiar de estación.

Martín tenía buen palique. Y él lo sabía. A más de una tierna gacela —como él llamaba a las mozas que no habían dejado de serlo— había embaucado rizando el rizo de sus dos artes: cantar y contar. El que más gustó a Perico de los cuentos que oyó a Martín Pescador las semanas que convivieron juntos fue el de la isla, donde todos los hombres eran buenos y —¡caso insólito!— las mujeres también. Era una isla donde no existía el engaño ni la envidia; donde cada uno se contentaba con lo que tenía y no ambicionaba la belleza, la inteligencia, la habilidad, el dinero o la mujer de los demás. Los pobladores de la isla vivían en comunidad durante nueve meses del año. Los tres restantes se retiraban a la soledad de la montaña, donde purificaban su espíritu, dedicándose íntegramente a un arte manual y a la oración. El dios de la isla se llamaba Atajapahumo, que significa Volcán Pacífico, Padre Pacífico o Dios Pacífico, ya que las ideas de Padre, Dios y Volcán se expresaban con un mismo vocablo.

Martín Pescador arribó a esta isla a causa de un naufragio, vivió entre los indígenas dos años enteros y a pesar de ser plenamente feliz, un mal día se fue mar adelante en busca de aventuras. Tuvo la precaución, para aprender el regreso, de fijar, en un plano, ayudado por la posición de las estrellas, la situación de aquel paraíso, pero todo fue inútil. Dios había premiado la bondad de sus habitantes desgajando la isla de la cornisa continental, separándola del resto del mundo de modo que no estuviera fija en un punto del océano, sino desplazándose eternamente sobre las aguas.

Perico le interrumpió.

—Y ¿por qué no buscamos esa isla ahora mismo?

—Unos no la buscan —dijo Martín— y se encuentran con ella. Otros, la buscan y no la encuentran.

Añadió que el mayor de los tormentos, después de haberla conocido, era sentirse lejos de aquella gloria donde vivía Atajapahumo rodeado de sus santos.

—Y si la buscas, mucho, mucho ¿tampoco la puedes encontrar?

Martín sonrió.

—Si la busco mucho, bandeando, bandeando, pue ser que sí.

—¡Yo quiero ir contigo!

—No, muchacho, que a esa isla se va siempre solo. Y tú, endenantes que na ties que llegar a Madrid.

Perico suspiró.

—¿Falta mucho para Madrid?

—¡Toos los días me preguntas lo mesmo...!

Se levantó una brisilla jaranera y *La Pilonga* comenzó a bailar. Las últimas horas de la jornada las hicieron en silencio. Martín puso proa a tierra para buscar refugio. Las estrellas, enloquecidas, se columpiaban en el cielo, insensatamente. Tan pronto se las veía en proa como en popa. Cuando *La Pilonga* se acercó a la barra del puerto, el baile se convirtió en bacanal.

E

*«Y en el iris de aceite de su estela saltaban
los delfines lustrosos como obuses de guerra.»*

CUANDO ABANDONARON el puerto aún era noche cerrada. Perico, a disgusto de Martín, salió a cubierta para ver hacer la maniobra. Una luz roja y una verde parpadeaban sobre los dos extremos de las pinzas que limitaban el ostial del puerto. Apenas las rebasaron, Perico creyó —tan lóbrega era la noche— que entraban en un túnel sin posible salida. El mar estaba calmo y esta circunstancia producía mayor irrealidad a aquel viaje de ciegos. Perico tuvo miedo, pero un miedo grato, hechicero, del que no quería desprenderse.

—¿Te has comido todos los calamares?

—Los vendí. Anda; vete a dormir. Éstas no son horas pa ti.

Perico obedeció. Y Martín quedóse cavilando. Lo que había visto en el puerto le tenía transtornado. Parece ser que el ejército presionaba muy duro por las líneas de Asturias y de Vizcaya. El pueblo todo era una pura jaula de grillos. Allí se juntaban los refugiados que huían del escenario de la guerra y los refuerzos de milicias populares que llegaban de aquí o allá para contener en una u otra frontera la creciente presión de los rebeldes. Lo que a Martín Pescador le parecía un contrasentido es que hubiese milicias que venían de Asturias para combatir a los fascistas en el frente de Vizcaya, y otros de la provincia de Vizcaya que se dirigían hacia Asturias para combatir a los fascistas de Oviedo. «Yo creo —pensó Martín para su coleto— que son artimañas de unos y otros con tal de no ir al frente.» Esta doble invasión de forasteros —los fugitivos y las milicias— trajeron consigo un incómodo compañero de viaje, el odio, que en los prófugos se manifestaba en un hambre animal de venganza por los descalabros sufridos y en las fuerzas militarizadas en la impaciencia paleta de estrenar sus armas de fuego antes de llegar a las trincheras. Martín no vendió sus calamares. Unos mangantes se incautaron de su pesca en nombre del pueblo. Le dijeron que ya no había «tuyo» y «mío». Que todo era de todos y que unos trabajaban pescando y otros pegando tiros. Temiendo que si protestaba aplicaran a *La Pilonga* la misma medida que a los chipirones, aceptó la broma sin chistar. Se esfumó por el pueblo para que no le vieran dirigirse a su barca y fuese a casa del *Manitas,* un antiguo pescador amigo suyo, que hoy tenía una fábrica de cuerdas, de la que era a la vez único dueño y único obrero. Los desmanes que se estaban cometiendo y de los que el *Manitas* le dio cuenta, le hicieron olvidar la incautación de los calamares. El fabricante de cuerdas se disculpó diciendo que los actos de vandalismo contra gentes del pueblo no habían sido cometidos por sus paisanos, sino por los forasteros. Pero es difícil averiguar si para el cura representó un alivio, antes de morir destripado, saber que los que le defenestraban no eran sus feligreses, o si Redondo, el tabernero, acusado de fascista y al que volaron prendiéndole dinamita en la boca, sintió algún consuelo al comprobar que quienes encendían la mecha no eran sus parroquianos habituales.

Martín esperó para echarse a la mar a que la noche estuviese avanzada, aunque no tanto como para que le sorprendiese el amanecer sin hallarse ya a mucha distancia. Cuando empezó a clarear y los Picos de Europa a dorar sus cumbres, detuvo a *La Pilonga* y se dispuso a pescar. Al sentir que el motor se detenía, Perico salió a cubierta.

—¿Qué estás haciendo?
—Pescar maganos.
—¿Qué son maganos?
—Calamares.
—¿Otra vez? —Perico meditó un momento, antes de añadir—: ¿Y, entonces, por qué has vendido los que teníamos?

Martín le alargó una potera y no le respondió.
—Anda, prueba tú.

—¡Ay! —gritó Perico de pronto, mientras sus manos se movían como émbolos halando del sedal.

—¿Qué te pasa?

—Que me han picado...

—Pos sube la cuerda... ¡No pares!

En el rostro de Perico se dibujaban alternativamente expresiones de júbilo infinito o de infinita aflicción, según creyera que el chipirón seguía enganchado o se había perdido para siempre.

—¡Si serás bobo! ¡Te he dicho que no pares! Que si el magano se va ya no güelve. ¿Quies que te ayude?

—¡Que no! ¡Déjame solo, que ya sabo! ¡Qué rabia, se ha ido! ¡Que no se ha ido; que sube! ¡Ya se le ve... mírale! ¡Ay, que me se escapa! (Silencio angustioso.) ¡Me se escapó!

Al cabo del tiempo, no bien hubieron extraído cuatro buenas piezas, Martín Pescador inició unas extrañas manipulaciones; o «manipulencias» como él diría.

—¿Y ahora qué haces? —preguntó sorprendidísimo el muchacho.

—El mandria es lo que hago —respondió Martín con escepticismo—, pos nunca pican. ¿No sabes que a estas horas a los atunes les gusta desayunarse? Pos voy a darles de desayunar.

—¿Y qué se desayunan?

—Calamares con chocolate. Acércame un magano. El más grande de toos.

—¿Y si me muerde?

—Esos enfelices ya no muerden.

—¿Éste?

—Tráemelo pa acá. Y aprende bien lo que hago.

Martín encarnó el anzuelo, que era casi un ancla, grande como una mano, por el saco del molusco, y lo fue cosiendo al bies, de modo que los tentáculos quedaran libres. Empatilló el anzuelo con alambre y cuando el calamar quedó bien encarnado lo tiró al agua, y puso en marcha el motor. La operación no había concluido.

—¿Ves, como paice que va nadando? Pos si hubiere suerte, el atún se acercará y daréle un bocau a las patas pa probar. Y como verá que no hay engaño, al segundo golpe se lo zampará todo entero.

—¿Con anzuelo y todo?
—¡Con anzuelo y todo!

Unió Martín el cabo unido al alambre, con la cuerda enrollada en un gran carrete de madera, y después pasó el sedal por un lazo unido a la rabiza de una caña. Clavó el bambú por un orificio lateral y dio al carrete.

—¡Que se te va a escapar! —advirtió Perico—. ¡Que se va mu lejos!

—Lejos tie que irse, muchacho, aonde el pez no mus vea.

Repitió la misma operación clavando otra caña por estribor. Así, con las dos cañas a cada lado, como dos enormes cuernas, la nave parecía una gran cabeza de antílope, un vareto prodigioso, decapitado por las aguas.

—Escucha, muchacho. El primer día que nos echamos a la mar me dijiste una cosuca que me dio muchísima pesaúmbre. ¿Sabes cuál?

—No —dijo Perico bajando los ojos.

—Pos dijiste una cosa mu triste, mu tremenda, mu hermosa, según como se la mire. Pero que a mí me dio una pena grandísima.

A Perico no le gustaba ver a Martín tan serio. Hubiera querido interrumpirle: «¿Y tú por qué mueves los dedos de los pies cuando hablas?» o cualquier cosa que cambiara el rumbo de la conversación; mas no se atrevió.

—Pos diciste: «¿Sabes, Martín? *Ya no me quiero morir...*» Pero ¿es posible, piazo dazúcara, que tú te quisieses morir? ¿Iba eso de veras?

Perico bajó los ojos y afirmó enérgicamente con la cabeza.

—Y ¿por qué? ¿Pués tú decirme por qué?

Perico no hizo esperar su respuesta.

—Pos... porque no querías llevarme a Madrid.

Martín Pescador le miró atónito por encima de los lentes.

—¿Quién dijo que yo no quiero llevarte a Madrid? Mira...

Le cogió el rostro con ambas manos.

—Mira... Manque sea llevando a hombros *La Pilonga* tierra adentro. Manque tenga que vadear ríos contigo a la espalda, como un San Cristóbal, yo te llevaré a Madrid —se besó el pulgar— ¡por éstas! ¿Lo has oído?

Perico bajó los ojos.

—Sí.

—Y no tienes por qué morirte, ni por qué querer morirte, que no ties años pa eso. Tú vivirás muchismos años, muchismos, tantos, fíjate bien, que si alguna vez alguien se acuerda de Martín Pescador, será por ti. Y ahora prométeme que nunca volverás a decir eso.

Perico abrió una sonrisa de oreja a oreja.

—¡Pero si lo que yo decía —balbuceó como protestando— es que «ya» no me quería morir!

—¿Y por qué «ya no»?

Perico se encogió de hombros.

—No sé.

—¿Es porque te gustó pescar maganos?

—Sí.

—¿Y porque te gustó comerlos, fritos y recién pescados?

—Sí.

—¿Y por qué más?

Perico alzó los brazos. ¡Qué pregunta más tonta!

—Pos... porque te quiero mucho.

¡Al diablo! Martín volvió bruscamente la cabeza hacia otro lado. Por lo visto los cachorros humanos eran como sus madres. Que si te quiero que si no te quiero, que si me quieres que si no me quieres. ¡Al diablo! Estaba irritadísimo, pero en el fondo de su enfado había no pocos posos de halago. ¿Qué tendré para que los demás me quieran cuando ni yo quiero a nadie ni me importa un cochino carajo que me quieran o no?

—¿Por qué estás enfadado? —preguntó Perico tímidamente.

¡Esto es lo que le faltaba! ¡Encima había que dar explicaciones! La culpa era suya por ponerse a hurgar dentro de los demás. ¿Que el chiquillo quería morirse? ¿Y qué le importaba a él si quería morirse o no? ¿Era acaso tan grave el «requiescantimpace»? Uno estira la pata y lo echan al agua, que ya las olas se encargarían de llevarle a la isla esa. Y si no se arribaba a la buena orilla, pues... ¡más grumeo para los peces y aquí no ha pasado nada! ¿No te joroba?

Perico miró hacia la popa y sonrió no sin guasa.

—Los atunes no quieren desayunarse, ¿eh?

—¡No quieren, no...!

—¡Como no les has puesto chocolate!

—No te cachondees de mí, mocoso. —Miró hacia atrás con disgusto—. No han querido desayunarse, y ya por la hora... es difícil que piquen. ¡Mecachis en la mar! Y tú ¿no quieres desayunarte?

—Yo sí.

—¿Qué quieres tomar?

—Lo mismo que los atunes.

—¡Hijo mío! Yo no tengo chocolate...

—Pero tienes calamares.

Habíase Martín levantado para preparar los ingredientes cuando un gran acontecimiento le hizo regresar precipitadamente junto al timón.

La rabiza de la caña, como si tuviera vida, se dobló hasta rozar el agua, saltó movida por invisible resorte, volvióse a curvar y a agitarse talmente cual si una mano apaleara el mar para quitarle el polvo como a una alfombra.

Martín dio un grito de triunfo, dobló el timón cuanto pudo y dio carrete. La rueda de madera comenzó a girar y soltar cuerda. De pronto la frenó y una inmensa mole negra surgió del agua, con brutal impulso y volvió a caer despanzurrándose con estrépito, y promoviendo un pasmoso oleaje. Perico estaba mudo por el espanto.

—¡Ya ves, ya ves, sin chocolate! —gritaba Martín, sin poder ocultar su gozo.

La barquía era pequeña para tal aventura y si Martín la hizo girar en grandes círculos sobre sí misma fue para que el monstruo aquel no intentara alcanzar la embarcación, adelantarla y enredarse en ella —como hacían los de su especie, con las de los bisoños— para que la quilla rompiera el cable del aparejo y ganar así la libertad. En una de estas vueltas, pasaron tan cerca del pez enfurecido que Perico, sin pensarlo más, se lanzó de cabeza por la escotilla. Asomó la nariz antes que el cuerpo.

—¡Parecía que iba a caer aquí dentro! —dijo excusándose.

Martín cedía veinte palmos y recogía diez. Después, cuando le notó cansado, cedía diez y recogía veinte.

—¡Acércame el cloque! —ordenó.

—¿Qué es «cocle»?

—Un hierro grande con un garfio... ¡Debajo de tu litera!

Perico apareció con un enorme tridente y gesto y ademán de ferocidad. Parecía un hijo de Poseidón dispuesto a recibir su bautismo de guerra.

—Eso es la fisga y yo digo el cloque: un hierro más chico que ése. ¿Es que no me entiendes?

La lucha duraba más de lo que debía. Si no fuera por la negra honrilla, Martín —al borde de sus fuerzas— hubiera ya hecho una granujada. Por un instante creyó que podría evitarla. El atún habíase dejado arrastrar para recuperar fuerzas y Martín pensó que ya era suyo. Pero fue sólo una artimaña del bicharraco, pues apenas tuvo la quilla a la vista se hundió el morro abajo ofreciendo tal resistencia que casi logró detener la marcha de la barquía.

—¡Perico —gritó alarmado el hombre—, abre ese cajón, acércame un saco que hay dentro y no mires lo que voy a hacer! Y si lo miras... no digas nunca que se lo has visto a Martín Pescador.

—¿Qué vas a hacer?

—Envarbascar el agua.

Cogió un puñado como de semillas y lo lanzó por popa.

—Y eso... ¿qué es?

—Unos llámanlo varbasco, otros verbasco y en la tierra de la mi madre gordolobo. Son semillas, ¡puño!, que atontan a los peces de la mar, los emborrachan y endispués se dejan coger cual moscas.

—Las moscas no se dejan coger —rió Perico—. ¡Prueba y verás!

—Pues los peces sí.

Comenzó Martín a sembrar el agua, como quien echa comida a las gallinas, y al poco tiempo, sin esfuerzo apenas, acercó el vencido atleta de los mares a la banda de estribor.

—¿Ves tú? Ya está borracho...

Martín alzó el hierro del garfio y como el bicho estaba panza arriba lo cloqueó por la ventrecha. De la herida, salió una nubecilla de humo rojo que se expandió por el mar.

—¡Perico! La mano en el corazón. ¿Tú has visto a Martín Pescador echar semillas al agua? ¿Sí o no?

—¡Nooo! —exclamó Perico con cara de complicidad... pero no se puso la mano en el corazón.

—Envarbascar el mar con gordolobo es una granujada ¡...puño! Repítelo.

—¡Yo no sabo decir eso! ¡Es muy difícil! —Y chasqueó los dedos para demostrar la insalvable dificultad.

No sin esfuerzo Martín Pescador logró hacerse con el atún e izarlo sobre cubierta.

Gran parte del día, Perico lo pasó solo. Apenas hubieron comido, Martín se confesó agotado por el esfuerzo, maldijo su vejez, juró que cuando era joven era capaz de izar a pulso un atún tan grande como ése, en cada mano, y después de poner proa a un cabo que se veía en lejanía, ordenó a Perico que se hiciera cargo del timón y se fue a dormir. Salvo que se levantaran olas o viniera un barco de frente, le suplicó que no le despertara. Si el chico equivocaba el rumbo, no era problema. En realidad no iban a parte alguna. Se trataba de navegar, de ganar tiempo al tiempo sobre las aguas. Lo que no supo Martín, es que su joven grumete durmió agarrado a la barra del timón casi tantas horas como las que él invirtió en descabezar su sueño en la litera. Pero el mismo Perico tampoco se enteró. Él pensaba en sus cosas lo mismo dormido que despierto. Y lo mismo despierto que dormido hablaba con el atún, con los calamares y, sobre todo, con *La Pilonga,* que era como una gran yegua saltadora y columpiona. Y con la costa. ¡Qué montes más altísimos los que se veían a su izquierda! ¡Eran como olas secas que tenían detrás otras olas mayores y detrás otras más grandes todavía! Si *La Pilonga* tomara carrerilla, a lo mejor saltaba todas las cadenas de montañas. Y Perico, sin haber visto nunca ese increíble bronce del «Jinete niño» del Museo de Atenas, se imaginaba a sí propio en posición semejante a la de la escultura, sólo que, en vez de inclinado sobre las crines, se doblaba sobre cubierta, las riendas del timón en una mano y la fusta en la otra, caballero en la yegua *Pilonga,* golpeando con la fisga las ancas de la caballería por la banda de estribor.

—¡Hala, *Pilonga,* hup, hup...! ¡Hala!

Y la nave saltaba sin dificultad una tras otra las sierras de la cordillera.

Cuando Martín se despertó no pudo, sino a duras penas, reconocer el paisaje. El segundo de a bordo, que le había sustituido al timón, había trazado grandes círculos concéntricos sobre el agua y el cabo hacia el que puso proa antes de acostarse, ahora estaba en popa y, por cierto, mucho más lejos que antes.

¿Qué hacer? En la costa, frente a ellos, estaba el mismo puerto de donde salieron. Martín no quería aventurarse de noche en tan parva embarcación. Algo más lejos estaba la ensenada de La Arañuela, donde podían fondear y que era un excelente refugio cuando saltaba la galerna, pero la embocadura carece de faros y hay bajos peligrosos que no pueden sortearse sino con luz. Miró el sol, muy próximo ya al horizonte, y a pesar de la repugnancia que le causaba que pudieran incautarse del atún, decidió, no sin maldecir las pocas dotes de navegante de Perico, volver al puerto.

El crepúsculo irisaba los montes. Todas las coloraciones del espectro: múrice, escarlata, oro, cárdeno, opalino, se daban cita en las cumbres.

—Mira, Perico, ¿ves esos montes? Los llaman los Picos de Europa porque desde la Francia, la Alemania y la Rusia un hombre que no sea mu chaparro si se pone de puntillas los puede ver. Fíjate bien en ellos, porque detrás de esas montañas, mu detrás, está Madrid.

Perico miró atentamente la fantástica cordillera y por todo comentario pronunció estos extraños sonidos, que Martín no supo descifrar:

—¡Hala, hup, hup, hala!

El marinero enderezó el rumbo de *La Pilonga*.

—Me paice que endispués de un ratuco verás el rayo verde.

El sol, un gran disco amarillo, se descolgaba hacia el horizonte. Dos flecos de nubes parecían sostenerlo sobre el abismo.

—Parece una medalla de oro que yo tengo —comentó Perico. Y un rato después, cuando alcanzó la línea que separa el cielo del mar, exclamó—: Y ahora parece un duro que rueda sobre una mesa. Pero un duro amarillo.

—¿Sabes cómo se llaman los duros amarillos? —le interrogó Martín—. ¡Peluconas! Son de oro y ya no hay.

—A Mariví, cuando tuvo el tifus y se le cayó todo el pelo, también la llamábamos pelucona...

—¿Y ahora, a que no sabes lo que paice el sol ahora?
—Un huevo pasado por agua —gritó Perico.

Martín Pescador daba vueltas al magín para que a él también se le ocurriera algo acerca de lo que parecía el sol a medida que se hundía bajo el horizonte, pero el chiquillo era mucho más rápido.

—Ahora parece un sombrero hongo. Mi papá tiene uno. Pero es negro. ¡Y ahora esas boinas pequeñinas que se ponen los obispos! Y del mismo color y todo.

—¡Concho, Perico, que ties razón! Esas boinas pequeñucas de los obispos se llaman solideus. ¡Mecachis en la mar, si es igual que un solideu! ¿Sabes que eres mu listo tú?

—Y ahora... ahora... no parece nada. ¡Sí, sí, mira: la nariz de un payaso!

—Atención, atención ahora, Perico, que va a salir el rayo verde... ¡Un, dos, tres...! ¡Ahí lo tienes! ¿Lo has visto?

—¡No!

—Porque te habrás distraído.

Perico se quedó tristísimo de no haber visto el rayo verde. Con esto y con todo había un misterio que le preocupaba hondamente.

—Oye... ¿y cuando el sol se moja en el mar no se apaga?

—No se apaga.

—Pos es muy rarísimo que no se apague...

—Tienes toda la razón.

Sólo entonces Perico cayó en la cuenta de la gran transformación que se había operado en el rostro de su amigo. El caso es que éste, al bajar a dormir la siesta, se había quitado la dentadura y no se la había vuelto a poner.

—¡Martín! —gritó Perico estupefacto—. ¡Se te han caído otra vez todos los dientes!

Valía la pena presenciar el teatro que hizo Martín Pescador. Tal fue la consternación que fingió, las lamentaciones y los embustes que ensartó, que Perico, compadecido, bajó a la cabina y revolvió en su equipaje hasta encontrar, envuelto entre algodones, el diente de Mariví.

—Toma —le dijo al ofrecérselo—. Yo tengo uno. Te lo regalo. ¡Póntelo!

F

> «... era un redil de ovejas
> que iban al matadero y que balaban.»

APENAS SE ACOSTÓ EL SOL, levantóse la brisa y el mar comenzó a bailotear. Perico, que no se sentía muy a gusto con aquel movimiento, comentó satisfecho al entrar en el puerto:

—¡Qué quieta está aquí el agua!

Martín, para quien el mar era como una mujer caprichosa, tan pronto adormilada y sensual como inquieta y saltarina, le respondió tarareando:

> *¡Ay, qué quieta está la chica!*
> *¡qué quieta y qué sosegá!*
> *Ya la pulga no la pica*
> *que la pulga está cansá...*

Unos hombres, unos de esos infinitos desocupados que verbenean por los puertos, hicieron señas a Martín indicándole un hueco entre dos barquías donde cabía *La Pilonga*. Hasta enarbolaban el cabo de una estaca para lanzársela cuando estuviera cerca y ayudarle a amarrar.

> *Pícala, pícala, pica*
> *que se me va a «adormilá»*
> *y a mí me gusta la chica*
> *cuando la veo saltá.*

Con la pericia que da la costumbre, y sin la ayuda de los remos para frenar el impulso, Martín condujo a *La Pilonga* hasta el muelle. Era un placer para Perico ver la barca deslizarse por sí misma, silenciosa y con la suave elegancia de una gaviota en el aire. No fue necesario siquiera usar el bichero para amortiguar el breve golpe de la quilla. Elevó Martín el rostro para pedir la cuerda y las últimas notas del canto se helaron en su garganta: el hombre que le alargaba la estacha, buscándole los ojos con los ojos y sonriéndole fría, cínicamente, era Tulio, el Peón Caminero del Barrio de San Blas. Dos milicianos armados le acompañaban.

Perico, que no conocía la inamistad, señaló al atún con orgullo.

—¡Mira lo que hemos pescado!

Los hombres interrogaron a Tulio con los ojos y éste hizo un signo afirmativo. Uno de ellos saltó a *La Pilonga*.

—Termine el amarre, «abuelo», que tendrá que declarar.

El niño tendió los brazos para que le izaran. Tulio ordenó a uno de los que le acompañaban:

—Quédate con el chaval. Al «abuelo» le llevaremos éste y yo.

—¡Yo quiero ir con Martín! —protestó Perico.

Martín Pescador se volvió hacia él. Le habló suavemente.

—Quédate... Yo he de hablar con estos amigos... Procura dormirte... Ya te mandaré llamar...

El chiquillo, muy enfadado, metióse en el camarote y se tendió en la litera.

Las calles eran brazos de un delta desbordado. El pueblo, a causa de la marcha de la guerra, había cuadruplicado en pocos meses su población y los que no cabían en las casas incautadas ni en los cuarteles, dormían en los pajares, bajo las arcadas de la plaza, dentro de los carros y camiones del ejército, en las barcas del puerto o a cielo raso sobre los bancos. Martín, que despreciaba a los hombres, odiaba y temía a las muchedumbres. El pueblecito de pescadores se había convertido en campamento de gitanos. Un olor acre, a redil y urinario, abono vegetal y manta cuartelera emanaba de la multitud. Vigilado y conducido por sus guardianes, Martín llegó a la Plaza Mayor.

—¡Al rico pirulí de La Habana! ¡Caramelitos de eucalipto para el mal aliento y chufas de Valencia!

Bajo las nobles arcadas de piedra que circunvalaban la plaza se apiñaban colchones y petates de refugiados sin hogar y soldados sin cuartel. Una muchachita despiojaba con sumo primor a un hermanuco de pocos años. Y una vieja, no obstante la algarabía, roncaba cumplidamente.

—¡Torraos calentitos, estampas de la colección «Higiene del Sexo», pipas, gomas, narices de cartón!

En un puesto patriótico se vendían por tres perras hoces y martillos para las solapas que parecían de plata mismamente, y por una peseta la fotografía, coloreada a mano con mucha maña, de un tal Rubiños, que acababa de proclamar la República Socialista Independiente de Santander.

—¡Gran Tómbola Antifascista! ¡Pañuelos de puro lino con la efigie de Stalin, premio para señoras! ¡Y para los caballeros, «El Manifiesto de Lenin», «Los secretos de Afrodita», «La vida íntima de las monjas de clausura» y «Los discursos completos de Margarita Nelken»! ¡Todo en un solo tomo!

Una criatura sentada en un orinal al borde de una acera lloraba mansamente. Las moscas hacían su agosto en el vientre desgarrado de un gato reventado por las ruedas de un carro. Unas fulanitas tiraban al blanco sobre las efigies de Alfonso XIII, el Cardenal Gomá, el General Sanjurjo y la Virgen del Pilar.

Cruzaron frente a la taberna de Redondo, al que mataron meses atrás prendiéndole dinamita en la boca. Rebasaron el Centro de Refugiados de la República Vasca. Un vendedor de periódicos voceaba su mercancía en vascuence y castellano.

—¡Euzkadi Rojo! ¡Diario comunista! ¡Contra el Fascismo Sangriento y por la libertad de Guipúzcoa!

Un borracho vomitaba en la pila de la fuente. Por las anchas puertas de la Iglesia Parroquial, convertida en cuadra de una compañía de morteros, salían y entraban los mulos. Mugre, risas, pitos, banderitas de papel.

Sólo a duras penas pudieron abrirse paso entre la gente que taponaba la calle. Un suceso extraordinario atraía la atención de todos: un hombre —le dijeron— se disponía a luchar con un camión. Intentaron acercarse.

—¡Quitarsus d'enmedio, roño, y no estorbar!

Al reconocer al gladiador, el Tulio se indignó:

—Pero... ¿No te chinga?... ¡Mira en lo que se entretiene el Presi!

El tal Presi era un sujeto gigantesco, de aspecto desaforado y descomunal. Cuando llegaron estaba ciñéndose una badana, ancha como la correa de un guarda jurado, en torno al pecho. A la badana iba unido un grillete, al grillete una cadena... a la cadena un camión cargado de piedras.

—¡Hala, Presi! ¡A ver si es verdad!

El hombre avanzó los pasos necesarios para tensar los eslabones, respiró hondo, abrió los brazos en cruz, tanteó hasta asegurar los pies en el empedrado y comenzó a tirar.

—¡Hala, Presi! ¡Hala, jabato!

La inmensa corpulencia del gigante corría parejas, por lo que tenía de descomunal, con su extraordinaria vellosidad. Hebras retintas le salían como chorros de alambre de orejas y narices. Las cejas, contraídas ahora por el esfuerzo parecían una sola e inmensa visera erizada, o mejor, un fantástico cepillo de betunero colgado de la frente, y del pecho en la espesura emergían de entre la tela del mono los filamentos de un basto y rizadísimo astracán. No tenía dos dedos de frente, dicho sea no en sentido figurado sino puramente descriptivo, ya que una escandalosa y no dominada pelambre le cubría la parte más noble de la cabeza.

El rostro del forzudo cambió de color hasta ponerse azul. Y aquel tono de la piel, y las venas que surgían bajo la frente como raíces que empujan la tierra, y los tendones del cuello, tensos como cables, y el gesto de infinito sufrimiento del rostro, alzado al cielo cual si pidiera piedad, formaban un todo repulsivo y bestial.

—¡Hala, Presi, que no se diga!

El camión tirado por aquel percherón de dos piernas se resistía a moverse.

La inclinación del cuerpo, caído hacia adelante, era tal que casi rozaba el suelo con las manos. Braceó inútilmente. El sudor le manaba por la cara y caía en gruesos goterones junto a él. De pronto dejó de pujar y quedó suspendido de la correa. Un rumor de decepción se extendió por doquier. Tambaleándose, el gigante se enderezó. Volvióse al mozo que estaba al volante. El jadeo le impedía hablar. Tardó mucho en interpelarle:

—Dime... bestia... mamacallos... parapoco... asno. ¿No tendrás el freno echau?

El muchacho se azoró.

—¡Anda, roño, se m'abía olvidau quitar el freno!

—Pos quítelo usía si le place, ¡leñe!, que eres más tonto que un hilo de uvas.

—Es que... no sé cómo se hace eso.

—¡Que me quiten a ese cabeza de tarro de ahí, ¡leñe!, y me pongan otro... o le hincho los morros!

—¡Ya está! ¡Ya lo he soltau!

—¡Pasen, señores, pasen! —voceó un guasón—. ¡Pasen, a ver al elefante que hace media! ¡El elefante que hace media! ¡Que hace media hora que no pasa nadie!

El Presi volvió a su posición primera. Alzó la forzuda pierna, que quedó un instante dudosa en el aire como la de un ave zancuda; crispó los dedos cual si quisiera agarrarse al viento; clavó la bota en el suelo; deslizóse el camión lentísimamente; estalló estruendosa la ovación.

—¡Oiga pollo, sin aprovecharse! —gritó una moza a un soldado cambiándose de sitio.

Alzó el Presi la otra pierna, y dejó caer el cuerpo. Braceando, doblándose en grotescas contorsiones, oscilando al compás de sus resoplidos, sus pasos fueron ganando velocidad. Cuando pisó la raya de la apuesta el griterío era ya ensordecedor.

—¡Jorchio con el tío! —comentó Martín—. ¿Y quién es ese alfeñique?

—El Presidente.

—Presidente... ¿de qué?

—Del Tribunal que le va a juzgar, ¡puños! ¿O cree usted que le hemos sacado de su barca para ver sesiones de circo?

Cuando el gigante descubrió al Tulio entre los espectadores, torció el gesto con aire malhumorado. Quiso fingir no haberle visto, pero fue inútil. El Tulio le dio una voz.

—No te hagas el longuis. ¡Y a ver si acabas de una vez con tus hinchas!

En cuanto pudo deshacerse de los entusiastas que le cercaban, el Presi se acercó al grupo sin ocultar su fastidio. Venía con los ojos bajos, pudoroso de su hazaña.

—Pero, hombre... ¿No va uno a poder divertirse (¡con este jadeo... casi no puedo hablar...!) no va uno, digo, a poder divertirse... a sus horas libres, con tranquilidad?

—¡La justicia no tiene horas, y el deber es el deber! —replicó Tulio con tono agrio.

El Presi le observó despaciosamente y posó sus manazas en los hombros del peón caminero sin decir nada. Martín tuvo la intuición de que el forzudo, cuyo rostro era asaz inexpresivo, no podía sufrir el tono de suficiencia del madrileño. Le dio unas palmaditas en la cara.

—Ties toa la razón, sí señor, ¡toa la razón!

Volvióse hacia Martín.

—¿Quién es este hombre?

—El del niño —aclaró Tulio—. Ayer te hablé de él. La marejadilla le obligó a volver y le he pescado.

El Presi examinó al viejo con curiosidad.

—Escuche usted, abuelo. Y perdone este... jadeo. Mañana, si se tercia, le mandaré fusilar. Pero hoy estoy muy cansado, ¡hágase cargo, caray!

Martín le dedicó una sonrisa burlona.

—¡Por mí no hay prisa! Que yo soy mu mirau con las personas. El que se impacienta por echarme tierra encima es aquí el Tulio, que es un ansiosu.

—Pues si no lo vamos a juzgar hoy —habló el Tulio, seco— me lo llevo a encerrar, y mañana te lo traigo.

—¿No le digo que es mu impacientísimu? ¿Aquí quién manda? ¿Este soplapitos o la autoridad?

El rostro del Presi carecía de expresión como el de los mastines o los borrachos.

—A mí este viejo me ha caído bien. Me lo llevo.

—¿Adónde?

—¡A la taberna del ex fascista Redondo que en paz descanse! ¡A tomar unos chatos, leñe! Le invito yo.

El Tulio intentó protestar.

—Pero...

—No hay peros que valgan. ¡Lárgate!

Tulio se mordió los labios. Su rostro amarilleó de rabia. Martín le hizo una reverencia gentilísima con no poca guasa y se fue con el Presi, calle adelante. No podía evitar sentirse satisfecho. Él era un hombre con encanto personal, ¡qué diantres!, y sabía conquistar la voluntad de quien le viniera en gana. Tenía —sin ignorarlo por supuesto— el don de la atracción, como otros tienen el de la fuerza o el de la oratoria. Recordó con nostalgia la frase de aquella negra gabacha en la Martinica.

—*Ne souriez plus devant moi, mon ami! Je vais fondre!*

Pero esto era en sus años mozos. A partir de hoy se iba a especializar en conquistar gorilas. La primera experiencia en este terreno —y dedicó una respetuosa mirada al hombre que caminaba a su lado— no podía tener mejor principio.

Entraron en la taberna.

—Unos tintos para este amigo y un cigarro para mi menda —ordenó el Presi.

Y como tardaron en servirle, se acercó al mostrador y se trajo lo que quería.

Martín, con no poca curiosidad, le miraba hacer. Empezaba a barruntar que el Presidente del Tribunal del Pueblo no era hombre a quien pudiera juzgarse con ligereza sólo por las apariencias. Dos cosas tenía por de pronto que no guardaban correspondencia con su ferocidad exterior: los ojos —aburridos, cansados, como de buey enfermo— y la voz. El Presi hablaba muy despacio, escuchándose y buscando en los demás el efecto de sus palabras. Como era tan grande, se diría que los vocablos tardaban en llegar desde el caletre a la garganta; pero la verdad del cuento es que meditaba con sumo cuidado las voces aplicables a cada caso, buscando generalmente una carga de humor a sus expresiones. A veces lo conseguía.

—¡Y pensar que hoy estamos aquí como dos compadres... (pausa para meditar) empinando el codo, como quien dice, para mojar el gaznate; y que mañana (el Presi miró larga y tristemente al suelo antes de proseguir)... y que mañana, dicho sea por un decir, si yo le mando fusilar no podré ir después a su entierro porque me lo prohíbe la ley! ¡Hay que chingarse, ¡puños!, con las bromas que da la vida!

—¡Pero no se apene por eso! —le consoló Martín—. Endimpués de muerto yo nunca le ricriminaré por no haberme echau una paletá de más o de menos en el gujero. Además —¡a condición de que yo pague, se entiende!— mañana estamos aquí de copas otra vez.

—¡Eso sí que no, compañero! Como sea verdadera la acusación del Tulio, con los menudillos de usted haremos carnadas para merluzas.

—¡Jorchio! ¿Y qué es lo que dice el Tulio si pue saberse?

—Pos dice que pensaba usté pasarse por mar a los faciosos pa entregarles el niñuco secuestrau. ¡Na más!

—¿Eso ha dicho ese mamón? ¿Ha dicho esu?

—Eso ha dicho.

—¿Y si pruebo que el Tulio es un embustidor y que me tie inquina?

El Presi le miró tristemente. Se encogió de hombros.

—¿Cómo lo probará?

—Con razones pero que mu clarismas pa quien tenga pesquis y estudios. Y respective a esu, usté va mu bien pertrechau de ambas cosas; que no hay más que oírle hablar pa saber que tie letras y conocimientos.

—Pos varios días lleva el Tulio buscándole. Se ha recorrido todos los puertos de la comarca preguntando por usted.

—¿No le digo que me tie inquina?

Por primera vez el Presi pareció irritado.

—¿Pues sabe lo que le digo? Que si probamos que ha habido calumnia, al que echamos al mar es al Tulio. ¡Que no hay derecho que un hombre de bien ande en bocas de unos y otros, sin tener culpa!

—¡No lo haga! —protestó Martín, riendo—. ¡Que eso sería mi ruina y la de toos los pescadores!

—¿Y por qué no lo voy a hacer?

—Porque si echan las entrañas del Tulio al agua... ¡se envenenan toos los peces de la mar oceana!

Lejos de reírse, el Presi se reclinó indolentemente en su silla. El humo de su cigarro ascendía por el rostro, invadiéndole, sin que esto pareciera molestarle las cuencas de los ojos. Eran ojos húmedos, inyectados en sangre. Hay ojos patinadores, fugitivos; Martín recordó los de algunas mujeres: son, por lo general, los que se saben parlanchines y quieren evitar que quien los mira pueda leer en ellos. Por eso huyen. Los del Presi eran mudos. Y por saberlo, su dueño los dejaba pegajosamente posados en los de su interlocutor, sin temor a que denunciaran su pensamiento.

Martín intentó vanamente leer en ellos. Quizá quisieran

decir: «Este Pescador es de los que sacan polvo debajo del agua de puro despabilado y fino... Es más listo que Lepe... El mundo se dobla bajo el peso de los idiotas y las mulas pardas... Procuraré ayudarle, ¡leñe!, aunque sea culpable...»

También podían decir:

«Este Martín se cree muy listo y me quiere engañar... ¡Sí, sí, engañar! ¿Listos a mí? Yo a este tío me lo cargo, ¡leñe!, para que vea de qué le sirve ser listo conmigo... ¡Aunque sea inocente, leñe!»

Al cabo de un tiempo de cháchara trivial, Martín se echó otro trago al coleto, secóse lentamente los labios con la manga y preguntó:

—Y dígame, Presi —si me permite que le llame así—, ¿esta noche dormiré encerrau o libre como un pajaruco?

—Me temo que encerrau, ¡roño! La ley... es la ley. Y el Tulio ya usted ve... es mu mirau pa esas cosas.

—Pos dígame ónde y con su permiso voyme a retirar.

El Presi se puso en pie. La operación de desdoblar aquel inmenso corpachón no fue fácil, pues tenía los huesos molidos por la batalla con el camión.

—Le acompaño.

—Si no es molestia, se agradece.

Llegaron a la puerta de la improvisada cárcel.

—Pase usted primero.

—No faltaba más, ¡leñe! Pase usted.

Más de doscientos hombres y media docena de mujeres malvivían recluidos en la misma sala del Hospital en que encerraron a Martín. La cárcel del pueblo no daba de sí para tantos huéspedes. Los dos Monasterios situados a las afueras —el de Madres Clarisas y el de Frailes cistercienses— que habían sido convertidos desde los primeros días de la guerra en sucursales penitenciarias, tuvieron que ser desalojados de toda la población penal para hacer sitio a las tropas a medida que la guerra se acercaba. Y esto, de rechazo, empeoró la caótica situación del Hospital.

Dos plantas tenía el viejo caserón: la superior, donde yacían en increíble promiscuidad presos y enfermos, y la baja, donde funcionaban las salas de operaciones y los Tribunales del

Pueblo. La mezcla indistinta de tan heterogéneos personajes en el piso alto y de tan opuestos ejercicios en el inferior dio lugar a más de una confusión, pues así como hubo presos que se salvaron fingiéndose enfermos, no faltaron convalecientes que al no saber demostrar su condición pasaron a engrosar las filas de los primeros e incluso médicos que se quedaron para siempre a la sombra, pues al pretender salir después de visitar a un paciente no se lo permitieron, pensando que era una argucia de recluso, para fugarse. El caso que más admiró a Martín de cuantos le contaron fue el de un detenido que al ser llamado abajo, junto con otros muchos, para el juicio, enterado de que el Presidente del Tribunal había mandado reclutar en la plaza a dos milicianos cualesquiera —para que los combatientes estuviesen representados en aquella parodia de la Justicia— se hizo pasar por uno de ellos, y salió más tarde a la calle, confundido entre sus fallidos jueces, con lo que logró escapar.

El desorden, la indisciplina y la multiplicidad de competencias convertían aquel edificio en pura jaula de grillos, donde todos gritaban —con lo que nadie escuchaba—; donde todos mandaban —con lo que nadie obedecía—. El confusionismo rizaba el rizo de lo absurdo. Si el caos hubiera sido conscientemente provocado, y no producto impremeditado de la insensatez, habría que llegar a la conclusión de que era la obra maestra de un cerebro de primer orden especializado en Torres de Babel. «¡Caray, con el Presi!» Martín no podía quitárselo de la cabeza. De labios de sus compañeros de celda, aprendió cosas sorprendentes de su extrañísimo juez. Parece ser que no le gustaba alardear de forzudo —como podría suponerse por la apuesta del camión— y sólo si tenía copas encima o por complacer a los amigos se avenía a hacer algunos ejercicios en público como doblar una barra de hierro cual si fuera un junco, o partir una baraja con los dedos con la facilidad de quien desgarra indolentemente una hoja de papel de fumar. Pero insistieron mucho en aclararle que no eran estas estupendas cualidades de las que alardeaba: de lo único que en realidad presumía el Presi... era de intelectual.

Su apodo —según su informante— no se debía al cargo de presi-dente sino a su historial de presi-diario. Estuvo, en efecto, en Ocaña seis años cumpliendo condena por la muerte de un hombre, cosa que acabó demostrándose no ser cierta. Pero como no hay mal que no arrastre un bien, a esta injusticia debía el hombre gran parte de su carrera. Y no sólo porque durante su encierro se leyó varias veces a Marx, de quien citaba parrafadas enteras sin comerse una sílaba, sino porque, a causa del ingente papeleo que se trajo con jueces y abogados para conseguir la revisión del proceso, se le quedaron pegados a la retentiva multitud de latinajos y aforismos más o menos usuales entre picapleitos y escritos de la justicia, que le habían de ser, corriendo el tiempo, de gran utilidad. El sentido cabal de estos términos no se le alcanzó jamás, pero tenía un arte especial para ensartarlos, vinieran o no a cuento, en los mitines políticos. Debido a esta formación jurídica y a su innata predisposición para la oratoria, en cuanto se crearon los Tribunales Populares le hicieron lo que él llamaba «Presidente de Sala Sin Oposición», tal como —para distinguirle de los jueces profesionales— mandó poner en su documentación al renovar el carnet sindical... ¡no fueran a confundirle con un señorito!

Martín durmió en el suelo, sobre las baldosas, y no durmió mal, pues le tuvieron que zarandear para despertarle, ya muy avanzada la mañana. La vista se retrasó mucho, pues uno de los magistrados no se presentó a su hora y el Presi ordenó que se trajeran de la plaza al primer voluntario que encontraran para sustituirle. La sala en que introdujeron a Martín, la de Obstetricia, estaba dividida por varios biombos en dos partes: una reservada para el noble ejercicio propio y tradicional del quirófano, y otra para juzgar los casos de traición y desvío político. El Presi, que era hombre sensible, no pudo sufrir la coincidencia a una misma hora de un interrogatorio y una cesárea y mandó clavar en la puerta un cartel que dijera: Juicios: de Ocho a Once. Partos: de Once a Una.

Rodeaban al Presidente del Tribunal cuatro hombres: Tulio, Catalino Retuerto, Armando Sobrino y un tal Balmes, de profesiones peón caminero, linotipista, delineante de Obras Públicas y salador de pescados, respectivamente. Estos dos últimos eran los más jóvenes. El delineante —guapo chico, de aspecto aniñado— parecía temeroso de Martín y eludía mirarle a los ojos.

Abrióse lentamente la puerta, y medio escondido ante un auténtico arsenal de armas, apareció un pintoresco individuo de mono, alpargatas y boina, cargado de cartucheras, pulsera y cinturón de vainas, varias granadas de mano, dos pistolas, un mosquetón y un machete.

—Pero ¿aónde vas tú... —exclamó el Presi. E hizo una larga pausa— ...con tanto aparato de guerra encima? —hizo otra pausa más larga aún— ¿...que no se diría sino que eres mismamente el cinturón de Bilbao?

—Soy el voluntario, pa el juicio —explicó el recién llegado.

—Pero, muchacho, quítate esas bombas de ahí, que se nos ocurre fumar y aquí volamos todos... (entre pausa y pausa el Presi miraba a los ojos de cada uno de los presentes). Ahí no, so delicao... déjalas en el suelo... Y las pistolas sobre la mesa, como las nuestras... que la justicia es una cosa mu seria... y no vaya a parecer que queremos intimar al preso...

El mílite tenía un labio malcosido por una operación y Martín no acababa de saber si se reía continuamente o era la puntada del labio que le contraía el gesto. Después comprobó que eran ambas cosas, pues el mozo, aparte de ser deforme, era risueño.

—¿Cómo te llamas?

—José.

—José ¿y qué más?

—Ayuso. Pero me llaman El Frenillos, por este remiendo. —Y se dobló a carcajadas, señalándose el labio.

—Mira bien a ese hombre —dijo el Presi refiriéndose a Martín—. ¿Eres su «alter ego»?

El Frenillos, ante aquellas palabras terribles y misteriosas, miró a Martín, espantado.

—¿Y eso cómo se come?

—Que si eres compadre, compinche o amigote suyo...; que si comes con él en el mismo plato...; que si te unen a él vínculos o lazos (que también así se dice) de amistad, parentesco o gratitud...; que si besas la tierra por donde pisa... ¡Creo que hablo claro!

El Frenillos reaccionó.

—¿Yo besar la tierra por donde...? ¡Vamos! ¡Ni por pienso!

—¿Y eres pugnante u opuesto suyo?

—¿Eso qué es?

—Que si le ties enquina, que si eres su contrario...

—¡Hombre! ¡Puestas así las cosas...! No sé qué decirle: ¡según! Según lo que haya hecho. ¿Qué ha hecho?

—Eso eres tú quien lo va a decir: que pa eso eres del Jurao...

—¿Yo? ¡Pos sí que es gracioso! ¿No digu que no le conozco?

—Pues no lo habías dicho, no. Y eso es lo que yo quería saber. ¡Halla, siéntate y calla, Napoleón de mierda!

El Frenillos se sentó donde le indicaban, riéndose a mares. «¡Caray —pensó— y qué don de gentes tenía el Juez ése!» Era la primera vez que asistía a un juicio y tenía curiosidad de ver en qué moños consistía eso. El Presi, por si alguien tuviera escrúpulos, hizo una advertencia general.

—Como aquí —dijo— ninguno de vosotros tie puñalera idea de leyes, quiero advertir a toos pa tranquilizar su conciencia que la iznorancia de la ley no esime de su cumplimiento. ¡De modo que vamos a empezar!

La vista del juicio, incluida la tertulia, fue interrumpida por tres incidencias marginales. La primera para anunciar que el *Odesa* estaba en Bilbao y que el Alcalde de Santander enviaría un coche de aquí a tres días para recoger al pequeño. Si no lo hacía antes era por tener que desplazarse a Vizcaya al frente de la expedición de niños santanderinos para cumplimentar a los delegados del «Comité de No Intervención en la Guerra de España», que presenciarían la subida a bordo de la gente menuda para la que traían multitud de regalos, juguetes, ropas y medicinas. El segundo paréntesis, desgraciadamente muy breve, dejó por igual consternados al reo y a los jueces: el niño se había fugado.

El encargado de conducirle hasta el Tribunal donde debía efectuarse un careo entre Perico y Martín había tomado todas las precauciones. Le engañó diciendo que se lo llevaba a la Feria; le amenazó con zurrarle la badana, al notar cierta resistencia pasiva al andar, le tuvo en todo momento fuertemente agarrado de la muñeca. No obstante, cuando el rapaz comprobó que le llevaban a un edificio guardado por hombres armados y circunvalado de alambradas, fingió torcerse un pie y apenas se aflojó la presión de la mano que lo agarraba salió disparado como una liebre sin que el hombre, debido a la inmensa muchedumbre que pululaba por la plaza, consiguiera alcanzarle. La tercera interrupción casi arrancó las lágrimas a Martín: el chiquillo había sido encontrado escondido bajo unas jarcias en el fondo de una barcaza atracada en el Puerto, muy cerca de *La Pilonga*. Si alguno de los presentes hubiera sabido interpretar las emociones del pescador, habría comprobado que estaba más atento a lo que acontecía fuera de aquellas paredes que en el Tribunal, pues le importaba más la suerte del niño que la suya propia. Comenzó a trazarse un plan de problemática solución, y apenas lo concluyó de perfilar no hubo palabra suya que no estuviese encaminada a la consecución de su propósito. El primer objetivo era ganar la confianza de aquellos hombres para que le permitieran hablar con Perico, aunque no fuese a solas. Había que encontrar un argumento con fuerza suficiente para alcanzar tal pretensión, y no le fue difícil dar con él.

Comenzó Martín su prodigioso engaño aludiendo a los tres modos de que podían valerse para conducir a Perico hasta Bilbao: por la fuerza, «embustirándole» o endilgándole la verdad. Por la fuerza era el más sencillo: no había sino que atarle de pies y manos y amordazarle... pero él se finaba de risa al imaginar el escándalo del rapaz al subir de tal suerte las escalerillas del barco... porque pensar que subiera por sus propios pies era pedir cotufas en el golfo...

—Hombre, mire usté, sería un placer mirar la cara del alcalde cuando los delagaus esus de la Sociedad de Naciones preguntaran al crío si iba a Rusia a gusto o a disgusto, o qué persona de la su familia de su sangre había autorizau el viaje. ¡Le digo a usté que sería un placer!

Se llevó una mano a la ceja.

—Yo me sé mu bien que estos medios son los que más agradan al Tulio aquí presente, pero hablandu en seriedad, les digo a toos que eso no tiene hechura.

¿Qué medio habría entonces de hacer las cosas a lo derecho? ¿Embustirarle? ¡Que pruebe el Tulio a engañarle y le pasará lo que al mamacallos al que se le escapó!

—Vamos, vamos... El criatura este es más listo que Cardona. Es de los que sacan polvo debajo del agua de puro despabilau y fino. ¡Le conoceré yo!

Al chiquillo había que decirle la verdad sin tapujos; convencerle de que aquel viaje era lo mejor para él, y que los hombres —y él iba camino de ser todo un hombretón— no tienen por qué estar siempre pegados a la falda de su madre, sino despabilarse solos y ver mundo. Esto es lo que había que decirle...: la cosa estaba tan clara que había que ser muy cortos para no comprenderlo... También era verdad que no todos tenían el don de saber hablar a los niños y que para llevar al ánimo de Perico un cambio tan radical, había que tener mucho ascendiente sobre él, y mucha autoridad...

—Si a mí me dejan hablarle, le pongo como una seda... —concluyó.

—¡Pero delante de todos! —gritó el peón caminero.

Martín le retó con la mirada.

—¿Por qué no, Tulio? ¡Delante de toos!

G

«Hay un destino claro colgado de los cielos.»

Goya no pintó a Saturno en trance de devorar a su hijo con fauces tan siniestras y colosales como las del Presi cuando bostezaba. Con éste, eran ya tres los bostezos. Tulio, que estaba en el uso de la palabra, palidecía cada vez que el Presidente de la Mesa abría la boca. Y no se sabe si por sentirse ofendido o por temer que aquellas feroces inspiraciones absorbieran todo el aire de la Sala. Su gesto de fastidio no presagiaba nada bueno. Súbitamente, el gigante se puso en pie.

—Ya está bien de interrogatorios y de coñas. Voy a diztar sentencia.

—Pero ¿cómo vas a dictar —protestó el peón caminero, que hacía las veces de fiscal— si no he terminado la acusación?

—¡Al que no se ponga en pie le rompo las muelas, leñe! ¡Nullum crimae sine lege, leñe! ¡En pie todos! ¡Y usted, abuelo, quítese la boina, que va a hablar la ley!

—Antes tenemos que deliberar —insistió el Tulio.

—¿Deliberar tú conmigo?

El Presi, desde su altura, pensó no haber oído bien.

—¿Has dicho de-li-be-rar? ¡Amos, anda! ¡Conmigo aún no ha nacido el guapo que delibere!

—Con todos los respetos, yo considero que tenemos que deliberar. Hablando se entiende la gente...

—Pero ¿qué idea ties tú de lo que es un tribunal? Pa deliberar tú conmigo tendrías que saber primero que hay «delicta mala in se» y «delicta mala quia prohibita», ¡jorchio!, y que «in dubio mitius, indubio pro reo». ¡No te jeringa! ¡O te pones en pie como los otros, o te juzgo por desacato! ¿De acuerdo todos?

—De acuerdo.

—¡Pido la palabra! —dijo entonces el Frenillos.

El Presidente le miró con infinito asombro.

—¿Y por qué no degüelves el nenuco a su madre?

—¡Tú a callar, que no sabes de la Misa la media!

Callóse el Frenillos, levantóse el Presi y arrugó Martín la boina entre sus manos.

—Escuche, abuelo, la sentencia que ha diztado el Tribunal de mi Mando, y escúchenla todos pa que se ejecute como se dirá ut supra. Es lo que el jus gentium llama una sentencia oral y alternativa. Oral porque no ha sido escrita, ni puñalera la falta que hace; alternativa porque lo mismo sirve, según se tercie, pa despachar a usted de un tiro que pa ponerle en libertad.

»Aquí el compañero Tulio le acusa de intentar pasarse por mar a la zona que los faciosos controlan en los puertos de Galicia para entregar a los fascistas al hijo de un fascista y cobrarse el favor pidiendo que le hagan archipámpano de las Indias. Considerando que está convizto y confeso de haber raptau al chiquillo pa utilizarlo como grumete y adoctrinarle en las artes de la pesca; considerando que ni está convizto ni está confeso de intentar pasarse a los faciosos; considerando que no cabe en cabeza de nadie (o por mejor decir, que no me cabe en la cabeza, que es lo que importa) que de haber sido ésta su intención se haiga detenido por dos veces en un puerto tan antifascista como éste; considerando que el daño ocasionado al chiquillo al privarle, con el rapto, de disfrutar de unas vacaciones en la Rusia del Proletariado, puede remediarse, ya que el barco ruso, fletado por la Sociedad esa de las Naciones de la puñeta para alejar a la chiquillería de los riesgos de la guerra, está en Bilbao; pero resultando y considerando sobre todo que aquí el que decide, ordena y manda es el hijo de mi madre... he decidido, ordenau y mandau lo que sigue... Primer Otrosí: que el Frenillos, que es el único que es de este pueblo, se encargue de alojar y vigilar al púber, en tanto llega el coche que ha quedado en enviarme el Alcalde de Santander para trasladar al Perico al puerto de Bilbao, donde embarcará. Segundo Otrosí: que el Martín Pescador quede recluido en este

Hospital durante diez días hábiles durante los cuales el Tulio podrá optar o en retirar su acusación o en aportar pruebas auténticas, válidas y fehacientes que demuestren la secreta intención del Martín a pasarse por mar a los faciosos. Tercer Otrosí: que si lo prueba, echaremos al Martín al fondo del puerto con una piedra atada a los riñones, bien que en atención a su avanzada edad, y para que no se ahogue, le endilgaremos primero un tiro mu majo en el quinto espacio intercostal. Cuarto y último Otrosí: Caso de no ser probada la acusación, el Martín será invitado en desagravio; primero:

»A tomarse unos chatos en la taberna del ex fascista Redondo, que en paz descanse, en compañía de todo este Tribunal a mis órdenes.

»Segundo: a presenciar el azto de endilgar a su calumniador plomo bastante en la barriga que haga innecesaria la susodicha piedra mencionada ut supra para que sea el Tulio, aquí presente, quien visite en el fondo del puerto a la furcia madre del Rey Netuno. ¡He dicho! ¡Quietos toos! ¡Que no he acabau! Lo cual digo y ordeno en la fecha y el lugar por todos conocidos, es decir, aquí y hoy, para que esta sentencia oral y alternativa surta los efeztos oportunos. El que no esté de acuerdo que le den por el saco, ¡leñe! Y ahora, abuelo, puede usted sentarse y cubrirse, si gusta.

Antes de sentarse, el Presi, guiñó un ojo a Martín.

El Frenillos se doblaba de risa. «¡Me cisco en la mar —pensaba—, y qué don de gentes tenía el Presidente del Tribunal del Pueblo!»

Martín se caló la boina y tragó saliva. Después, un poco aturdido, buscó una silla donde sentarse. Como no había más, el Frenillos le cedió la suya, y se sentó en el suelo apoyando la espalda en la pared. Balmes preguntó:

—¿Hacemos llamar al chaval?

—Espere, compadre —pidió Martín—, que con este discurso me he quedau como lelo.

Y dirigiéndose al Presi:

—¡Digo, y qué labia tie usted! Le debían llamar «pico de oro».

El orador se excusó modesto:

—Es que uno... tiene letras.

Perico entró en la habitación como un perrillo apaleado. Tenía miedo. Avanzó lentamente hasta Martín y se pegó a él como una lapa. De cuando en cuando volvía la cabeza para mirar a los siniestros sujetos que estaban allí. Nunca había visto hombres más raros.

La intervención de Martín Pescador decepcionó al caminero, que no perdió palabra, gesto, matiz que pudiese encerrar una clave. Mas nada de cuanto dijo el viejo podía tener —como advirtió en voz baja al Presi— «gato dentro». Anunció Martín al chico que a partir de entonces tendrían que separarse. Estos señores (y le instó a que se fijara bien en Tulio, el Presi y el Frenillos) serían desde ahora sus acompañantes. El viaje a Madrid no era por ahora posible, pues aquellos hombres le habían invitado a ir a Rusia, que era un país muy bonito lleno siempre de nieve y hielo, como los Nacimientos, y que estaba lejísimos. Martín le pidió dos cosas: que se olvidara para siempre de ir a Madrid y que no intentara escaparse. Sobre esto del «escaparse» insistió Martín hasta la reiteración, con la mayor severidad.

—Pero es que yo quiero ir a Madrid.

—Escúlpete eso en la tu frente, Pericu. A Madrid no podrás ir. ¿Cómo vas a ir si estos señores te quieren llevar a Rusia? O vas a Rusia, o vas a Madrid. Pero a los dos sitios no pue ser...

—¿Y por qué no vienes tú?

—Yo, a lo quién sabe, voyme a la isla esa tan bonituca de que te hablé, y a lo mejor quédome en estos andurriales. No sé entoavía qué haré.

Cuando Pescador —bien que con la voz insegura— pretendió convencer a Perico de que un niño tan machote como él no tenía por qué estar siempre pegado a las faldas de su madre, sino correr mundo y viajar... vio como el rostro del niño se demudaba.

—¡No es verdad! ¡Cállate! ¡No es verdad!

Martín Pescador pretendió repetir lo dicho, y entonces Perico le tapó la boca con la mano, y como aquél pretendiera seguir su perorata, el niño, arrebatado por la rabia, le golpeó en la cara y en la boca con los puñicos cerrados, para no oír de aquellos labios lo que no quería oír. Intensamente pálido, Martín le agarró por las muñecas y le atrajo hacia sí...

Abrazado a Pescador, el pequeño estuvo largo rato llorando,

convulsamente, sin pronunciar palabra. Martín tampoco dijo más. Se limitó a acariciarle las sienes suavemente, lentamente, hasta que los jueces del pueblo, hartos de tantos melindres, se llevaron al niño a la calle y a él a una celda común.

Martín se adosó a uno de los ventanales por donde se filtraba el aire. Engañar a cuantos pretendían comerciar con su libertad —fuesen hombres o mujeres— había sido a lo largo de una vida que empezaba a pesarle, ejercicio predilecto. Conseguirlo le producía una dulce voluptuosidad. Martín Pescador no experimentaba ahora el inefable placer de otras veces. Quizá porque fuera problemático que el engaño sirviera de algo, o tal vez porque el desasosiego de haber utilizado el dolor de Perico para salvarle fuese mayor que la íntima satisfacción de burlar a sus apresadores.

Tenía razón el peón caminero al sospechar que sus palabras con el niño encerraban una clave bien que hubiese que ser criptógrafo para descifrarla. Martín no pretendía que el niño interpretase la oculta significación de sus palabras ni la secreta intención que alentaban. Los niños no razonan: el mecanismo de sus acciones no está precedido de reflexión, sino de impulsos que los lanzan a hacer, por instinto o por gusto, lo que deben o lo que no deben. Martín no habló, pues, a la inteligencia del pequeño, sino a sus instintos. No pretendió poner en marcha el engranaje de su reflexión, sino el disparador de sus impulsos. Si aconsejó al Presi que se mantuviese de pie en lo alto del estrado, no fue —como a él le dijo— para demostrar su autoridad al pequeño, sino para agigantar aún más su figura, tanto más pavorosa cuanto más descomunal; si aconsejó al Frenillos que no dejara de sonreír no fue para captar la simpatía y la confianza del chico, sino para que éste viera la mueca de animal feroz que contraía el labio a causa de la cicatriz cada vez que lo intentaba. Con esto pretendía Martín hacer repulsivos a los ojos del niño a quienes a partir de entonces serían sus guías y protectores. Este oso peludo iba a ocupar a partir de hoy el lugar de Martín; de Martín, que sabía empatillar anzuelos, envarbascar atunes, freír calamares y cantar habaneras: «¡Ay tus lunares... los punticos suspensivos de mis pesares...!» Y este otro iba a reemplazar con su mueca de chacal riente la sonrisa maliciosa y cautivadora de Martín Pescador: esa sonrisa que hizo exclamar en la Martinica a la negra gabacha: «*Je vous defends de sourire... je vais fondre!*».

Conseguida la repugnancia física, había que centrar en ellos la directa «responsabilidad» de impedir el viaje a Madrid, meta de todas sus ilusiones. «Fulano tiene la culpa», «La culpa es de Mengano», dicen siempre los niños buscando en todo tiempo un «responsable directo» de tantas cosas incomprensibles como en la vida pasan... «Anselma tuvo la culpa» de que se hundiese la casa; «Mariví tuvo la culpa» de perder un diente. «El mar tiene la culpa de que el sol se apague de noche.» Pues bien: esos hombres tenían la culpa de la dolorosa y caprichosa sustitución de su itinerario. «Esculpe eso en la tu frente: a Madrid no podrás ir. ¿Cómo vas a ir si estos señores te quieren llevar pa Rusia? O vas a Rusia, o vas a Madrid... A los dos sitios no pue ser...»

Estas dos primeras tentativas de volcar repugnancia y responsabilidad en sus guardianes no eran sino el abono al objetivo principal: la fuga. Cuando Martín recomendó a Perico que no se escapara, no pretendió ser obedecido ni desobedecido sino que esa palabra insistentemente repetida se le quedara agazapada bajo las entendederas dispuesta a levantarse de pronto «impulsivamente», «irreflexivamente», si la ocasión se presentara... cosa nada improbable en aquella exquisita, no superable, desorganización.

Pero lo más agudo de toda la argumentación de Martín, donde demostró (eso al menos pensaba él) ser también uno de los que «sacan polvo debajo del agua de puro despabilado y fino», es cuando aconsejó a sus jueces ir siempre a Perico con la verdad por delante. ¡Pamplinas! Martín sabía muy bien que sólo con el engaño o con la fuerza podría reducirse la voluntad de Perico. Pretender que subiera a bordo involuntariamente (a sabiendas de que al hacerlo renunciaba a seguir viaje a Madrid, donde imaginaba, o creía imaginar, o decía creer imaginar que le esperaban sus padres) era punto menos que imposible.

¡Ah, qué lejos estaba Martín de imaginar los impensados resortes que harían saltar sus palabras!

A media mañana del segundo día, Martín descubrió a Perico a través de los cristales. El Frenillos señalaba con el dedo hacia la ventana donde él estaba, para que el niño le viera, pero éste miraba y remiraba sin conseguirlo, pues junto a cada cristal había un racimo de rostros desconocidos. Al fin le divisó, y tras demostrar aparatosamente su júbilo tiró con ambas manos de la del Frenillos hacia dentro del local. Contando sin duda con la imprudente debilidad de éste y con la benevolente complicidad del centinela, engatusados ambos por el mocoso, a los pocos minutos Perico caía en los brazos de Martín.

—Pero, muchacho... ¡si aquí no se permite entrar más que a los ratones!

—Pos tú no eres un ratón y has entrado.

—No soy ratón, pero soy amigo de los ratones.

—¿Sabes dónde he visto un ratón?

—¿Ónde?

—En casa de Frenillos.

—¿Y qué haces tú en casa de Frenillos?

—Es que ahora vivo ahí, ¿sabes? Y en su casa he visto un ratón.

—¿Un ratón?

—Y dos bueyes. Yo creía que eran toros. Pero son bueyes.

—¿Y qué más hay en casa del Frenillos?

—Siete gallinas.

—¿Siete? ¿Las has contado?

—Sí.

—Pero ¿tú sabes contar?

—Sí sabo. Mira: uno, dos, tres, cuatro, cinco, seis y siete. Pero una de las gallinas no es una gallina, ¿sabes? Es un gallo.

—¿Y qué más hay?

—Una vaca, y... una cabra que se lo quiere comer todo.

—¿Todo?

—¡Todo! Zapatos, sillas, flores, sombreros... Y también hay una hermana que no le deja comer nada.

—¿Una hermana de la cabra?

—No. Una hermana del Frenillos, que se llama Leonarda. ¡Pero ella no tiene el labio cosido!, ¿sabes?

—¿No? ¿Y qué es lo que tiene cosido, entonces?

—Un ojo.

—¿Qué me dices?

—Es verdad. Tiene un ojo cosido por la mitad. Pero por un rinconcito que está sin coser, mira todo el tiempo a todo el mundo. ¡Yo la he visto!

—Pero ¡qué familia más remendada! A lo mejor es que su madre era costurera.

—A lo mejor, pero ya se ha muerto. Y el Frenillos tiene nueve fotografías de ella.

—¿Y la hermana tuerta no tiene ninguna?

—Tenía una, pero el Frenillos se la quitó.

—¿Y por qué se la quitó?

—Porque hace colección.

—Y dime: ¿es simpática la hermana del Frenillos?

Perico frunció los labios y sonrió maliciosamente. Bajó la voz.

—Es un poco sucia, ¿sabes?

—¿Por qué?

—¿Sabes lo que hace?

—¿Qué hace?

—¡¡Les toca las tripas a las señoras de los bueyes y les saca la leche!!

—¡Qué horror! ¿Eso hace con la vaca?

—Sí.

—¿Y la vaca se deja?

—Sí.

—¿Y a ti no te gusta la leche?

—A mí, sí. Pero no la de las vacas... ¡A mí me gusta la de las lecherías!

—¡Ah!

—¡La hermana del Frenillos es sucísima!

—¿Y qué más hace la hermana del Frenillos?

Perico se encogió de hombros.

—¡Nada más!

El niño había entrado en la sala con su maleta de madera en una mano y el grueso chaquetón de lana de Martín en la otra.

—Veo que estuviste en *La Pilonga* —observó Pescador—. Y güeno... ¿estaba el atún?

—Estaba todo roto y olía mal, y lo han tirado al mar.

—¡Serán bestias! ¿No dicen que la gente tie hambre? ¿Pa qué lo dejaron a que agoliera mal?

—Y yo les dije que no lo tiren porque era tuyo y ellos se rieron. Y entonces vi tu chaqueta. Y dije que también era tuya. Aquí está. Póntela.

—Te la regalo, Perico.

—¿Me la regalas?
—Sí.
—¡Pero es mu grandísima!
—Mira. Es una prenda milagrosa. ¡Denguna es como ella...! Si me la pongo yo es una chaqueta. Si la vistes tú, un abrigo. Si la endoblas así, una almohada. Si la tiendes en el suelo, un colchón. Si te la echas encima pa dormir, una manta. Y... (trae pa acá tu caja) si la güelves esta manga por aquí, y esta otra por acá y ahora haces un nudo y arremetes este trozuco, es un hatillo. ¿Ves? Ahora te la echas al hombro... con la caja dentro ¡y a viajar!

Perico estaba maravillado de todas las cosas que se podían hacer con la chaqueta.

—¿Y qué más se hace?
—Una capa —dijo Martín— como la de mi santo Patrono con su capuchón y too. Mete la cabeza en este bolsillo... así... y ahora las mangas te las atas por la ventrecha y ya está...
—¿Qué soy ahora? —preguntó Perico fingiendo gesto de ferocidad.
—Un moro.
—¿Y qué más se hace?
—Una hoguera.
—¿Una hoguera?
—La prendes fuego y te arrecalientas las manucas.
—Y después de hacer la hoguera... ¿qué más se hace?
—Después de hacer la hoguera... ¡nada más! Aquí s'acaba todo.

Perico hizo un gesto despectivo.

—¡¡Pos entonces no es milagrosa!! Porque si es milagrosa después de hacer la hoguera te haces otra vez un abrigo y después... una almohada. Y después un colchón... y después una manta... y después...
—¡Para, para el carro, memorión, que eso es lo que tú eres, un memorión!

Perico se sentó en el suelo, al lado de Martín. Y apoyó la espalda en la pared.

—¿Y por qué están todos estos señores?
—Están detenidos.
—¿Qué quiere decir «detenidos»?

—Que no los dejan salir.
—¿Y a ti tampoco?
—A mí tampoco.
—¿Están castigados?
—Sí.
—¿Y tú también?
—Yo también.
Perico sonrió maliciosamente.
—Ya sabo por qué.
—¿Por qué?
—Porque echar esa cosa a los atunes para que no muerdan es... —puso los ojos en blanco para recordar el vocablo exacto que empleó Martín Pescador—... es una granujada.
—A lo mejor es por eso.
—¿Y no te dejan salir para pasear?
—No.
—¿Y para hacer pipí tampoco?
—Para hacer pipí, sí.
—Pos si a mí no me dejaban salir para pasear... ¡voy y me escapo!
—¿Cómo te escapas?
—Pos... de noche abro mu despacito la ventana y... ¡salto!
—¿Y si te ven?
—No me ven porque es de noche.
—¿Y si abajo hay un león?
—¿Un león?
—Sí... un león.
Perico no había pensado en esta eventualidad. Y tardó un poco en contestar. Al fin abrió los brazos como queriendo decir: «¡Eso no tiene importancia!». Y como ofendido de que alguien pensara que iba a arredrarse ante tan nimia dificultad, exclamó, riendo:
—¿No ves que a mí no me dan miedo los leones?
—Pues ya ves tú: no lo sabía.
—Una vez, en el Retiro, un león abrió la boca grandísima, grandísima, así...
Perico estiraba las manos al decir esto. De creer en las dimensiones de tales fauces aquello no era un león: era un dinosaurio.

—¿Tan grande era la boca?
—¡Más grande todavía! Y yo le dije que si me quería comer. Y entonces él me dijo que no le gustaban los niños. Y yo le dije que qué era lo que le gustaba comer. Y él me dijo que le gustaban los «suspiros de viento» y las castañas pilongas. Y yo le dije que entonces por qué abría la boca cuando me vio. Y él me dijo que porque tenía sueño.
—¡Vaya, vaya, con el mocoso este! No sabía que tú hablabas con los animales...
—Pos sí.
—¿Con todos?
—Sí —contestó Perico sencillamente. Y moviendo el índice como quien acusa, añadió—: Y tú también, ¡que yo te he oído!
—¿Yo? ¿Cuándo me oíste?
—Cuando luchabas con el atún. Y le dijiste «hijo de merluza» o de no sé qué. Y después le llamaste «besugo»... ¿Los besugos no son hijos de las merluzas, verdad?
—No lo son, no...
—Entonces es muy feo decir eso. A lo mejor te han castigado por llamarle «besugo». Y él te dijo...
—Pero... ¡jorchio!, ¿también hablaba el atún?
—También...
—Y ¿qué me dijo?
—Te dijo que el besugo lo serías tú. ¡Yo lo oí!
Martín estuvo varias veces al borde de las lágrimas por el ingente esfuerzo de dominar la risa.
La versión de Leonarda, cuyo ojo tuerto miraba a todo el mundo «por un rinconcito que está sin coser»; cuyas manos «tocaban la tripa de las señoras de los bueyes» para sacarles la leche; su interpretación de los caprichos gastronómicos de los leones o del intercambio de feroces epítetos con el atún, le tenían conmovido. Hubiera querido seguir hablando con él, pero el guardián de Perico no lo toleró. El Frenillos cruzó la ancha nave y se dirigió hacia ellos.
—Y... ¡güeno! ¿Le has dicho al Martín a qué has venío?
Perico bajó los ojos avergonzado.
—¡Es que... me se ha olvidado!
No se le había olvidado, no. Sencillamente no quiso referirse a ello. El Frenillos tuvo que explicarlo todo. El coche enviado

por el Alcalde de Santander para trasladarle a Bilbao acababa de llegar. El buque zarparía a media mañana del día siguiente rumbo a Rusia. La aventura había, pues, tocado a su fin. El dispar recorrido del parloteo de Perico con su viejo amigo había sido un puro ejercicio —casi circense por lo difícil— para eludir la verdadera razón de su visita.

Como bromeando, sin dejar de sonreír, pero haciendo de tripas corazón, pues le repugnaba mentir y más aún por piedad, Martín Pescador le aseguró que escribiría a su madre a Madrid para decirle dónde estaba y que le fuera a buscar.

—¡Pero no le digas que en Rusia hace mucho frío! —insistió el pequeño, con la voz firme.

—¿Y por qué no quieres que se lo diga?

—Porque después va... y se enfada.

—No se lo diré... Dime, Perico...

(Tuvo que interrumpirse para secar con el bordillo de la chaqueta de lana unos gruesos lagrimones que corrían por las mejillas del niño. «¡Pero si no estoy llorando!», protestó éste no menos escandalizado que si alguien hubiera jurado que el mar ardía o que las estrellas tocaban la flauta.)

—Dime, Perico..., ¿te gustaría que también yo fuera a buscarte?

Perico sonrió con toda la alegría del mundo sin dejar de llorar.

—Sí... ¡Pero abrígate mucho!

—Pues... no hablemos más. ¡Hasta pronto, Pericu!

—Hasta pronto, Martín.

El Frenillos se pasó la manga bajo las narices. Agarró al niño de la mano y se lo llevó. Martín se incorporó y se acercó a uno de los ventanales para verle cruzar la plaza por última vez. Hizo pantalla con las manos para observar mejor. La calle, a pesar de lo avanzado de la hora, estaba abarrotada. El ruido de las voces era como un ancho mar de sonidos iguales sobre el que surgía de pronto la salpicadura de un grito o el remolino de una carcajada. Los ojos del pescador se posaron con tristeza en un grupo de mujerzuelas entretenidas en amenazar con el puño o en hacer gestos obscenos a los presos. Como éstos, desde las ventanas, las miraban indiferentes, sus procacidades llegaron al paroxismo. Por su culpa no pudo ver en qué momento Frenillos y Perico salían de la cárcel y se adentraban en la multitud. Después se produjo el alboroto y ya fue imposible distinguirlos.

Unos soldados a caballo pretendían, más que abrirse paso, abrírselo a los que venían detrás. Eran números de una batería de montaña que salían hacia el frente en dirección a Vizcaya. Los que cerraban el camino pugnaban por retirarse para dejar el paso libre, y los desocupados que estaban detrás, por acercarse para mirar mejor, y entre unos y otros armaron tal vocerío que varias bestias se desmandaron. Una mula se salió de la formación voceando, y varios mozos que conocían los sanfermines le corrieron la calle toreándola. Cumpliendo órdenes superiores, los muleros tiraron de las bridas para salir de aquel atolladero y a uno que demostraba ser más bestia que lo que agarraba del ronzal, se le fue más que la mano el palo al golpear al bicho en los ijares y éste arremetió contra el público con cañón y todo, atropellando lo que tenía delante hasta que la pieza volcó aplastando a la mula e hiriendo a más de doce personas. Con tanta bulla no pudo ver a Perico y al Frenillos entre la multitud. Un preso acodado a la derecha de Martín comentó:

—No pueden ganar la guerra. Tienen el oro, las zonas industriales. Pero no tienen mandos ni disciplina.

—En cambio, tienen algo de lo que nosotros carecemos —dijo otro—: ¡Políticos!

El primero replicó con vehemencia:

—No lo creas. Sólo tienen oradores...

Martín abandonó el balcón, y buscóse un retal de suelo donde sentarse.

Apoyó el dorso contra la pared y su rostro adquirió una vaga impresión de indiferencia. Acostumbrado a la ardiente soledad del mar, la convivencia con aquella pobre tropa de presos, apiñados como en redil, le deprimía profundamente. De todos los allí reunidos, ¿cuántos sobrevivirían a su encierro?

En los dos extremos más alejados de la Sala había dos puertas guardadas por hombres armados. Y a dos metros de cada umbral, sendas rayas dibujadas con tiza sobre las baldosas marcaban los límites que los presos debían traspasar. Si alguno lo intentaba, el soldado cambiaba la posición del arma y le mandaba retroceder. Unos presos dormían, otros se ocultaban para rezar, algunos hablaban en voz baja. Muchos de ellos ocupaban, reclinadas las frentes en los cristales, los huecos que daban a la calle. No faltaban quienes conversaban de pie ni quienes, las manos a la espalda, se movían de lado a lado de la nave con la vana pretensión de caminar. A pesar de sus esfuerzos para distraerse, Martín no podía dejar de pensar en Perico. ¿Habría salido ya el vehículo que le conduciría a Bilbao?

Inesperadamente se abrió la puerta con gran estrépito y un hombre brutalmente impulsado desde fuera se precipitó —no por su gusto, según las voces que se oyeron— al interior. Vencido el primer estupor, algunos presos se acercaron a él para ayudarle, pues sangraba por la boca y tenía la cara desfigurada por los golpes.

Martín, de pronto, no cayó en la cuenta que se trataba del Frenillos. Apenas lo hubo reconocido se reclinó junto a él.

—¿Quién le hizo eso?

—El Presi, ¡leñe! El Presi fue. De una coz. ¡Mas yo no tuve la culpa!

—¿Qué pasó? ¡Dígame qué pasó!

—¡Que no tuve culpa, digo! ¡A cualquiera le habría pasau igual!

—¿Le ha ocurrido algo malo al Pericu?

—Se desmandó una mula, ¡roña! Toos los que estuvieron en la plaza lo vieron. Se desmandó una mula y atropelló al personal.

—¿Qué le ha pasau al niñu? ¡Hable claro de una vez por toas!

—S'armó mucho alboroto. El Perico me se soltó de la mano, ¡roña!, y se tiró a tumba abierta bajo las ruedas de los carros. Corrí tras él, ¡roña!, y m'atropellaron a mí. Le vi echando humos corriendo como una liebre, hasta que no le vi más... Y enentonces a preguntar a toos... Y toos a decir que denguno le vio. Y yo a porfiar que sí, con la seguranza que alguno le tuvo que ver...

—¡Acaba de una vez, jorchio! ¿Qué le ha pasau al chaval?

—¿Pos no le digu? ¡El mu hijo de p... me s'ha escapau!

H

> «El ciervo que tú has herido
> está balando en la sierra.»

—¡MÉTELO EN EL CARRO DE BUEYES, tápalo con paja y súbetelo al monte...!

La mujer con su ojo sano y el medio pocho le miró perpleja. El Frenillos se impacientaba.

—¡Mira que tie que ser ahora mismo!
—Pero...
—¡Mira que te descerraju un tiro!
—¿Y... qué hago yo con...?
—¡Mira que me va en ello la vida!
—¿Y qué hago yo con este crío en el monte? —consiguió al fin preguntar Leonarda.

El que ahora estaba perplejo era el Frenillos. Eso no se le había ocurrido. No había meditado en ello, y si lo hubiera hecho sería peor, pues cuando intentaba reflexionar sobre un punto cualquiera sacaba una neuralgia de órdago; pero ideas, ni una.

—¡Eso es cosa tuya...! ¡Menos preguntar y más hacer...! ¡Hala, hala, andando!

Perico le miraba asustado.

—¿Tú quies ir pa Rusia, sí o no?
—Yo quiero ir a Madrid...
—Pos ¡hala! Tápate con la paja, y sin chistar...

El Frenillos tenía los nervios rotos. Volvióse a la mujer y repitió una vez más, con angustia en la voz:

—¡Mira que me va en ello la vida, mira que tie que ser ahora mismo...!

Después se fue a la cárcel y gritó consternado:

—¡El muy hijo de p... me se ha escapau!

Las palabras con clave de Martín Pescador fueron demasiado sutiles para Perico. Pero hicieron, en cambio, un terrible impacto en el Frenillos, cuya edad mental no rebasaba en mucho a la física del niño. Claro es que no entendió la intención. Tampoco la bala entiende qué cosa es un percutor, y sin embargo se dispara ciega en cuanto su punta acerada provoca el estallido del fulminante. El Frenillos se enteró por el discurso de Martín de que en Rusia el frío engarabitaba al más pintado; que el chiquillo iba sin autorización de la parentela y que lo que quería el mozo era reunirse con su madre en Madrid, que era un deseo muy cabal y muy decente y justísimo. Ni más ni menos que el que tendría él en igual caso. El Frenillos, que había sido engañado por las mujeres, humillado por los hombres, burlado por los amigos, no había tenido más amor que su madre, de la que conservaba ocho fotografías en propiedad y una en usufructo. ¡Y a este rapaz le querían separar por la fuerza de la suya! «¡Me cisco en la marmorena! —se dijo—. ¡Menuda invitación la del jilipitos del Alcalde!»

Cuando el viejo recomendó a Perico por tres veces que no se escapase, el consejo produjo en el ánimo del Frenillos ya bien abonado por lo que oyó antes la reacción que Martín buscaba para el chiquillo: «¡Jolines qué idea! Si al gurrumino éste le da por escaparse y yo me hago el longuis aquí no ha pasado ná...».

Salió a la calle, se le vino la mula encima, soltó la mano del pituso, se armó la de Dios es Cristo y a punto estuvo de perder sin pretenderlo lo que pretendía perder de buen grado. Pero el muy párvulo todo lloroso y asustado se le vino encima y le agarró la mano.

—¿Qué ha pasado? —le preguntó alterado.

Y el rapacejo le miró de un modo, buscó el refugio de su mano con tal confianza... que aquellos ojos hicieron de percutor y ¡zas!, la bala se disparó.

—¡Que ya no hay Rusia, leñe! ¡A pasar frío que vayan los meones del Alcalde!

Y sin pensarlo más lo llevó a la casa de su hermana.

—¡Mira que tie que ser ahora mismo! ¡Mira que te descerrajo un tiro!

Caminó Leonarda toda la noche Sierra de Cuera arriba al paso cansino de los bueyes, y en cuanto empezó a clarear, y pensando que el bocazas de su hermano estaba ya bien servido, cogió en brazos al galopín, que dormía como un bendito, y lo dejó en el suelo, a la sombra de un castaño, sin olvidar su chaqueta ni su caja de madera. Le miró enternecida. «¡Qué pocholo es!», pensó. Y dando vuelta a la carreta, se volvió por donde vino.

Despertóse Perico dos horas más tarde.

Ya era de día. ¿Dónde estaba? Frente a él la escarpada pendiente y el puentecito de Llanes en la lejanía envuelto en las brumas matinales y el mar que, desde aquella altura, parecía más grande cruzado por corrientes de otro color como si fuesen ríos: ¡ríos que surcan el océano!

Volvióse hacia la montaña y descubrió con gran consuelo, muy lejos de él, y empinándose en la cuesta, una carreta de bueyes envuelta en una nubecilla de polvo que el primer sol doraba.

No dudó que era la misma en que había venido, de la que debió de caerse al dormir (con grave riesgo, por cierto, de romperse las narices), y echó a andar tras ella, sin prisa de alcanzarla. Tenía los huesos doloridos a causa de haber dormido no sobre la paja, sino bajo la paja, encima de los leños, con lo que se afirmó en la idea de haber rodado de la carreta abajo. No se arredró al descubrir que quien conducía a los bueyes no era mujer sino hombre. La fantasía fue siempre en Perico mucho más fuerte que la evidencia y, aunque estaba claro que el carretero no era el mismo, el carro en cambio sí lo parecía. Y los bueyes también. De modo que sin detenerse a pensar si aquel hombre fuese un criado de la hermana del Frenillos que le había conducido desde el pueblo, sin él saberlo, pues estaba escondido bajo la paja, o el encargado de turnarse con ella, por razones que se le escapaban y no le interesaban, púsose a caminar a su lado. No supo Perico con quién se las había. El miserable era para los niños lo que el halcón a los conejos.

—¡Hola! —dijo el niño.

—¡Hola! —respondió el carretero, escamado y sin interrumpir su marcha.

Tenía una voz cascadísima y hablaba desproporcionadamente alto, como si estuviese muy lejos de él.

—¡Me he caído!
—¿Qué?
—Que me he caído.
—¿De dónde?
—¡Del carro!
—¿De un árbol?
—¡¡Del carro!!

No sería la primera vez que un golfillo se subía a la trasera de su armatoste para mortificarle, pero sí era la primera que se lo confesaban paladinamente.

—Pues lo tienes bien merecidu, por gorrón.

El hombre, a quien Perico miraba con tanta insolencia como curiosidad, era, según dedujo, muchísimo más viejo que Martín Pescador. Tenía la cara más arrugada que el mapa de relieve que tenía su hermano Adolfo en Madrid, y con ríos y todo, pues los goterones de sudor le caían por las hendiduras del rostro. Sus orejas eran grandísimas, lo que no dejó de parecerle raro, pues a mayores orejas debía corresponder un oído mejor, y este hombre era más sordo que un pozo seco.

—¿Por qué los bueyes van tan despacito?
—¿Qué?
—¡Que por qué los bueyes van tan despacitooo!
—Porque son bueyes.
—¡Ah! —dijo Perico, admirado de tan explícita razón. Y en seguida preguntó—: ¿Son tuyos?
—¿De quién van a ser?
—Yo también tenía uno... pero no era un buey, era un atún. ¡Los atunes corren mucho más que los bueyes! ¿Sabes?

El carretero no entendió una palabra. Con gesto de mal humor se agachó hasta Perico alargando la oreja.

—¿Qué dices?
—¡Que yo también tenía uno!
—¿Un buey?
—No. ¡Un atún! Y los atunes corren mucho más que los bueyes.
—Porque no llevan carro —respondió de mal talante—. Ponle un carru a un atún y ya verás quién corre más.

Perico reconoció que aquello era verdad.

—Y si... y si... a los bueyes les quitas el carro ¿corren más que los atunes?

El viejo le miró con gesto cansado. No podía sufrir ni a los perros ladradores ni a los niños charlatanes. En realidad, no sabía por qué razón se le había «pegado» aquel pequeño mangante como una lapa.

—¡Hala! ¡Súbete ahí atrás y no hables tantu!

Obedeció Perico y sentóse al borde de la trasera. Desde allí observó con no poca curiosidad la mutación que se iba operando en el paisaje. La pendiente había variado de signo, y los bueyes no subían tirando del carro, sino que descendían frenando con las patas: sujetándolo. Ya no se veía el mar. Habían dejado atrás la divisoria de aguas de la primera sierra y bajaban hacia un cajón rodeado por todas partes de lomas a cual más verde y frondosa. De cuando en cuando se volvía para mirar al tío Camuñas, por ver si se le ocurriría darle de desayunar y una de las veces le vio llevándose a la boca un grueso pedazo de pan. Saltó entonces del carro y púsose a andar al lado del hombre, sin decir palabra, a medida que éste comía. Miraba Perico de reojo, no sin cierta alarma, cómo disminuía el tamaño de la hogaza, y cuando ya faltaba poco para devorarla entera, el viejo envolvió las sobras parsimoniosamente en un mugriento papel y se lo guardó en el bolsillo. Regresó Perico a su rincón, dio un gran suspiro y comenzó a balancear los pies en el aire. El camino —si es que es justo llamar así a aquella huella torturada— serpenteaba junto a una colina, tan apretada de árboles que los rayos del sol apenas traspasaban el techo del follaje. Cuando algunos lograban tan ardua perforación parecían hilos de telarañas desprendidas de las copas. El carro, antes envuelto en polvo, lo estaba ahora en una nube de moscas y Perico no tenía una cola como los bueyes, con que abanicarse y ahuyentar los tábanos. Había ya decidido saltar, para seguir el viaje a pie, más alejado del carro, cuando descubrió que los árboles que crecían a uno de los lados del sendero eran manzanos cuajados de frutos. Echó pie a tierra, desabrochó su camisa y metió media docena de reinetas entre la tela y el cuerpo. Alcanzó el carro y se desayunó cuatro de ellas, reservando dos para el carretero que las aceptó sin rechistar. La cuesta era penosa, el desayuno insuficiente, y el sol, las moscas y el polvo, insufribles. Abrió un hueco entre la paja y se dispuso a sestear. ¿A qué hora llegarían a Madrid? Pensando en el recibimiento de su madre, se quedó dormido.

—¡Sal de ahí, piazo d'alubia, que ya hemos llegau!

Oír Perico que ya habían llegado y saltar al suelo arrastrando un buen montón de paja, fue todo uno. Giró sobre sí mismo dos veces. ¿Adónde habían llegado? La profundísima decepción se dibujó en su rostro. ¡Aquello no era Madrid! Estaban frente a una puerta desvencijada abierta en una pared de piedras amontonadas. En torno suyo, trozos de pradera minúsculos como pañuelos, manchas aisladas de árboles, y la huella incierta del camino. Perico tuvo miedo. Muy cerca de él se arrastraba con un clamor doloroso un torrente casi invisible, pues estaba ahogado entre helechos, zarzas y árboles sedientos que inclinaban sus ramas para beber en él. Inmensos troncos vencidos por el hacha yacían por el suelo como miembros mutilados. La soledad del paraje, el espesor de la fronda, la miseria de la casa, el rumoreo del agua le tenían inquieto y expectante. El hombre recogió entre maldiciones la paja caída, y empujó las carcomidas maderas. Los bueyes, sin que se lo mandaran, arrastraron al carro hacia el establo abierto en una casuca inmunda. A Perico aquella abertura por donde entraron los bueyes le pareció una boca monstruosa en un rostro diminuto. Unas pocas gallinas picoteaban el estiércol y un olor fétido se desprendía de todas partes. El tío Camuñas entró detrás del carro y Perico tras él. Imaginó que era un alto obligado en el camino y que más tarde seguirían viaje. Cuando el hombre cerró la puerta y vio a Perico dentro, creyó que se lo llevaban todos los demonios. ¿Qué pretendía aquella ladilla? ¿Chunguearse de él? Se indignó tanto que sus primeras palabras le salieron a trompicones.

—¡Fue... fue... fuera de aquí! ¡Gorrón! ¡Pegotón! ¡Magañoso! ¡Fuera!

Perico no pensó que aquello iba con él. Y se volvió para buscar a quien iban dirigidas las voces. Creyó el sordo que el mequetrefe lo hacía por reírse, y dominado por la ira de los débiles le zarandeó brutalmente de un brazo, le alzó por encima de la valla y le dejó caer fuera de la casa. Cerró la puerta tras él. El susto paralizó el corazón de Perico, pero el dolor intensísimo del golpe le hizo reaccionar. Se arrastró por el suelo gimoteando, sin acabar de reponerse del susto ni del estupor, herido hasta lo más hondo por la injusticia. Si hubiese alcanzado a decir algo, habría sido sólo esto: «¿Por qué? ¿Por qué?» La congoja le ahogaba y al fin rompió a llorar con hipidos, con alaridos, sin otro consuelo que el de oír su propio lamento ni más propósito que el de que el viejo lo oyera también, pues nada alivia tanto las penas de los niños como forzar a los mayores a que las conozcan. En esto se abrió la puerta y apareció el carretero armado de una gruesa estaca. Ver Perico el garrote y echar a correr como alma en pena fue todo uno. Se detuvo jadeante y vio con no poco desahogo del ánimo que el carretero no podía seguirle, y se limitaba, clavado en el suelo, a amenazarle.

A la mitigación del pánico sucedió como por arte de magia el arrojo más insólito.

—¡Bruto! —gritó el niño engallándose—. ¡Cobarde! ¡Bruto!

Su vocabulario, limitado a las peleas con sus hermanos, no llegaba mucho más lejos. El carretero avanzó unos pasos con la vana pretensión de cogerle. Pero esto sólo sirvió para envalentonar al niño, pues comprobó que aquel vejestorio jamás le alcanzaría!

—¡Cobarde! ¡Malo!

El tipo no se retiraba, y Perico, en un arranque de temeridad, cogió una piedra. Recordó fugazmente la bofetada que recibió de su padre por lanzar un minúsculo guijarro a su hermana Mercedes, que se burlaba de él, y no se inmutó. Avanzó unos pasos. La estaca temblaba amenazadora en las manos del anciano irascible. La piedra en la de Perico. Hizo puntería y ¡hala!, la lanzó. El proyectil, impulsado por tan débil brazo, rodó sobre la hierba a ridícula distancia. Esto exasperó a Perico, en la misma medida que animó al vejete, pues por un momento no las tuvo todas consigo. Le animó zumbón:

—Acércate, venturao, que nu llegas. Acércate más...

Perico cogió otra piedra y se acercó.

Nadie en la pavorosa soledad del monte presenciaba aquella escena grotesca y salvaje entre un carcamal chocho, malvado y maniático, armado de un palo, y una criatura humillada y enfurecida. Perico avanzaba contra su enemigo y lloraba de risa por no atreverse a acercarse más, pues sabía que, desde allí, la piedra no llegaría. Acordóse súbitamente del tiragomas que tenía guardado en su caja de madera. ¡Ah, si tuviera en sus manos esta arma poderosa! Súbitamente, una idea más terrible que el arma en la que pensaba, le asaltó: la caja de madera se había quedado en el carro. Y el carro, aún sin descargar, estaba en el establo de la caja del viejo. Tan grande fue su turbación, que lentamente, dando siempre la cara al hombre, se alejó de allí. Cuando la distancia fue segura giró ágilmente y echó a correr por el monte. El hombre no se movió hasta que le perdió de vista.

¿Cuántas horas estuvo Perico agazapado tras los matorrales? Los rayos del sol caían de plano sobre la tierra cuando abandonó el campo de batalla y ahora cruzaban sesgados el aire, cubriendo de oro las copas de los árboles. Las sombras de las lomas crecieron lentamente hacia el Este, trepando hacia los cabezos de los montes a medida que el sol se desplomaba. Perico no vio nada de esto. Sus ojos, como los de un felino que espera el momento propicio para saltar sobre su presa, no se apartaron de la casa del carretero. Le vio desuncir las bestias, soltar las retrancas del carro, trasladar el yugo y las correas, encender la cocina; y ni las lágrimas de rabia, ni el cansancio, ni el hambre, le hicieron desmayar ni abandonar la vigilante espera. Al fin le vio salir del establo, rodear la mísera casucha y alejarse con el azadón al hombro. Sin pensarlo más salió Perico de su escondite y avanzó sigilosamente hacia la casa. Empleó todas sus fuerzas para retirar el grueso madero que apestillaba la puerta, y empujó las hojas suavemente. Al girar sobre el quicial chirriaron los goznes y sintió encogérsele el corazón. Aguzó el oído. No se oían pasos. Esperó, conteniendo el aliento y cuando al fin se decidió a cruzar el umbral, volvieron a chirriar las bisagras. Ya estaba dentro. Se quedó pegado a la puerta un tiempo interminable. Una pierna que avanza. ¡Quieto! No adelantó la otra sin escuchar los menores ruidos. Se asomó al establo y los bueyes que estaban de espaldas volvieron gravemente la cabeza para mirarle. Tuvo que apoyarse en el quicio para no caerse, y el corazón le latía con tal fuerza que se podía oír. La mirada severa de los bueyes paralizaba todos sus movimientos. Allí, muy cerca, estaba el carro. Cuando los machos dejaron de mirarle, salvó a pasos temerosos los metros que le separaban del carro, hurgó en la paja, palpó el bulto de su hatillo y lo retiró. Debía de tener las manos heladas, pues la paja le pareció caliente. Sus ojos se posaron entonces en el paquete del pan que el viejo no le ofreció. Junto a la hogaza, la luna pequeña y amarilla de un queso sin empezar y, colgados de la pared, unos suculentos embutidos. Los bueyes ya no le miraban. Vació un saco lleno de judías, y metió dentro el cuscurro de pan, el queso, los trozos de embutidos, la chaqueta de Martín y la caja de madera. Se echó el saco al hombro y salió de allí con el mismo sigilo que al entrar. Ésta fue la primera vez en su vida que Perico robó. Las siguientes no pasó tanto miedo.

Era un silencio tenso y terrible. La brisa se retiró de las copas de los árboles, las cigarras enmudecieron, las gallinas, que minutos antes picoteaban en el estiércol, se refugiaron en la noche anticipada del establo en penumbra. No se oía el lejano tintineo de las esquilas, ni el ladrido de un perro pastor, ni el zumbido de un abejorro, ni el golpe seco del azadón del anciano carretero hendiendo la tierra, ni el vagido rumoroso del torrente. Se diría que el aire, los ruidos, la luz misma —detenida en un interminable crepúsculo— estuvieran pendientes de Perico, como Perico lo estaba de la ventana del viejo, tensos el gesto y la mirada, tensa la goma del tirador. Al fin soltó la badana que sostenía la piedra, y el cristal, hecho añicos, se desplomó con estrépito. Hubo un revuelo de gallinas asustadas, volvió la brisa a enredarse entre las ramas, y en la lejanía ladraron dos perros.

Aquélla fue la noche más triste de su vida. La emoción del lance, la necesidad de recuperar su tesoro y un irresistible deseo de vengarse de quien le había maltratado, le impidieron, a lo largo del día, tener conciencia de su soledad. Hasta entonces, las horas que estuvo esperando la ocasión propicia para el desagravio, no estuvo solo, sino en compañía del apetito de satisfacerse, haciendo daño a quien se lo hizo, como si de este modo pudiera arrancarse la insoportable sensación de ignorar por qué había sido ultrajado.

Apenas el cristal se rompió con estrépito, guardó el tiragomas en el borde del pantalón, recogió sus bártulos y rompió a correr como si todos los fantasmas del mundo le persiguieran. El fuelle de los pulmones le falló antes que las piernas. Caído de bruces en el suelo; oculta la cara entre las manos para acallar el escandaloso jadeo que sacudía todo su cuerpo; apretados los antebrazos sobre el pecho para reducir la anhelosa fatiga de su corazón, se mantuvo palpitante y estremecido, hasta verse con fuerzas para incorporarse. Lo hizo tambaleándose. Anduvo unos pasos y renunció a seguir. Estaba en un hayedal, tan espeso y apretado que no veía por dónde entró. El suelo era de hierba y helechos. La última luz de la tarde —ya de despedida— llegaba tenuemente hasta él a través del ramaje y los claros de los calveros. Hizo recuento de las mercancías robadas. Clavó los dientes en el mendrugo: no estaba tierno. Tenía hambre y carecía de apetito. Se doblaba de cansancio, pero el miedo no le dejaba dormir. El peso de su desamparo cayó sobre él, y por primera vez tuvo conciencia de su soledad. Pasó una lechuza abanicando la noche y Perico no tuvo fuerzas ni para huir. Movía la cabeza de un lado a otro lado, espiando el peligro; adivinaba formas amenazadoras ciñéndose sobre él y creía escuchar el murmullo de palabras ininteligibles que alguien susurraba en su oído.

—Martín... Martín —murmuró muy bajo—. ¿Estás ahí?

¿Dónde estaría ahora Martín Pescador? ¿Dónde Petra, la tabernera que le tomó en brazos cuando le sacaron del pozo? Echó de menos la fuerte mano del Frenillos agarrando la suya y hasta la voz cascada del carretero que aseguraba que los bueyes corren más que los atunes, cuando aún creía que era su amigo.

De pronto, Perico oyó llorar: era una ráfaga de viento que se trajo consigo el rumor de unas piedras arrastradas por el río. No se estremeció más porque todo él era ya un puro sobresalto estremecido. Alzóse el viento y la noche se pobló de lamentos, chasquidos, murmullos, pasos... Calmóse el aire y una siniestra, espeluznante carcajada escandalizó las frondas. Era el clarín de guerra o el canto de amor de una ave nocturna. Perico no recordó haberse incorporado, pero estaba de pie, abrazado al tronco de una haya, erizada la piel y con la sensación de que por su sangre navegaban hormigas. Se apartó del árbol y ciegas, tanteando la tierra con el pie, comenzó a caminar. Un vago impulso, un inconcreto afán le movían a desandar el camino por donde huyó, para aproximarse a la casa del carretero. No soñaba con el envidiable establo de los bueyes, ni con su tibio lecho de paja y estiércol, ni con la superficie de unas paredes —seguras aun sin cristales—. Mucho menos con la cama del carretero. Lo que Perico anhelaba era, si no la presencia, la cercanía de un ser humano. Y aunque el viejo achacoso no lo parecía, Perico tuvo que buscar su proximidad para poder dormirse. ¡Nunca supo aquel pobre viejo insufrible, que se acostó blasfemando y jurando que molería a palos al primer vagabundo que se cruzara con él, que la fierecilla a la que apetecía apalear durmió aquella noche a pocos metros de su casa! Y que lo hizo, por buscar, bien que simbólicamente, su compañía.

I

> «El hombre que ha luchado inútilmente
> para matar al Ángel de la Guarda.»

Perico, todo alborozado, se había detenido frente a una zarza. Un «¡ooooh!», prolongado por la admiración, se escapó de sus labios. Moisés, con ser Moisés, no quedó más absorto ni miró con más unción a la que ardía sin consumirse. La zarza estaba cuajada de frutos rojos, morados, negros, algunos tan grandes como cerezas. Alargó la mano y aplastó con fruición entre los dientes los globulillos carnosos, deleitándose con su sabor agridulce.

—¡Moras! —exclamó.

Días antes había visto otras, junto a la casa del carretero, mas no estaban maduras y tuvo que escupirlas de la boca. Estas que ahora colgaban del arbusto, estaban, salvo algunas pocas, en su punto justo, y aunque no eran moras —como él decía— sino zarzamoras, poca diferencia había para su apetito. Hizo un buen acopio de ellas y sentóse en el suelo para comerlas.

¿Con quién hablaba Perico? Es difícil precisarlo. Lo cierto es que parloteaba, y su pensamiento —si es que es justo llamar así al irreflexivo galope de la fantasía a lomo de los recuerdos— tan pronto se expresaba en soliloquios como en diálogos. Charlaba Perico con los árboles, las moscas, las hormigas; con sus zapatos, su hatillo, su caja de madera; con su madre, con el Presi, con los bueyes del carro... y, al hablar, lo mismo se iluminaba su rostro con una sonrisa que se nublaba con un jirón de tristeza, que se fruncía en una crispación de lágrimas o se abría en una golosa, alborozada, rutilante carcajada. ¡Pobre Perico!

—Si te friegas muy fuerte... a lo mejor te ponías otra vez todo blanco —exclamó de pronto en voz alta. Y añadió sin transición, con no menos congruencia—: Madrid no te lo comas... que después te duele la tripa... ¡y ya verás!

El caso es que las moras eran rugosas y pequeñas como diminutas esponjas. Si las grandes y rubias servían para el lavado de las personas blancas y mayores, las minúsculas y oscuras —¡o no hay lógica en el mundo!— servirían para la higiene de enanitos negros. Y como es sabido que los de piel oscura son así por no lavarse —cosa que le dijo Anselma, para aficionarle al jabón, dos años antes y que naturalmente no había olvidado—, consideró una obra de misericordia aconsejar a un moreno y pintoresco liliputiense, creado en ese instante por su caletre, que se frotara fuerte para recuperar el primitivo color de su piel. Pero en ese instante, un pulgón saltó de una brizna a su pierna y comenzó a ascender lentísimamente hacia su rodilla. Imaginó rápidamente dos cosas: que él era una montaña y el pulgón un niño que subía tropezosamente por ella, y que aquel bichejo tan chiquirritín tenía el vano propósito de comérselo a él, tan grandullón. De estas dos ideas no expresó la segunda con palabras: «¿No ves que soy muy grande y no me puedes comer?». Pero al punto se preguntó cómo tendría que ser de grande una persona para engullirse a una montaña, e imaginó al Presi devorando aquellos montes a dentelladas. Tal era su voracidad que temió que, una vez tragadas todas las montañas, siguiera satisfaciendo su apetito. Y como Madrid estaba detrás de los montes, y él necesitaba imperiosamente llegar a la capital, donde le esperaba su madre —meta definitiva y reiterada de todas sus divagaciones—, juzgó prudente recomendar al Presi: «Madrid no te lo comas... ¡que después te duele la tripa, y ya verás!».

Cierto es que para admitir el proceso mental de Perico hay que aceptar de buen grado que un pulgón es un niño y un niño una montaña y las moras «esponjas para enanitos negros». ¡Francisco de Asís no hubiera necesitado traductor para entender a Perico! ¿Fue acaso por su intervención por lo que se produjo el prodigio? No está probado —aunque algunos detalles llevan su marca de fábrica— si el seráfico Francisco, tan amigo de los bichos, los niños y los pobres, tuvo algo que ver con lo que entonces aconteció, pero lo cierto es que en aquel instante mismo se levantó un viento tenaz y rumoroso... y el cielo, compadecido de su soledad, le envió un ángel: un ángel de tres alas.

La Providencia no actúa siempre por lo derecho, sino que se complace en trazar muy complicados arabescos con sus designios. De una causa nace un efecto que es a su vez la causa de otro efecto subsiguiente, de modo que al final de la cadena ya no se reconoce la mano impulsora. Esto lo hace sin duda la Providencia para disimular... permitiendo así que los hombres sigan creyéndose autores de su destino.

¿Quién se acordaría hasta llegar al ángel de tres alas, de aquel golpe de viento que arrastró a la hormiga voladora? ¿Quién del moscón que la engulló en el aire? ¿Quién de la saltarina langosta altivamente apodada «saltamontes», que persiguió al moscón en vuelo rasante sobre las aguas del río? ¿Quién, en fin, de Malacopterigia?

Malacopterigia Moteada —nombre que entre los peces fluviales equivale a «Lola la de los lunares»— era una trucha resabiada que había establecido bajo una roca de la vecindad su comedero y su refugio. Como necesitaba engullir cada día su propio peso en comida, esperaba inmóvil frente a su vivienda, de cara a la corriente, que el agua le acercara mosquitos, arañas, o alguna exquisita lombriz arrastrada desde la orilla. Si alguna trucha más pequeña que ella se aventuraba por aquellas aguas se la comía sin miramiento alguno, y por supuesto sin preocuparse si era o no de su familia. Malacopterigia —que no tenía miedo más que de su abuelo, un asalmonado colosal que había devorado a casi todos los hijos que inseminó, así como a incontables nietos y bisnietos— dudó mucho antes de saltar fuera del agua para atrapar al saltamontes, pues tenía noticias de que su temible ascendiente navegaba aquellos días hacia las aguas altas, camino de las cumbres. Pero al segundo vuelo rasante de su elemento, ¡zas!, se la zampó. Fue un segundo, sólo un segundo. Las aguas un instante agitadas por cien órbitas concéntricas se amansaron... y no hubo más, salvo el brusco movimiento de cabeza de un perro vagabundo. Era un perro miserable; falto a todas vistas de recursos materiales. De raza y edad indefinidas; estribado en tres patas, pues de la cuarta

—que le colgaba sin llegar al suelo— sólo le quedaba la mitad; el pelaje entre canelo y barcino; el hocico negro, puntiagudo y temblón; el rabo desangelado... componían la más grotesca figura perruna que cabe imaginar.

Hay que advertir sin embargo, para ser justos, que entre las infinitas razas de la trashumancia canina y otros perros de mal vivir que mezclaron su sangre hasta configurar este pintoresco ejemplar que se detuvo al oír el salto de Malacopterigia, hubo un trasto de buena familia del que había heredado el único testimonio noble que adornaba su desquiciada figura: las orejas. Eran orejas vibrátiles, elásticas, mímicas, capaces de expresar las más opuestas tensiones del ánimo: ternura, gratitud, pavor, atención, ira. Sus orejas denotaban ahora un no disimulado recelo. ¡Alguien se ocultaba bajo el agua! Se limitó a arrufar amenazador y ya iba a continuar su viaje cuando una pareja de torcaces alarmadas por su gruñido alzó el vuelo a muy pocos pasos de él. Tensos el rabo y orejas, las vio escapar con melancolía. ¡Zape! ¿Qué otro ruido era aquél? ¿Quiénes hablaban al otro lado de las zarzas? ¿Qué serie de coincidencias se enhebraban para impedirle seguir su camino?

Perico vio con horror cómo se movían los tallos sarmentosos de la planta —erizados de aguijones duros y afilados como puñales— y dio un salto atrás. Unos chasquidos de ramas y un sospechoso resuello estuvieron a punto de dejarle sin él. Considerábase ya despedazado entre las garras del león carnicero de que le habló Martín Pescador (sin acordarse de que los leones prefieren castañas pilongas y suspiros de viento antes que tiernos despojos infantiles) y sentía como la sangre se le bajaba a los talones... cuando vio asomar tras la maleza la cabeza de un chucho.

El temible león era un perro. El más feo, infeliz y deforme de los perros. Perico le observó atentamente.

—¡Pobre bicho —exclamó—, está cojo!

El animal no parecía menos sorprendido. Inclinó la cabeza a uno y otro lado para mejor reparar en aquella inesperada cría de hombre. A Perico aquel ademán le recordó al perro de «La Voz de su Amo» y le pareció cautivador. Se agachó hasta ponerse en cuclillas y le llamó —frotando el índice y el pulgar— como si echara de comer a las gallinas.

—«Perro apaleado, perro desconfiado» —sentenció el tullido, sin que Perico se asombrara para nada de oírle hablar. Y volviéndole los cuartos traseros se alejó de allí.

Perico se las vio y deseó para cruzar la muralla de espinos que el chusquel había perforado sin dificultad. Consiguió al fin su propósito, mas no sin pagar antes el precio de dos buenos arañazos y un desgarrón en la camisa. (Éste fue el más sensible de los daños, pues las heridas de la piel se zurcen solas, pero las de la ropa ¿quién las cosería?)

El lugar al que llegó Perico le hizo muy grata impresión.

El río bullicioso y cantarín saltaba entre las piedras, se remansaba en pequeñas balsas, se deslizaba en suaves toboganes, o bien se detenía en las pozas. Un pasillo de musgo se abría paso entre las zarzas y la orilla. En este verde corredor, a prudente distancia, el perro espiaba todos sus movimientos.

—¿Por qué te quieres escapar? —preguntóle con su acento más persuasivo—. ¡Yo no te iba a hacer ningún daño!

El perro no quería acercarse... mas no podía dejar de hacerlo. Si los de su especie no se contaran entre las más humildes y más nobles de las criaturas, tendría que sentirse avergonzado de que un humano tan joven tuviera ese irresistible poder de atracción sobre un canino tan viejo y experimentado como él. Al fin, estiró el cuello, alargó el hocico, adelantó una pata, y con no poca prudencia se acercó tímidamente a Perico y le paseó el morro por todo el cuerpo. Una vez que le hubo olido pies, manos y cara, requisito previo a cualquier muestra posterior de confianza, se avino a dejarse acariciar, bien que todo agitado. Temblaba de miedo, temiendo que detrás del engaño el chiquillo le haría una tarascada; mas también del inefable placer de la gratitud (placer sólo asequible a los seres nobles) ante aquellas insólitas y desconocidas muestras de afecto.

¡Ah, el misterioso poder de las caricias! A cada golpe de voz, a cada roce de mano de Perico, el chucho fue entregándole trozo a trozo, hasta perderla del todo, su voluntad.

—¿Por qué estás cojo?

—Me atropelló un carro, siendo perrezno —respondió el chucho—. Desde entonces ando solo...

—Yo también estoy solo —comentó el niño—. ¡Pero no me da miedo! ¿Y a ti?

—¿Miedo yo? No sé qué palabra es ésa... —dijo el chucho

contoneándose fanfarrón.

Perico le oyó complacidísimo.

—¡Entonces podemos ser amigos! Yo me llamo Perico, ¿y tú?

—Yo, *Trespatas* —confesó el can avergonzadísimo.

El niño se azoró un poco al oír esto.

—Es una tontería que te llamen así porque ¡no se te nota nada!

El chucho le miró agradecido. Y un poco ruboroso también él le dio un lengüetazo en una pierna que a Perico le supo como una palmada en el hombro por parte de un camarada.

—¡Toma! —le ofreció entonces Perico abriendo y alargando la mano.

Trespatas olfateó lo que le mostraban.

—¡Qué asco! ¡Son moras! —arrufó despreciándolas.

El chico metió entonces la mano en el saco y comprobó con cierta alarma que no le quedaban más que dos trozos de mortadela. No dudó ni un instante lo que debía hacer, y una tras otra las lanzó al aire. El perro las cazó al vuelo. «Esto ya es distinto», gritó gozoso. Y las devoró sin casi masticarlas.

—¿Te quedan más?

Perico se excusó:

—¡No me quedan más!

Y ya que no tenía nada que almorzar, Perico buscó un rincón del río, al menos para beber... Una rotonda de hierba se alzaba a dos centímetros de un tojo formado en un recodo del río, donde el agua en sosiego tenía cierta profundidad. ¡Qué gozada, al agacharse, ver los árboles y el cielo, y hasta una nubecilla blanca, proyectarse sobre aquel espejo! Daba pena beber ahí, pues, al moverse el agua, se quebraría el cristal. No tardó el gozo en trocarse en súbita consternación. ¿Es posible que aquella cabeza que emergía ante él fuese realmente la suya? Se miraba y remiraba y no podía creer que aquella maraña de felpa sin cardar fuera su pelo, ni aquellos pozos de legañas sus ojos, ni que aquellas velas viscosas que veía reflejadas en el río colgaban realmente de su nariz. Pero lo que más espanto le causaba era la camisa, sucísima y desgarrada, el arañazo del hombro y una desconcertante mancha negra que bordeaba sus labios, teñía su mentón y salpicaba sus mejillas.

—¿Qué es esto? —preguntó horrorizado.

—¿No has comido moras? —sugirió *Trespatas* con indiferencia—. Pues es el caldito de las moras. Yo por eso no las tomo nunca...

—¿Y esto?

—Eso es paja, que se te ha enredado en el pelo.

—¿Y esto qué es? —añadió alarmadísimo.

Perico señalaba en uno de los pómulos —del lado de la cara que apoyó en el suelo para dormir— un pringue con muy diversos ingredientes: sudor, tierra, hojas y una discreta proporción de excrementos vacunos.

—¡Parece mierda! —declaró *Trespatas*, con voz solemne.

Tras tan poco ambigua declaración, buscó un retal de sombra donde tenderse. Tumbóse también Perico. La primavera estaba esplendorosa. Unas flores diminutas y amarillas que, según informó *Trespatas* a Perico, se llamaban «catasoles» moteaban la pradera como si una bandada de mariposas se hubiera posado sobre la hierba. Y los lirios salvajes se doblaban en las márgenes del río para verse, como Narciso, reflejados en la corriente. La tarde apacible, la sombra grata, la amistad reciente, todo convidaba a la confidencia. *Trespatas* confesó que él era animal de costumbres arraigadas. Todos los días, sin faltar uno, apenas despuntaba el sol echábase a corretear monte abajo para acercarse a la que en mejores años fue su compañera de andanzas; y todas las noches desandaba puntualmente el mismo camino para dormir en la cueva en que se instaló desde que los hombres, a causa de su desgracia, prescindieron de sus servicios y su amistad. Sin más distracciones que husmear en los tres pueblos que cruzaba, «las basuras nuestras de cada día», y cazar si le venía al paso, y el viento no le traicionaba, una liebre o una perdiz encamada y poco madrugadora, la mayor parte de las horas de sol, las pasaba pateando montes.

—¿Y por qué no te quedas a vivir con tu *mujer*? —preguntó asombradísimo el chiquillo.

El perro confesó la verdad. A su antigua pareja no llegaba a saludarla, pues tenía dos amos, uno humano y otro canino, y ni uno ni otro le permitían acercarse a ella; el hombre, porque la perra era de una raza superior a la suya, y el can porque era muy mirado en cuestiones de honor. Pero a él le bastaba contemplarla de lejos y alegrarse —sin mezcla de envidia alguna— de la vida tan regalada que llevaba.

Aquella historia le pareció al chiquillo la más triste del mundo.

—¿Estás muy enamorado? —indagó temeroso Perico, que sabía por Mercedes, su hermana mayor, que ya tenía quince años, los sufrimientos y sinsabores de esa misteriosa enfermedad.

Trespatas se rascó la filosófica cabeza.

—¡Hablemos de otra cosa...! —solicitó con melancolía.

Contagiado por la tristeza de su confidente, Perico dio un gran suspiro.

—¡Calla! ¡No hagas ruido! —le rogó el perro—. Me parece que alguien nos escucha...

Perico volvió la cabeza de un lado a otro. Sólo vio las zarzas —esas inútiles alambradas naturales que guardan los ríos—, y en las altas copas de los eucaliptos, el temblor de las hojas tornasoladas. Pero no venía de allí lo que inquietaba a *Trespatas*.

—Nadie tiene por qué escuchar mis confidencias —añadió el perro en baja voz—. Después vienen los chismes y los líos y las malas lenguas, que lo enredan todo... ¡Piensa que ella está casada!

Dicho esto se acercó sigilosamente a la orilla y asomó sobre el agua.

—¡Ya te cogí, murmuradora, enredadora! ¿Qué haces ahí escuchando? ¡Sal si te atreves! ¡¡Correveidile!! ¡¡Cotarrera!!

Perico comenzó seriamente a considerar que el perro estaba mochales y tan sin juicio que merecía le nombraran guardián de una casa de orates. El perro no se limitó a vocear. Tan indignado estaba que se lanzó de patas al río. Contenía la risa Perico, por no enfadar más a su amigo, ante tan grotesco espectáculo. Brincaba el perro, fallábanle las piedras, salpicábalo todo. Tan pronto perdía pie y le arrastraba la corriente como trotaba sin tino sobre las guijas y los cantos. De súbito vio el chiquillo saltar fuera del agua todo un señor pez y ya no pudo contener la carcajada. Brincó el perro detrás, mas no le alcanzó.

—¡Chismosa, violadora de honras ajenas, salta otra vez!

Malacopterigia no tuvo en ningún momento sensación de verdadero peligro. Por mucho que pateara el terrestre, ella no pensaba abandonar su comedero, y como aquél era incapaz de hundir el morro dentro del agua, ya se cansaría de ensuciar el río con sus peludas y asquerosas extremidades. Por cierto que el asco estuvo a punto de costarle la vida, pues al sufrir en sus limpísimas escamas el roce de aquellos pelos, sintió tal repugnancia que saltó estremecida, y poco le faltó para ser apresada en el aire.

Cansado *Trespatas* de aquella lucha sin esperanza, salióse a tierra firme.

—¿De qué te ríes?

Perico, que era bastante extremoso en sus estados de ánimo, se revolcaba en la hierba, «les quatre fers en l'air», como decía la institutriz francesa que tuvieron en Madrid, cuando le veía reír patas al aire.

—No veo la gracia —murmuró el chucho bastante amoscado.

—Pero ¿no comprendes —tartajeaba Perico, atragantándose de risa— que los peces no hablan?

—Y si no hablan... ¿para qué escuchan lo que no les importa... detrás de las piedras? Además, ¿quién te ha dicho a ti que no hablan?

—Yo que lo sé.

—Muy seguro estás de ti mismo. Todos los humanos sois iguales. ¿Cómo sabes que no hablan?

Perico meditó largamente.

—Porque debajo del agua no se puede hablar... ¡Prueba y verás!

Al igual de lo que les pasa a muchos al quedarse sin argumentos, *Trespatas* se puso a gritar tontamente como si el volumen de las voces pudiera reforzar un ápice el de la razón.

Perico se agachó junto a *Trespatas* y le acarició el cuello y la cara para calmarle.

—Eres un gruñón —le decía— y un cascarrabias. Pero en el fondo eres bueno.

Trespatas le miró sorprendido.

—Nadie me lo había dicho nunca... ¡Como la gente confunde lo que es feo con lo que es malo! Y... ¿en qué me lo notas?

—Te lo noto en los ojos...

Trespatas hizo un gran esfuerzo por mirar al fondo de los de Perico... pero no pudo. Él podía mirar de frente a toda clase de animales, incluso a los gatos y a las víboras, ¡pero no a los ojos de los humanos! ¡Qué terrible, misterioso poder el que se adivinaba bajo su frente! (Si *Trespatas* hubiera leído a Rudyard Kipling sabría que ni los lobos sanguinarios reunidos en asamblea ni la temible pantera negra podían resistir la mirada de Mowgli a pesar de haber sido este muchacho amamantado por una loba. ¿Cómo iba a ser él, pobre perro vagabundo, capaz de mirar donde ni las fieras se atrevían?)

—Oye, *Trespatas* —dijo el chiquillo de pronto—, ¿te gustaría viajar conmigo?

—¿Viajar? ¿Adónde?

—A Madrid.

—Y tú... ¿qué tienes por allá?

—Pues tengo una casa, y una mamá, y...

—Y... ¿una despensa?

—¡Claro!

—Eso son palabras mayores —carraspeó emocionado *Trespatas*.

Francisco de Asís los miraba conmovido. La elección de *Trespatas* había sido un acierto. Para que todo pareciese más «natural», el perro, a pesar de ser perro viejo..., ignoraba ser su instrumento.

Se levantó un soplo de brisa. Las aguas se arrugaron en los remansos. Las hojas de los eucaliptos reflejadas en el río se agitaron como una bandada de peces fugitivos.

Perico, el hatillo de arpillera al hombro, abrió la marcha. Sobre las tres patas que daban razón a su nombre, y que le bastaban y sobraban para recorrer el mundo, el chucho le siguió.

J

> «Señor, pon en su noche una estrella inmutable
> donde apunte su brújula sobre rosas de viento.»

MUY PRONTO se encargaría *Trespatas* de desengañarle con las prosaicas realidades que exige el subsistir, pero lo cierto es que al despertarse en el bosque se creyó embrujado o al menos sumergido en las profundidades del sueño. Todo cuanto le rodeaba estaba teñido de un misterioso y mágico azul marino, como si se encontrara en el fondo del mar. No se preguntaba a qué se debía aquel fenómeno porque Perico no tenía edad para hurgar en las causas de las cosas. Se limitaba a mirar arrobado en torno suyo. Él había observado de lejos este mismo azul, en la entraña de las olas, debajo de la espuma, cuando rompen en la playa; también lo había visto en las ilustraciones de un libro de cuentos y algún atardecer en la parte del firmamento que mira a Poniente cuando ya el sol se ha escondido del otro lado del cielo. Pero siempre desde fuera: no encontrándose dentro, sumergido en él, como ahora le acontecía. Los añosos troncos, que enrejaban la noche, los helechos que cubrían la tierra, los retales de cielo que dejaban ver las copas de los árboles, tenían todos el mismo tono fascinante. Hasta *Trespatas* estaba azul, como si fuera de porcelana china o le hubiesen envuelto para un regalo en un papel de seda de ese color. «¡Qué guapo está!», dijo mirándole. Y *Trespatas* —que era más feo que un hereje— abrió un ojo y le sonrió enternecido.

Unos jabalíes nocherniegos recién llegados al bosque después de sus correrías, hozaban la tierra no lejos de allí, buscando aromáticas trufas para desayunarse; espadañaban los palomos sus colas, que es como el perezoso estirarse de los humanos después del despertar; aprovechaba la primera luz un corzo poseído de su arrogante belleza, para mirarse —emulando a Narciso— en las aguas quietas de un charco; entre dos tejos asomaba, cobarde, el hocico una rubia marta, ignorante y tímida; afilaba sus cuernas el ciervo en el tronco blando de un abedul; buscaba refugio el búho para escapar a la venganza de las víctimas de sus rapiñas nocturnas y en unas ramas cercanas cantaba el urogallo brindándose al delirio nupcial.

Perico se restregó los ojos. Jirones de niebla se desflecaban en los helechos colaborando a la fantástica sensación de irrealidad de aquel amanecer y unas ardillas en grupos de a tres charlaban animadamente, de pie, increíblemente cerca de él, mientras sus manos diminutas y agilísimas cogían las bellotas extendidas a sus pies, y las colocaban en la boca en la posición justa para hincarles bien el diente. *Trespatas* gruñó y las ardillas huyeron asustadas.

—¡Hum... hum... no me gusta esto! —dijo el perro bostezando.

—¿Qué te pasa?

—Va a llover.

—Yo no veo ninguna nube —replicó el niño.

—No ves ninguna nube porque estamos dentro de una.

—¿Que estamos dentro de una nube? ¡Eso no puede ser! ¿Cómo lo sabes?

—Por el color del alba. Y por el olor.

—¡Antes todo estaba azul, azul, azul! Como un mar —explicó Perico.

—¡Después todo estará gris, gris, gris! Como una ceniza —anunció el perro.

Bostezó de nuevo y estaba dispuesto a adormilarse cuando un gratísimo olorcillo le vino a las nachas.

—¡Cállate ahora! ¡No hables...!

Se incorporó. Abajó el cuello. Adelantó el hocico. Estiró el rabo. Tenía el temblor de las flechas cuando la cuerda del arco está muy tensa y el arquero, en un postrer esfuerzo, quiere estirarla aún más antes de disparar. ¡Y silencioso como una flecha y como una flecha certero, *Trespatas* se disparó! Cuando acudió Perico, la felonía estaba consumada, mas no consumida: *Trespatas* la consumió después...

—¿Qué has hecho? ¡Suelta esa ardilla! ¡Suéltala!

Perico, horrorizado, pidió clemencia para el roedor. Hasta se atrevió a poner al perro la mano en el lomo y no para acariciarle precisamente. No hubo nada que hacer. *Trespatas* no sólo no acató sus órdenes, sino que le anunció que en materia de comidas le desobedecería cuantas veces tuviera apetito. Y que si quería conservarle en su compañía, procurase no inmiscuirse en sus gustos alimenticios ni mucho menos en sus fórmulas particulares de satisfacerlos.

—¡Pero a mí las ardillas me dan pena! —protestó Perico.

—Y a mí me dan pena los cerditos a quienes vosotros degolláis para hacer embutidos —arguyó el perro. Y alejándose de allí con la ardilla en la boca se escondió para devorarla. Perico le agradeció este detalle. Ojos que no ven, corazón que no siente. *Trespatas* opinaba como otros filósofos anteriores a él que el comer es una fuerza mayor tan vil como las otras a que está sujeta la triste condición del cuerpo. Y no había por qué hacer una excepción realizando en público esta necesidad cuando todas las demás se ejecutan en privado. En esta materia como en tantas otras, las costumbres de los humanos le parecían al perro de una impudicia deplorable.

Cuando regresó de su banquete ya estaba lloviendo. Se refugiaron en el tronco hueco de un roble.

—Dime, *Trespatas*, ¿por qué huele tanto la tierra cuando llueve?

—Te lo confieso, chico. No lo sé.

Y al cabo de un rato:

—Dime, *Trespatas*. Y yo ¿qué voy a comer?

—¿No te queda nada de comida?

—Muy poquita.

—Pues acaba con ella.

—¿Y después qué comeré?

—¿Después? ¡Qué extraña palabra! Después... Dios proveerá.

Unos días Dios proveyó setas y bellotas, otros fresas silvestres y frambuesas, o almendras, manzanas, moras... otros, leche extraída de las jícaras que dejan los aldeanos en los caminos para que las recojan los carros de la Cooperativa... y otros días el buen Dios no proveía nada. A medida que subían, las noches se hacían más frías y la comida más difícil. A veces se acercaban a los pastores y éstos los recibían a pedradas; otras los acogían, les daban queso y pan, y hasta les permitían dormir en el redil, apretados con los corderos para no sentir frío. Bien es cierto que esto ocurrió sólo una vez, y eso porque el perro pastor era cuñado de *Trespatas*.

Los ríos son como los hombres: alborotadores en la infancia, desquiciados en la adolescencia, prudentes y sosegados en la madurez. Aquí en la montaña ninguno llegaba a tal estado, pues morían en el mar en plena juventud dada la proximidad —cuna y sepulcro— de las fuentes y la costa.

Perico cruzó el Cares cerca de Arenas de Cabrales sobre un pontón de maderos putrefactos, y el Urdión, aguas arriba de Tresvisos. Ambos ríos iban como locos despeñándose bravucones entre lajas, convirtiendo guijas en cascabeles, despeinando ramas.

—Te vas a matar —le dijo Perico al Urdión. Y estuvo a punto de matarse él por ver el salto del agua, cuando le fallaba el suelo a la corriente, desmochando zarzas entre espumarajos.

Tresvisos, Bejés, Pendesa...

Una mañana *Trespatas* y Perico tuvieron sus más y sus menos acerca del camino a emprender. Perico —cuya brújula eran los picos de Europa y que se negaba a seguir otra dirección que la que apuntara a las más altas cumbres— tropezó con la decidida oposición del perro, que aseguraba que por aquel lado no se iba a parte alguna. Ganó Perico la partida de la tozudez, y *Trespatas* la de la razón. ¿Cómo iba el muchacho a suponer que la plácida pradera que se extendía ante él sin que los ojos vieran ningún obstáculo estuviera cortada de improviso por un impedimento de la envergadura y las dimensiones del que ahora se alzaba ante su asombrada persona? El decir que se «alzaba» era un puro eufemismo, pues lo cierto es que se «hundía»: se hundía el espacio inverosímilmente —se caía el aire— de modo que entre aquel árbol cercano y él había una hondísima grieta —tan estrecha como profunda y tan larga como estrecha— que daba espanto mirarla. Perico se encontraba ante la Hoz de la Hermida, uno de los fenómenos geográficos de la Montaña de más discreta alcurnia literaria, ya que de él se ocuparon Pereda, Galdós, Cossío y, veinte siglos antes que todos ellos, Floro, un romano (un romano como un castillo, al decir de Víctor de la Serna) que informaba puntualmente de los reveses de las armas imperiales de César Augusto frente a las gentes bárbaras y montaraces de la Cantabria. Perico y *Trespatas* ignoraban tan egregios antecedentes. Pero aunque hubieran sabido por Cossío que el Deva —al encontrarse cerrado el camino del mar por la colosal barrera de los Picos de Europa— «abrió brecha en la muralla en increíble cataclismo geológico» hasta lograr salir «horadando peñas, derrumbando montañas, arrastrando cudones, desgajando lastras»; o hubiesen leído en Galdós que aquellas rocas que «se inclinan hacia fuera amenazando», parecen «monolitos inmensos», «dioses en corrillos» o «enormes trozos despeñados» cual «ídolos rotos que obstruyen el paso del río»... no habrían reconocido, aunque se lo juraran, el paisaje. ¿Y cómo reconocerlo si quienes lo describieron lo veían sumidos en las oscuridades de la hendidura, es decir, desde abajo, y Perico lo veía deslumbrado por las infinitas claridades, es decir, desde arriba? Aquéllos lo vieron como un pasillo sobre sus cabezas y Perico como un surco a sus pies abierto por un arado prodigioso; aquéllos como unas paredes que se elevaban «sobre la tierra» buscando el cielo, y Perico como unas simas que horadaban «bajo la tierra» el camino del infierno. La suavidad femenina del praderío contrastaba dramáticamente con aquellas entrañas desgajadas. Era como una herida purulenta abierta con bisturí en la mórbida tersura de un cuerpo joven.

En el fondo del desfiladero corría un río y serpenteaba una carretera.

—Dime, *Trespatas*... ¿qué son esos puntitos?
—Camiones.
—¿Verdad que parecen hormigas?
—Pues son camiones.
—¿Y aquéllos?
—Hombres y mulos.
—Yo no los veo.

—Pero yo los huelo —sentenció el can.
Perico quedóse meditando.
Aquellas cintas movedizas que cegaban los puentes, taponaban el desfiladero rastreando su miseria por la entrada misma de la sierra, eran unidades desgajadas del grueso del ejército vencido que se retiraba de Bilbao. ¡Terrible y doliente hormiguero!

Colio, Viñón, Argüebanes, Mogrovejo... El Macizo Oriental de los Picos de Europa exhibía orgulloso, cada vez más cerca, los dientes afilados de sus cumbres; bautizadas con nombres piadosos quizá para aplacar su feroz catadura: Pico Evangelista, Pico San Carlos, Cumbres del Sagrado Corazón...
Perico aprendió aquellas semanas muchas cosas en compañía de *Trespatas,* y todas le admiraban. Aprendió que en el interior de las grutas hace la misma temperatura de día que de noche, en verano que en invierno; aprendió que los pastores trashumantes no pagan nada por meter al rebaño en un redil ajeno sino que —al revés de las personas cuando alquilan un piso— reciben dinero del dueño para que los corderitos se hagan caca en ese sitio y poder después venderla; aprendió a distinguir, de noche, la luz de una casa en una cumbre de la de una estrella; a saber qué raíces se pueden comer y cuáles no, qué setas son venenosas y cuáles comestibles; qué frutas se pueden conservar en el saco semanas enteras y cuáles no, como las frambuesas silvestres, que se hacen una plasta que lo mancha todo. Aprendió, en fin, que pueden pasarse varios días sin comer; pero no sin beber, y que los papeles atados con cuerdas al cuerpo y a las piernas protegen del frío durante la noche mejor todavía que la chaqueta milagrosa de Martín Pescador.
—¡Mira, *Trespatas*! ¡Desde aquí se ve el mar!
Llevóse una gran decepción, pues se imaginaba más lejos. Desde aquella altura el mundo entero se desplegaba a sus pies. En primer término, no se veían más que praderas, praderas y más praderas, de un verde tierno y monocorde en contraste con el de los bosques donde toda gama era posible. Más de doce pueblos (Brez, Tararrio, Potes, Ojedo...) color de tierra (que no se divisarían si no fuese por la torre de la iglesia) y centenares de casas de labor (que se confundirían con los bar-

bechos si el penachillo de humo de sus chimeneas no las denunciara) rompían aquí o allí la pureza geológica y vegetal de la montaña. No quebraban la armonía, en cambio, los rebaños de corderos que llenaban el aire con el campanilleo de sus esquilas, ni los lentísimos carros tirados por bueyes, ni las águilas de larga vista y lento vuelo. Ni las vacas pensativas. Abajo, líneas sucesivas de cordilleras paralelas a la costa que le parecieron grandísimas al cruzarlas y que desde aquí se veían diminutas, como montañas de corcho o de cartón puestas ahí para mentir paisajes verdaderos a trenes de juguete. Tan pequeñas eran que detrás de ellas todavía se divisaba mucha tierra: una tierra distinta, sin ondulaciones, dividida en infinitos y minúsculos cuadriláteros de diferentes formas y colores. Privaba sobre todos el amarillo claro de los cereales sin segar, el ocre de las parcelas en barbecho, el azulenco de las huertas y el pardo moteado de los frutales. Más allá de esa franja... desvaído, casi blanquecino, el mar... ¡Qué emoción más dulce la que experimentaba Perico al contemplarlo! Estaba fundido con el cielo sin que pudiera adivinarse donde el reino del agua empezaba y el imperio del aire concluía. Habían pasado una esponja sobre la gran bóveda caída del horizonte. No se veía la curva del hombro desnudo del planeta. Si un barco se aventuraba a navegar podría confundir las luces de una isla con las de un lucero.

Volvióse lentamente de espaldas al mar y dio la cara a las cumbres. ¡Qué cerca parecían y qué lejos estaban! Eran manos de piedra crispadas en el aire, que parecían decir a Perico: «¡Alto! ¡No pases!» Una estrella fugaz brilló en los ojos del niño.

—Mira, *Trespatas*. ¿A que no sabes por qué esos montes altísimos se llaman los Picos de Europa?

—Yo no entiendo de esas cosas —dijo el perro con el tono suficiente de todo el que desprecia lo que ignora.

—Porque desde cualquier parte de Europa uno que se ponga de puntillas los puede ver —aclaró Perico.

(Quedóse un momento pensativo. En una ocasión Martín Pescador había exclamado entre sorprendido y burlón: «¡Pero... bueno! ¿Es que tú te acuerdas de todas las cosas que te dicen?» Y Perico aseguró formalmente: «¡De todas!»)

Un rosorio casi imperceptible que no llegaba a empapar la tierra se pulverizaba en el aire.

—¡Mira, *Trespatas*, está lloviendo!

—Esto no es lluvia, muchacho; no es más que calabobos.

—Y eso ¿qué es?

—Pues mira, el calabobos es a la lluvia, lo que la tela de araña a la soga de un ahorcado; ¿comprendes la diferencia?

—Tienes razón: es como tela de araña, pero de puntitos, no de rayas.

—Los asturianos la llaman orbayu; los vascos, sirimiri. Yo lo llamo calabobos.

—Es que tú eres muy listo, *Trespatas*.

—Pues vamos andando, que esto no moja, pero da reúma.

Descendieron trotando por la pradera, y como encontraran una valla que les cerraba el paso, la saltaron bonitamente y siguieron su camino. Dieron un pequeño rodeo para no acercarse demasiado a unas vacas que pastaban no lejos de allí, pero a pesar de las precauciones tomadas, al doblar un recodo toparon con una que el muchacho juzgó tan bien hecha de cuernos como mal encarada. Y es que Perico, que no tenía temor alguno a los ratones, sentía en cambio un miedo cerval por las vacas —dicho sea en honor de su precoz inteligencia— y se quedó pasmado ante aquel solemne ejemplar, sin atreverse a avanzar ni a retroceder. La vaca, que era tudanca, le miraba con tal fijeza, que resultaba impertinente. Era rubia ceniza y tenía los ojos de caramelo. Le recordó una vieja dama encopetada, que antes de la guerra denunció a sus hermanos porque estaban jugando en una alcantarilla. La vaca —que masticaba por segunda vez el alimento devuelto por el herbero a la boca— movía acompasadamente los belfos al rumiar, talmente como si hablara. Y esto aumentaba la confusión de Perico. *Trespatas* se volvió intrigado hacia su amigo.

—¿Qué te pasa? ¿Por qué no sigues?

—Es que... esta señora... me está diciendo algo... pero yo no la oigo... —respondió Perico al borde de las lágrimas.

—Pues yo no le tengo miedo —comentó el perro, como si la respuesta del chico hubiese sido otra. Y para demostrarlo, se acercó a la rumiante, le olió las patas y el trasero y ni siquiera huyó cuando la vaca, sin dignarse mirarle, le dio un papirotazo con la cola.

—¡No molestes! —pareció decirle.

Y muy ufano *Trespatas* de su alarde y admirado Perico de su audacia, se alejaron de allí.

Poco después, el que alardeó de valiente fue Perico... ¡Y cómo! Sin avisarle del peligro y sin que el rapaz encontrase al pronto razones que justificaran su actitud, *Trespatas* volvióse de pronto en redondo y echando a correr despendolado, alcanzó la valla, trepó por ella como un gato y desapareció. No tardó mucho nuestro amigo en averiguar la causa de aquella deserción. Un enorme mastín, blanco y canela, subía a toda carrera hacia él. Perico dejó en el suelo su hatillo, y un poco pálido, se dispuso a tranquilizarle. Una mujer apareció entonces tras el perro, y al ver que el intruso era un chiquillo, comenzó a llamar a gritos al animal y a implorar a la Virgen.

—¡*Rubio*! ¡*Rubio*! ¡Ay, Virgen la mi madre, qué desgracia! ¡*Rubio*, ven aquí!

Perico, a quien daban mucho más miedo los gritos de aquella mujer que los ladridos del mastín, pensó que el perro se le había escapado y se dispuso a ayudarla.

—¡Niñu, no te acerques al *Rubio*! ¡Mira, que muerde! ¡Maldecía de mí, y yo sola en casa!

«¡Qué exageradas son las mujeres!», pensó Perico. ¿Por qué aquel perrazo tan bonito le iba a morder a él, que era amigo de todos los perros del mundo?

—No me quiere morder —gritó Perico, con la voz insegura—. ¡Lo que quiere es jugar!

Le abrió los brazos.

—*Rubio* bonito, *Rubio* guapo, ven, *Rubio*...

—Niñu, estáte quieto... Niñu, no le toques... ¡Mira que es un perru feroz!

—*Rubio* bonito, ¿verdad que no me quieres morder? ¿Verdad que no?

El mastín, que era grande como un ternero, enseñó los dientes, arrufó amenazador y trazó un círculo en redondo sin dejar de gruñir en torno a Perico. Un anchísimo collar erizado de fuertes clavos contribuía a darle un aspecto espantable de gladiador.

—Lo que tú eres es un gruñón —dijo Perico conciliador—. Anda, huéleme, ¿ya has olido que soy un niño? Antes me ladrabas porque no me habías olido, ¿verdad? Todos los perros son amigos de los niños.

Y ante el espanto de la mujer, que ya no gritaba —el pánico la había enmudecido—, Perico se arrodilló, tendió ambas manos al mastín, y le agarró de las orejas. El *Rubio* dejó de arrufar.

—Tienes una oreja rota, ¿quién te la ha roto?

—Un lobo —respondió el mastín con orgullo—. Él me desgarró una oreja. ¡Pero yo le maté!

Perico respiró muy hondo. Aquella confesión le dejó aterrado. Por sí o por no se creyó obligado a especificar:

—Yo no soy un lobo ¿sabes? Yo soy un niño.

Rubio le miró con ojos tristísimos.

—Desde aquella pelea en vez de collar corriente me pusieron al cuello esta carlanca para defenderme mejor.

Dicho esto le dio un lengüetazo en la cara, y añadió:

—Vamos con la guardesa. Está loca. No hace más que asustarme hablándome de lobos. Fue ella la que me azuzó al ver que había gente.

Perico se puso en pie, y abrazado al cuello del animal, que era casi tan alto como él, se fueron hacia la mujer, que los recibió haciéndose cruces.

—¡Padre y Señor celeste!

Agarró al mastín del collar y apenas llegaron a la casa, que a Perico le pareció más grande e importante que todas las que había visto en la montaña, lo ató a la perrera. La casona tenía una gran balconada sostenida por gruesas vigas que volaban sobre la fachada, y, a la izquierda de una puerta —con tantos clavos como el collar de *Rubio*— un escudo mordido por el tiempo.

—¿Quién eres?

—Pos... un niño.

—Ya veu, ya, que no eres un osu. ¿Quién te ha mandau venir aquí?

—¿A mí? ¡Nadie!

—¿De ónde vienes?

—De allí —dijo Perico señalando la valla.

—¿Y aónde vas?

—Para allí —respondió indicando vagamente las cumbres.

—¿Y así con to, no pues ir por la vereda?

—Pos... pos...

—¿Y tu madre te deja ir soluco por estos andurriales? Con

toa seguranza que no sabe te juiste tan lejos. ¡A más de dos leguas estás del pueblo! ¡Jesús, José! ¡Y qué guarro estás, que paices un fardo de basuras que anda solo...! ¿Qué te has dau en la caruca, tinta?

Afortunadamente para Perico la mujer preguntaba mucho, pero o no esperaba la respuesta o ella misma se contestaba.

—¡Tinta tie que ser, o moras! Apuesto a que te has dau una panzá de moras. Mañana te dolerá la tripa. La culpa es de la tu madre, por dejarte soluco. Ven aquí que te llave.

Le llevó a un establo donde cabían más de veinte vacas, pero no había más de tres, y allí, metiendo y sacando la mano en un cubo le dio una buena fregada en manos, rodillas y cara.

La buena mujer le miraba con una mezcla de ternura y desconfianza. La ternura de quien no tiene unos hijos a quien poder fregotear, y la desconfianza de quien no acaba de encontrar una explicación razonable a la presencia de la criatura por aquellos lugares tan fuera de todo camino.

—Ahora vasme a contestar a toas las preguntas que te haré. Pero vasme a decir la verdad.

Perico sonrió aceptando la proposición. La mujer quería a toda costa ganarse su confianza.

—¿Quieres comer algo, primeru?

La sonrisa de Perico se acentuó.

—¿Qué te gustaría comer?

Sin esperar su respuesta le tomó de la mano, y salieron del establo.

«¡Vaya portal más bonito!», pensó Perico para sí. La entrada natural de la casa, no era, pues, el establo, como había llegado a pensar juzgando por la del carretero, sino una gran puerta (cerrada y apestillada por dentro con un enorme travesaño) que a todas luces se veía ser la principal, y que daba al recinto en que ahora se encontraban. A este portal, amén de la de entrada y la del establo, cuyo umbral acababan de pasar, daba otra puerta (abierta de par en par sobre un patio en el que se veía un pozo y lo que más tarde supo que era un horno de pan) y una escalera que sería palaciega a juzgar por la baranda de piedra, si los desvencijados escalones no lo desmintieran con sus quejidos, al ser hollados.

Esta escalera terminaba en una puerta con aldaba y cerradura (que la mujer abrió con una inmensa llave que sacó de su faltriquera). Tras ella tres o cuatro estancias asombrosamente vacías de muebles. Al final de todo, una habitación amueblada.

Cocina supuso Perico que sería, por el olorcillo que despedían unos pucheros, que yacían junto a las brasas de la chimenea. Y supuso bien aunque a decir verdad no se parecía en nada a las cocinas usuales.

No pasaron inadvertidas a la guardesa, ni la voracidad de Perico al engullir la sopa caliente, ni la avidez de los ojos mirando al segundo plato antes de concluir el primero.

—¿Quién te ha mandau venir aquí?

—¡Que no me ha mandado venir nadie!

—¿De ónde vienes?

—De Santander.

—¡De Santander! ¡Jesús qué embustidor! ¿Y cómo has venido? ¿En coche?

—Un poquito en barco y el otro poquito, andando.

—¡Si serás mentidor! ¿Y el barco venía navegando montaña arriba por las ramblas y busquizales?

—¡Nooo! El barco venía por el mar... y después yo he venido andando... ¡bueno, andando todo el tiempo, no! Un día me subí en un carro, pero el carretero me pegó.

—De modu y manera que llegaste a un puerto en barco... porque sería un puerto... ¿no?

—Sí. Y tenía muchos barquitos de pesca. ¡Y yo pesqué un atún, así de grande!

—¿Cómo se llamaba el puerto?

—No sé...

—Sería San Vicente... o Llanes. ¿Era San Vicente de la Barquera?

—No sé...

—¿Y desde allí has subido andando tú soluco?

—¡Solo, no! Con *Trespatas*.

—¿Quién es *Trespatas*?

—Un perro.

—¿Ónde está?

—Está fuera. Porque es tonto y le da miedo el *Rubio*.

—¿Cómo sabes que te está esperando fuera?

—Pos porque un día él se fue solo y yo le esperé.

—Y... cuando pasaste por aquí ¿aónde ibas?

Perico hundió la mirada en el plato.

—¿Por qué lo quieres saber? —dijo arrastrando las sílabas.
¡Mira que si esta mujer tampoco le dejaba ir a Madrid y quería mandarle a Rusia!
—Pos ¿pa qué va a ser...? ¡Para ayudarte!
—¿Y si te lo digo, no se lo dices a nadie, a nadie?
—A naide. ¿Pa ónde ibas?
—A Madrid —dijo Perico simplemente.
La mujer le miró perpleja. Tartamudeó.
—Pero cómu, cómu vas tú a... a...
Después se echó a reír.
—¡Jesús y María, qué disparate!

En ese instante rasgó el aire una descarga de fusilería. La mujer se llevó las manos a la cara. Y se santiguó. Un, dos, cuatro disparos más.

—Eso ha sido en Santa Cruz de Mudanco...
—A mí los tiros no me dan miedo —dijo Perico galleando.

La mujer le miró horrorizada. Para Perico cada disparo era un ruido, sólo un ruido que asustaba más o menos según la distancia en que se produjera. No es que ignorara la finalidad de las armas, lo que ignoraba era el sentido de la palabra «muerte» y no relacionaba, como la guardesa, cada descarga con un hombre que caía junto a una tapia, o en la cuneta; ni cada disparo suelto con la caza, en las montañas o en los bosques, de los fugitivos.

Perico cogió su hatillo y lo cargó sobre el hombro.

—Pero ¿aónde vas, criatura?

Se acercó a ella y le tendió los brazos. La guardesa se agachó y Perico la besó en la cara.

—Muchas gracias por la comida.

Ella seguía mirándole incrédula.

—Estaba riquísima ¿sabes?

Dudó un momento.

—¿Me dejas llevarme los huesos y un poco de pan para *Trespatas*?

—Pero ¿cómu vas a irte por ahí? ¿Nu has oído los tiros? ¿Aónde vas ahora? ¡Al pueblo!, ¿no es verdad?

Otra vez le miraba con desconfianza. Perico movió la cabeza.

—A ti te han mandau pa que mires qué había por aquí o quién había por aquí. Y ahora en el pueblu dirás too lo que has visto: una mujer sola. Toos los hombres de la casa huidos, o muertos, o en la guerra... ¡Jesús, Dios mío!... Unos de un lau y otrus de otro... ¡Pero si ya lo saben! ¡Si eso no es un secreto pa naide! ¿Qué más quieren saber? Dime: si a mano viene, ¿qué les vas tú a decir que has visto?

Perico no entendía palabra de nada.

—¿Me dejas llevarme los huesos para *Trespatas*? ¿Y un poquito de pan también?

Como la mujer no se movía, tomó el pan y los huesos por sí mismo y lo echó todo en el saco. La mujer, perpleja, le miraba hacer. Perico salió al campo y se despidió del *Rubio*.

—¿Por qué tienes una cara tan triste?

—Es que los mastines somos así.

—Pareces un San Bernardo, de los que llevan un barril con coñac colgando del cuello.

—Los San Bernardo son parientes lejanos de los de mi casta. Buena gente. Pero nosotros somos más fuertes.

—Adiós... y que no me ladres...

—Con gusto me iría contigo. Ya ves qué perra vida llevo. Desde que se fueron los hombres... ya nada es igual.

—Adiós..., *Rubio*.

—Adiós..., Perico.

Emprendió el camino de la valla, seguido de la inquieta mirada de la guardesa.

—¡*Trespatas*! ¡*Trespatas*! ¿Dónde te habías metido? ¡Mira lo que te traigo!

—Chico, esto está bien. Se agradece... Guarda el pan para otro día. ¡Donde estén los huesos, sobra el pan! ¡Caramba!, y con sus trocitos de carne y todo...

Una voz sonó a sus espaldas.

—¡Niño!

Apoyada en la valla, la guardesa miraba conmovida la escena.

—¿Quieres pasar aquí la noche?

—¿Dónde?

—En la casona. Yo estoy sola... y...

—Es que... tengo que ir pa allí...

—Pero, criatura, dentro de na se hará de noche. Aticuenta que el cielo empieza a amorugarse y está medio lloviendo. ¡Hala, entra! Ya tendrás tiempu mañana pa andar.

—¿Y *Trespatas*?
—*Trespatas* tamién. ¡Pobre chucho, está cojo!
—Y el *Rubio* ¿le dará permiso para entrar?
—El *Rubio* hará lo que yo le diga. ¡Hala, entra!

K

*«Para tirar en un solar la carne
que abrigaron la madre y las hermanas.»*

Durmió aquella noche Perico en la cama; como un sibarita. Se introdujo en las sábanas con arrobo. Acopló su cuerpo a la morbidez del colchón y la cabeza a la molicie de la almohada, pero a los pocos minutos el roce de las sábanas sobre la piel se le hacía insoportable y el hundimiento del mullido cabezal insufrible. No podríamos jurar que pasaran horas sin que el sueño le llegase, pues Perico pertenecía a la especie de quienes lo mismo se quedan traspuestos en la punta de una lanza que en un lecho de pétalos, pero tardó sin duda mucho más en pegar los ojos que en el catre de *La Pilonga*, el carro de bueyes de la Leonarda o el tálamo de helechos y musgos de un bosque cualquiera con la raíz de un roble bajo la nuca.

La guardesa le había preparado un baño de agua caliente, agua que fue preciso trasladar, cubo a cubo, desde la chimenea hasta el barreño, y después rebajar con agua fría, pues abrasaba. La guardesa, con un ademán entre cómico y tierno, se había arrodillado en el suelo para probar la temperatura del agua con el codo. La guardesa había quedado espantada por el lamentable estado de su ropa y su calzado. La guardesa le había pedido que rezara con ella, pues la voz de los niños —decía— se escucha en el cielo mucho mejor, cosa que Perico ya había oído decir otras veces sin entender nunca cómo era aquello posible cuando la de los mayores es tanto más fuerte que la de los chicos. La guardesa, conmovida y conmovedora, con un algo terriblemente patético en el gesto y en la voz, había rogado a todos los santos y santas y siervos de Dios que se veneran en los pueblos y valles de la Montaña —Santo Toribio, San Vicente, San Martín y al Santo Marqués de Comillas— por los hombres que luchaban en la guerra, por los que andaban huidos y escondidos en las montañas, por los que estaban presos en las cárceles, por los que habían muerto, por los que iban a morir. La guardesa pidió también por los hijos que habían perdido a sus padres y por los padres que habían perdido a sus hijos. La guardesa secó unas lágrimas furtivas antes de incorporarse. La guardesa se instaló dulcemente en el corazón de Perico.

(Salvo algún altercado sin importancia a la hora del yantar, el *Rubio* y *Trespatas* se toleraron a la hora del dormir.)

¿Qué revuelo era aquél? El mastín ladraba con furia increíble. Alzado sobre las patas traseras, colgado de la carlanca, se diría que la gruesa cadena era poca para sostenerle. Se revolvía rabioso enseñando los dientes y saltaba con tal ímpetu que caía al suelo al sentir el frenazo del collar. Perico se despertó asustado y acudió a la ventana. Era de día, pero aún no había salido el sol. (*Trespatas*, refugiado en la perrera del *Rubio*, asomaba cobarde el morro, lanzaba un ladrido de compromiso y volvía a refugiarse en la penumbra de la caseta.) La guardesa salió al campo abrochándose el corpiño. Miró primero hacia donde apuntaban los ladridos del mastín. Después volvió el rostro temeroso hacia el piso alto de la casa, pero sus ojos no se cruzaron con los de Perico. Avanzó unos pasos por la pradera.

—¿Quién hay ahí? —gritó—. ¿Quién hay o suelto el perro?
Oyóse una voz de hombre.
—Soy el Tonio...
—¡Ah, eres tú...!
—¿Está suelto el perro?
—No. Le tengo atado. ¿Vienes solo?
—Ahí detrás vienen otros.

Un hombre armado asomó tras la loma. Entróse la mujer en la casa y el hombre la siguió. Se instalaron en la cocina.
—¿Hay algo de comer?

La guardesa puso los brazos en jarras.

—¿Pagando o sin pagar? Porque a ti te doy lo que quieras, que pa esu eres mi hermanu, pero a los otrus ¿de qué?

—Mira, Felisa —dijo el hombre apretando los puños—, no me enfades. Estamus luchando y muriendo como chinches pa el bien de toos, pa la libertad de toos y ahora te andas con ésas...

Felisa alzó la voz irritada.

—¿Luchar, vosotros? ¿Ónde? ¿Morir, vosotros? ¿Ónde? Que yo sepa en trece meses que va de guerra denguno ha pisau el frente.

—Mira, Felisa, que si no jueras hija de mi madre te cerraba la boca de un manazu...

—Eso sí que lo harías. Pegar mujeres o matar viejos junto a una tapia. Con too y con esu los faciosos están en el frente. ¡Ahí te quiero yo ver! ¡Ahí vus quiero ver yo a toos! ¡Y no sacando a los hombres de sus madrigueras, comu a conejos con jurón! ¡Esu es lo que sois: jurones!

—Pos si no juera por la limpieza que hemus hecho por estos pueblos, toa la montaña sería fascista y nosotros criando malvas y jaramagos bajo tierra. ¿Sabes tú lo que es una quinta coluzna, sabes tú lo que es eso?

—Lo que yo quiero saber es a qué has venido tú y a qué vienen los otros. ¿A comer y a qué más?

—El Cosme nos ha citau aquí...

Felisa no pudo ocultar un sobresalto.

—¿El Cosme? ¿Y por qué, aquí?

—Lo de ser aquí, será por estar igual de cerca, o de lejos, según se mire, de toos los pueblos de más bultu...

—Pero el Cosme viene de aonde están los hombres: ¡de la guerra! ¿O es que también él nos tiene engañaus?

—El Cosme tie veintochu años y está onde debe estar un mozo. Yo voy pa los cuarenta, que en esto de la edad ni tú ni yo nos podemos engañar. Y a los cuarenta mi sitio está aquí, en el Comité. Donde sirve el pesquis...

—¿El pesquis tú? No mi hagas reír... Si tenías veinte años y no sabías leer... Y tuvo que ser don Basilio quien te enseñara... ¡Don Basilio, ahí ties tú otro! ¿Era de la quinta coluzna don Basilio...? Toa su vida desborricando mozos, enseñando

a leer y a despiujarse a lus mozos y me lu habéis matau como
a un conejo. ¿Era fascista don Basilio? ¿Era explotador del
pueblo don Basilio? ¡Más pobre qui una rata, esu es lo qui
era... y más güeno qui el cordero pascual...!

—Yo no lo maté...

—¡Otros como tú le mataron!

—Lo de don Basilio fue una errada mu grande —concedió el Tonio.

Felisa saltó al oír esto como si hubieran puesto sal en una
herida.

—Y el cura de San Vicente del Val, que no tenía ni pa
zurcirse la sotana, porque too lo había dau a los probes, ¿también fue un error?

—Lo del cura del Val, ya tú ves, no iba tan juera de trastes. ¡A los curas se les mata por higiene! ¡Aunque comu personas sian decentes, como brazos del cuerpo místico ese de la
puñeta son el opio del pueblo!

—¡Calla, calla, deslenguau, que da vergüenza escuchar lo
iznorante que eres! Te aprendes de carrerilla la propaganda
comu la de un anuncio del zarazas ese pa matar ratones.

El *Rubio* comenzó a gruñir y después a ladrar con la misma furia...

—Ahí llegan ésos.

Levantóse la mujer, y ya iba hacia la puerta cuando Antonio la sujetó de un brazo.

—Escucha, Felisa. Dinante d'ésos no me hables comu mi
has hablau. A solas, pase; que te lo aguantu porque eres mi
hermana de madre y muchos dicen que de padre tamién...
Pero dinante d'ésos no te paso ni una...

—Está bien, calzonazos, que esu es lo que tú eres.

—Ven pa acá... ¡Y ten cuidado con lo que dices, que tú
eres mu acérrima y le cantas las cuarenta al lucero del alba, y
te puen dar un disgusto!

Por la ladera bajaban ahora dos hombres armados.

—Son los de Mudanco...

—¿De Mudanco? Por allí sonaron ayer unos tiros...

—¿Pos no han di sonar? Los hermanos Cuetu que tos
creíamos huidos, aparecieron en el pajar del tío Romo, que los
tenía escondíos el mu traidor... ¡Ya están toos bajo tierra!

Cuando llegaron los otros, el Tonio hizo las presentaciones.

—Ésta es Felisa. Hay que tratarla bien si queremus jalar buenamente.

—Ya la conozco, ya...

Pasaron a la cocina...

—A tu amo —dijo uno de los recién llegados para congraciarse con ella—, ¡a ése le hubiera querido yo!

—¿Querío pa qué?

—Pa darle su merecío.

—Don Inaciu ha muerto.

—¡Pero de muerte natural!

—¿No tuvisteis bastante con el hijo?

—¡No paice gustarte lo que he dichu...!

La mujer respondió secamente:

—Me crié con ellos.

El hombre la miró con expresión glacial.

—¿Y cómo murió?

—Huyó por los Picos con el hiju pequeño y con el notario de Potes y dos números de la civil... ¡de sobra lo sabes!

—¡Gentuza! ¿Y aún lo defiendes? ¡Querían pasarse por los Urrieles a los faciosos de León!

—Estaba ya vieju. No púo seguir. Los demás le abandunaron. Elías, el de Tudanca, el que murió en Bilbao, fue de los que le persiguieron. Encontró el cadáver y lo enterró.

—¡Habérselo dejau a los buitres!

—Si el Elías hace esu, le digo: «Que tal día como hoy te haga esu tu madre...».

—¡Calla, mujer, no hables así de los muertos...!

—¿Pues no es muertu el don Inaciu?

—¡Era el jefe de los faciosos de toa la montaña! ¡¡Hasta los melitares de la guarnición de Santander recibían sus órdenes!!

Antonio, inquieto por el sesgo de las palabras, cortó en seco.

—Tardan en llegar.

Apenas lo hubo dicho cuando el *Rubio* volvió a ladrar. Perico, asomado al balcón, vio acercarse a un grupo de cinco hombres. Satisfecha su curiosidad, volvióse a la cama. El rumor de las voces que llegaban de abajo no le impidió volverse a dormir un rato más. El Tonio y los otros salieron a recibir a los que llegaban. Felisa tenía los nervios descompuestos. Se sobrepuso y se adelantó al grupo. La palidez del Cosme la asustó más de lo que ya estaba. Le tomó el rostro con ambas manos.

—¿Qué ocurre?

Cosme miró al fondo de los ojos de la mujer.

—¿No sabéis na?

—¿Qué es lo que hay que saber?

Apretó los puños y los dientes.

—¡Que se calle el perro o lo dejo seco!

—Muchos humos traes tú.

—Los que pide a lo que vengu. ¡Hazle callar!

Se dirigió a los otros.

—¿Naide sabe ná?

—¿Qué pasa? ¡Habla de una vez...!

—Vamos pa dentro.

Le siguieron impacientes.

—No sé si la rabia y las nausias me dejarán hablar... ¿No us habéis preguntau nunca por qué el *Císcar* y el *José Luis Díez,* y los otros buques de la Escuadra, se estaban quietucos, amarraus en el puerto, como corderucos en el aprisco, mientras los barcos faciosos galleaban frente a Santander? ¿No se os caía la cara de vergüenza al saber que los caminus de nuestras posiciones al puertu eran bombardeaus desdi el mar, sin que nuestros barcos, que son más que los de ellos, les salieran al paso? ¡Pos ya la cosa está clara! ¡Ya toos sabemus por qué!

—Aónde vas tú a parar —le azuzó impaciente el Tonio—. ¡Al grano, al grano!

—Si es qui me quema la sangre decir lu que voy a ecir... (Hizo una pausa y se desabrochó los botones del cuello). Ayer... con el engaño di una revisión a los buques di la escuadra, las autoridades subieron a bordo del *Císcar,* el más rápido de nuestros destruztores. (Miró uno a uno a sus compañeros.) Subieron el Alcalde de Santander, ¿me oís bien?, y el Gobernador de Santander, ¿hablo claro?, y el bobainas y traidor ¡me cisco en su padre!, de Rubiños (que proclamó la República Libre de Santander, como si estos prados y estos peñascus jueran un Imperio), ¡hasta los melitares rusos de Villa Piquío subieron tamién...! Pos ahora, escuchar estu: ¡s'han fugau! ¿Os enteráis bien? ¡S'han fugau toos! ¡Los mu mamones, los mu hijos de perra, s'han fugau! (Hizo una pausa desgarrada.) ¡Y han dejau la ciudad a mercé del que la quiera tomar!

Tal fue el estupor de Tonio y de los hombres de Mudanco que no acertaban a pronunciar palabra.

—¿Comprendéis ahora por qué no salían los buques de nuestra escuadra? ¡Porque estaban reservaus por los traidores pa su fuga! ¡Por esu no salían! ¡No se jueran a averiar! ¡Cuando me enteré quedéme sentenciau!

Dio varias zancadas por el cuarto, mirando a unos y a otros. Señaló a los que con él vinieron.

—Toos nosotros estuvimos ayer en el puerto... En Santander los disparos no se oyen por el lado del frente. Se oyen en el puerto... ¿y sabéis por qué? (golpeó la mesa con el puño cerrado una y otra vez). ¿Sabéis por qué? Porque los mandamases que no cabieron en el *Císcar* se hacen con los pesqueros para huir a la Francia por mar... y como no hay barcos bastantes pa tantos como quieren huir, se los disputan a tiros. ¡Cobardes! ¡Traidores!... ¡Lástima de tanto tiburón desocupau que no les amargue el viaje!

No es fácil describir la consternación de los reunidos. No eran ésas las noticias que se tenían en la montaña. La caída de Bilbao, ocurrida una semana después de la fuga de Perico, había sido explicada como una retirada estratégica necesaria para concentrar todas las fuerzas antes dispersas y romper el frente de los facciosos del Norte. Si algún nerviosismo se había advertido en las gentes, podía medirse por el recrudecimiento de los asesinatos en la retaguardia, pero ni los mismos matadores se confesaban el porqué de esta saña con los presos, es decir, con los hasta ahora considerados como vencidos.

Tras el silencio vinieron las preguntas. Más valía no hacerlas. Socialistas y anarquistas andaban a tiros por Santander. El palacio de la Magdalena, donde se habían refugiado los dirigentes vascos, fue asaltado por las milicias castellanas al saber que los gudaris se negaban a luchar contra el enemigo común. Las masas de fugitivos hambrientos inundaban las calles, y hacían justicia por su cuenta a los que en días de más disciplina fueron sus jefes. Y esto acontecía mientras el enemigo avanzaba sin oposición, ciñendo el cerco, buscando, sin resistencia, las mejores posiciones para el asalto final.

El de Tudanco intervino.

—Pero Santander no caerá pur eso. ¡El ejército que se retiró de Bilbao defenderá Santander, digo yo!

—Pos dices mal —replicó airado Cosme—. ¿No me has oído decir que los vascos no quieren luchar? Dicen que la República de Euzcadi esa de la puñeta se defendió soluca. ¡Pos que se defienda ahora sola la República de Santander! ¡Eso es lo que dicen!

—¡Pos bajaremus nosotros a defenderla! —gritó muy exaltado el de Tudanco—. ¡Toa la montaña, toos los pueblos de la montaña bajaremus! ¡Las mujeres, los niños, con palos y cuchillos si menester juere!

La bravuconada no se adecuaba al caso mejor que piruetas de titiriteros en un entierro. Era más fácil bravear de palabra o escupir por el colmillo (con lo que al majo se le iba la fuerza toda por la lengua), que no evitar, cara al enemigo, lo que era de todo punto inevitable. El silencio que siguió a la guapeza del tragahombres de Tudanco, era tan fino que más de uno temió se le transparentaran los pensamientos. Como hablando consigo mismo, Cosme murmuró con aire patético:

—Santander tardará en caer lo que quieran los faciosos.

—Eso, callado está dicho; desde hace muchos días los rebeldes avanzan sin encuentrar resistencia —comentó desgarradamente un tercero.

Felisa, que había permanecido silenciosa, entrelazó los dedos de ambas manos y se dejó traicionar por la emoción.

—¡Dios quiera que venga la paz y se acabe to, y se rompa esta pesadilla...!

Cada palabra, cada gesto de unos eran espiados por los otros, como si cada cual buscara en los demás la solución que no encontraba en sí mismo.

—Para paz la de los muertos —murmuró el Tonio.

Los hombres le miraron angustiados. Uno de ellos exclamó:

—Y ahora... ¿qué podemus hacer?

Cosme se apoyó de espaldas, medio sentándose, en el borde de la gran mesa de roble.

—Éstos y yo sabemus lo que hay que hacer.

Se interrumpió.

—¿Ande vas, Felisa?

La mujer pareció turbarse. Titubeó.

—A ichar algo al calderu —dijo—. Sois muchos pa comer.

—Pa comer tiempu hay... Para decir lo que he de deciros poco tiempu queda ya. Quieru que mi escuchen toos, pero la Felisa más que denguna, pos ella, por la situación di esta casa, nos tendrá que ayudar.

Se incorporó y cruzó los brazos sobre el pecho. Cosme era de estatura menguada, cuadrado de espaldas, poderoso de cuello, pequeño de cara. A pesar de contarse entre los más jóvenes, irradiaba autoridad sobre los otros como el astro, luz, o el fuego, calor. Su postura: las plantas fijas, clavadas en el suelo, sin los titubeos de quien busca otro acomodo; su mirada: amiga de la derechura, incapaz de patinar o rehuir otras miradas; su voz, que no necesitaba alzarse sobre las demás para dominarlas; la arrogancia de intuir que los hombres cuando andan perdidos necesitan agruparse en torno a otro hombre que les preste la seguridad que no tienen, y la de pensar que en aquellas circunstancias ese hombre era él; la seguridad de saber lo que quería, mientras los demás se ahogaban entre la indecisión y el miedo, hacían de él un jefe nato, capitán indiscutible, si de tropas, de tropas; si de guerrilleros, de guerrilleros; si de bandidos, de bandidos.

—Yo no he venido aquí pa convencer a naide que se oponga con cuchillos al avance facioso, pos los alfileres no hacen cosquillas a los tanques. Yo no he venido aquí pa que la Felisa crea que la paz es cosa buena manque tenga como precio la derrota, pos como ha dicho bien el Tonio, los vencidos no tienen más paz que la de la tumba. Yo he venido aquí pa deciros la verdad por encima de too: a saber, que la batalla del Norte está perdida sin que la salve ni Dios, pero pa deciros tamién —y aquí dio una violenta inflexión a la voz— ¡ique la guerra en la que andamus no es sólo la batalla de Santander!!

(Hizo una pausa para mirar uno a uno a los reunidos.)

—¡La guerra la ganará quien venza la última batalla!

(Alzó ambas manos.)

—¿Qué más le da perder una batalla —¡o ciento!— a quien ha de ganar la última?

(Escupió en el suelo.)

—¡Quien quiera morir sin conocer la victoria, que si esconda en su pajar y espere, con las ratas, la llegada de los faciosos! ¡Morirá como las ratas!

(Los hombres le miraban anhelantes.)

—¡Quien quiera vivir pa ver el gran día, ése, si es hombre, que venga conmigo! ¡Yo no me echo al mar como los traidores! Yo me echo al monte, aonde están las águilas. ¡Y a ver quién es el guapo que viene a por mí!

Un murmullo de aprobación siguió a sus palabras. ¿Qué otra solución había? Los ánimos hundidos antes en la negrura del desaliento se sentían arrebatados ahora por la fe, la voluntad y la palabra de Cosme. El murmullo fue creciendo hasta convertirse en griterío. ¿Por qué no tuvieron antes de ahora un jefe como aquél? A cada pregunta de los que exigían precisiones Cosme respondía sin titubear. No había ejército regular en el mundo capaz de aventuras por las cumbres de los Picos de Europa, ni artillería ligera que pudiera emplazarse en los despeñaderos, ni aviación tan potente que destruyera los refugios naturales abiertos en las crestas. La táctica militar sería sustituida por la de las guerrillas como en tiempos de la francesada. No estarían solos en esta aventura. Miles de asturianos antes de entregarse se habían lanzado, tal como ellos, al monte. Los pueblos los ayudarían en secreto, y cuando no, el golpe de mano sería su arte y la sorpresa su fuerza. Cosme había tenido contactos con los mejores hombres de los valles de abajo y aquella misma tarde se reuniría con gentes de Potes y de Espinama. No pedía a ninguno de los reunidos que empeñaran su palabra de seguirle. De aquí a dos días, a la salida del sol, estaría en la majada de los queseros que hay en las praderías del Puerto de Aliva, saliendo de Espinama. Con los que allí estuvieran emprendería la escalada. Contaba con diez mulos para subir hasta allí los pertrechos y municiones. Desde aquel punto cargarían lo que pudieran a sus espaldas y volverían por el resto en sucesivas expediciones. No había más que decir ni más que explicar. Disolvió la reunión —sin esperar a que Felisa los obsequiara con un taco de pan y queso, pues el tiempo apremiaba para todos, y se quedó rezagado para echar con ella una parrafada.

—Quiero toas las mantas, las prendas de lana, las botas de nieve de tus amos que haigan en la casa.

—Mucho es lo que otros se han llevau ya.

—Pos lo que quede. Y quiero una caballería —si es mulo mejor, y si no burro, y si no caballu—. La bestia la devolveré. Que allá en los peñascus no me sirve.

Felisa le miraba asustada.

—¿Qué más quieres?

—Un porrón de vinu. ¡Me ahogo de sed!

Salió Felisa a buscar el porrón, y Cosme la siguió. Estuvo a punto de caer, pues tropezó con un bulto en mala hora abandonado en la esquina misma. Dio unos traspiés, y volvió, caliente aún en los labios la no muy pía interjección que de ellos salió, cuando vio que el tal bulto era el de una criatura medio desnuda, de aspecto montuno, hecho un reguño en el suelo, que le miraba con grandes ojos asustados. No pudo ver mucho más porque tras el brevísimo instante que duró el común estupor el bichejo aquel se disparó por el pasillo a increíble velocidad, y se precipitó tras una puerta entreabierta. Siguióle el hombre y lo encontró metido ya en la cama, hundido el cuerpo entre las sábanas hasta más arriba de la nariz, sin que asomara otra cosa entre las ropas que los dedos que la sostenían, unos ojos desmesuradamente abiertos de gato montés, y una pelambrera tan espesa como revuelta. Temió Cosme que tras aquella ropa hubiese un arma escondida y de un rápido movimiento la retiró. Si el recelo desapareció pronto, no aconteció lo mismo con el estupor. Tomó en sus manos el cuerpo y agarrándolo entre un brazo y la cadera como las mozas los cántaros lo llevó ante Felisa.

—¿Qué cosa es estu?

Felisa pareció enfadarse mucho.

—¡Llévalo a la cama! ¿No ves que está desnudo?

—Ya veu, ya. ¿Pero quién es?

—Apregúntaselo a él, que d'eso sabe más que nos.

Desanduvo Cosme medio pasillo, depositó el peso en la cama, cubrióse Perico púdicamente por sí mismo, y comenzó el interrogatorio.

—¿Qué haces tú aquí?

Decir que tardó mucho Perico en contestar sería decir mal. Tardó mucho, sí, en abrir la boca que no en responder pues por supuesto y siguiendo su costumbre, no se dio por entendido de lo que le preguntaban. Antes bien devolvió la pelota planteando otra cuestión.

—¿Es verdad que vas a subir a la montaña?
—¿De modo que estuviste escuchando?
—¿Y vas a subir muy alto, muy alto?
—¡Mira el mocu éste! ¿Y a ti qué te va en ellu?
—Pos yo también.
—¿Tamién qué?
—Que yo también voy a subir.
—¿Aónde?
—A la montaña.
—¡No será conmigu, no!
—No. Yo voy solito. Pero subiré más alto que tú.
—¡Jorchio!
—Detrás de las montañas está Madrid, ¿sabes?
—¿Detrás de qué montañas?
—De los Picos de Europa. ¿Sabes por qué se llaman así?
—¡Pero güeno...! ¿Quién va a preguntar aquí, tú u yo?

Perico sonrió con aire granuja.

—Yo —dijo.

Y al ver el gesto de asombro del hombre, pateó entusiasmado debajo de las sábanas y rompió a reír con grandes aspavientos. Cosme insistió.

—Aún no me has dichu qué haces aquí.

Perico le miró extrañado.

—¿Dónde?
—Aquí.
—¿Cuándo?
—Ahora, ¡jorchio! ¿Es que no m'entiendes?

Perico, en efecto, no le entendía. ¡Qué tontada más grande!

—Pos... hablar contigo —contestó, con lógica aplastante.

Entró Felisa y le entregó el porrón.

—¿Quieres comer?
—No.
—¡Yo sí! —gritó Perico—. ¡Y me quiero vestir!

—Es un silenciero —bromeó el Cosme—. Ya me dirás de aónde lo has sacau.

—Lo recogí ayer. Ya te contaré... o que te cuente él...

—¿Él? Como tontu en vísperas, no dice ni tus ni mus.

—Voy a prepararte lo que me has pedío. No es mucho, pero algu es algu...

Fuese Felisa, y aunque Perico tenía ganas de cháchara, tropezó con el mutismo de Cosme.

Apretado contra el cristal del balcón —volado sobre la huerta que bordeaba la casa— Cosme miraba abstraído a la lejanía. A través de las gruesas vigas de roble, machihembradas unas en otras, que sostenían el tejadillo de la balconada, y que cortaba —enrejando— el paisaje, los Picos de Europa se veían pelados, crispados, desafiando al cielo. Unas palabras oídas minutos antes —¿quién las pronunció?— vibraban imborradas, imborrables, en sus oídos: «¿Por qué no hemos tenido antes de hoy un jefe como éste?». ¡Un jefe! Éste era su título y aquel feroz y soberbio anfiteatro de rocas que miraba absorto el único escenario digno de enmarcar sus hazañas. De allí volvería aureolado por la gloria o vencido por la muerte. La muerte, no la imaginaba (se esforzaba por verse muerto o vencido, pues su razón le decía que en justicia de ley esto era posible. Mas no lo conseguía). ¡La gloria, en cambio...!

—Ahora eres tú el que no dice ni tus ni mus —comentó Perico, riendo.

Pero el hombre no le oyó.

Consideró Perico que *Trespatas* era mucho más dicharachero. Se vistió y bajó a enterarse de cómo había pasado la noche el perro y qué tal compañero de cuarto era el mastín. Cosme, pegados los ojos al cristal, ni siquiera le vio salir. En esta posición le encontró Felisa.

—El mulo va bien cargado. Botas no hay, que los hombres se las llevaron toas. Pero ti he puesto hasta media docena de abarcas. Dos pares son nuevos.

Cosme dio dos vueltas por el cuarto y acabó por sentarse en el borde de la cama de Perico.

—Tengo algu aquí —dijo sobándose la frente— que me da vueltas y más vueltas... Tengu comu un barruntamiento... no sé cómo decirte... como un remusgo, de que tú no vas a barras derechas.

Felisa, recelosa, se puso a la defensiva. Tanto circunloquio no podía conducir a nada bueno.

—Tú me dirás.

—Iré por lo derechu...

Muy delicado sería cuando, a pesar del anuncio de que iría por derecho, tardaba tanto en arrancarse.

—Dinantes, cuando la reunión, te vi mirar a un sitio y otro, comu si tuvieras miedo de algu... como si escuchases algu... como... ¡qué sé yo! Pa mí (y se golpeó la frente con la palma de la mano) que tú... ¡nos ocultas algu a toos!

Felisa perdió materialmente el color. Irguió el busto y, lejos de rehuir la mirada, la mantuvo como un gallo de pelea a otro gallo. No respondió.

Cosme se sobaba la cara, al hablar, como si quisiera recordar algo o unir los cabos de un problema confuso.

—Cuando los hombres d'esta casa se jueron... cuando se pasaron a los faciosos... tu amo apareció muerto, ¿no verdad?

Felisa respondió con desesperante lentitud.

—Elías, el de Tudanca, lo enterró. Esu nos contó a toos en el pueblo...

—Te lo contó a ti, que no es lo mismo. Y tú si lo dijiste al Tonio y juiste tú y jue el Tonio quienes lo contaron después por el pueblo...

Felisa lo pensó dos veces antes de hablar.

—¿Y por qué lo íbamos a callar? —murmuró.

—¿Y por qué te turbas cuandu te hablo dellu? —gritó el Cosme.

—¿Y por qué me hablas a solas y no dinante de los otros? —gritó más fuerte Felisa.

El hombre apoyó ambos brazos en la cama en que se hallaba sentado y balanceó su cuerpo hacia atrás.

—Porque si bien se arrepara, éste es un negocio que sólu a mí me interesa. (Cosme dejaba caer sílaba a sílaba sus palabras.) Allá en los peñascus tendremus menester de algu más que pertrechos y municiones.

—¿Qué es ellu?

—Algo que sirva, no pa matar hombres, sino pa comprarlus: algo que yo he de tener... y no pa mi provecho de mi persona, sino pa la necesidad del caso: ¡dineru!

—¿Dineru?

Felisa sintió paralizársele el corazón para batir al punto con más fuerza.

—¡A buen sitio vas tú a parar! ¿Y qué tie eso que ver con lo que hablabas denantes?

—Si bien cavilas, y arreparas que los que se jueron no podían cargar con el muerto, tampocu podrían cargar con otra cosa más pesá. Y por eso me pienso que el dineru lo dejarían guardau o enterrau en algún escondidero de esta casa, y que eso es lo que tú nos ocultas a toos...

—Da risa oírte... —tartajeó Felisa—. Te digo lo mismo que le dije al Tonio esta mañana: «Da vergüenza ver lo iznorante que eres». ¡Atiende a razones! ¿Crees tú que la gente prencipal guarda sus dineros en barrotes de plata y oru como los antiguos? ¿Y que los mete en un agujeruco en el güerto o que lo cose a un colchón? ¡Vamos! Eso somos nosotros los pobres, que en cuantuco ahorramos unas moneas las escondemos en un carcetín. Mas las gentes de poder como los de esta casa lo tienen en papeles en las cuentas de los bancos de la ciudad. ¡Te digo que da risa oírte!

Volvió Cosme a posar fría, dura, pegajosamente la mirada en Felisa.

—Y si tanta risa te da... ¿por qué no te ríes, tú?

—Porque te leo algo malo entre ceja y ceja... y porque soy desconfiá, y... —¡too te lo diré, manque me salgan los colores a la cara!— porque soy mujer y no me gusta estar con un hombre sola en la casa. ¡De modo que ya te estás largando!

—Me estás embustirando, Felisa. Tú me ties miedu. Mas no es por lo que dices, que bien tú sabes, que pues ser mi madre...

—¡Pos te tengo miedu, sí, mas sólo por lo que te digo!

Felisa abandonó precipitadamente el dormitorio, salió al pasillo, y de allí pasó a la cocina. El Cosme se incorporó bruscamente y la siguió. Felisa bajó la escalera seguida del hombre.

—¿Aónde vas?

—A ordeñar las vacas. Que hace cuasi dos horas que me esperan, y les van a reventar las ubres. Ahí ties el mulo cargau... ¡lárgate!

Cosme le cerró el paso.

—¿Ónde está el dinero? Quieras o no, voy a buscar por toa la casa. Y apréndete bien que no es por mi provechu... sino por la seguranza de mis hombres...

Volvióse súbitamente, con aire amenazador.

—¿Aónde vas? ¿Aónde ibas? ¿Qué es lo que hay por ahí? ¿El perru? ¿Ibas a soltarme al perru?

—¡Acabarás por tener miedu a tu sombra! ¡Desconfiau! Iba a sultar al *Rubio,* sí, mas pa que te ayude a buscar: que a perru rastreador... ¡a éste denguno le aventaja!

—¿Quiésese decir que no te opones a que busque?

—Quiésese decir que yo no sé si hay dineru escondío u no lo hay; mas que si tú tasospechas que lo hubiese (y bien arreparä la cosa pue ser que sí, que lo haya), y como no es pa tu provechu de tu persona sino pa una cosa como quien diz que es pa el bien de toos... digu qui no miopongo a que lo busques.

Lejos de poner manos a la obra, el Cosme se acercó al mulo y comprobó las cinchas. *Trespatas,* que husmeaba con desconfianza a la bestia, se alejó musitando maldiciones.

—¿Vamos? —le invitaba Felisa—. ¿Por ónde empezamos?

El hombre levantó la cabeza hacia la casa. Habló muy despacio.

—Si lo que yo busco estaría aquí..., y tú lo sabieras... antes te dejabas arrancar la piel hecha trozucos que dejarme pasar...

—Ya estás hablando en misterios. ¿Te queas o te largas?

—Me largo, que me esperan los de Espinama.

Felisa esperó a pie firme a que el Cosme se alejara. Apenas le vio doblar el recodo de la casa se precipitó al interior. Apoyóse de espaldas, toda jadeante, en la primera pared que halló al paso y cubrió su rostro con las manos. Permaneció así unos instantes, al cabo de los cuales sus dedos resbalaron sobre la cara dejando libres los ojos, que no los labios. Era la imagen misma del terror.

L

> «Ríos de sangre brava
> se encrespan en los prados.»

Levantó Felisa los ojos de su labor y vio los de Perico fijos en los suyos. Una sonrisa retozona chispeaba en sus labios.

—¿De qué te sonríes tú si pue saberse?
—Pos, porque tú estabas cosiendo y te reías sola.
—¿Yo?
—Si, tú.
—Me reía —confesó Felisa— al pensar que unos piezucos tan chicos como los tuyos hayan podido hacer unos gujeros tan grandes en este calcetín.
—¿De eso te reías?
—De eso mesmo.

Estaban en la cocina. De todos los cuartos de la casona éste era el rincón que más gustaba a Perico. Había recorrido ya de cabo a cabo toda la casa y dependencias accesorias, desde el pajar a un abandonado invernadero de mágico, misterioso olor; desde las balconadas (que Felisa llamaba «solanas», aunque en algunas de ellas no diera nunca el sol) hasta el siniestro desván, cruzado de telas de arañas, al que había subido con no pocas precauciones, pues la escalera que se utilizaba para ello no era fija sino de mano y temblaba que era un primor. En ningún sitio se encontraba más a gusto que en la cocina. Claro es que la tal cocina no tenía nada que ver con lo que en el resto del mundo —del mundo conocido por Perico— se entendía por lo mismo. En lugar del insípido cielo raso pintado de tiza y cola y alumbrado por un cristal en forma de boina de las que él había visto hasta ahora, el techo de esta estancia era un puro ajedrez de viejas, nobles, vigas entrecruzadas: obscuras, casi negras, las principales; de un tono algo más claro las que se apoyaban en ellas. El suelo no era de losetas blancas sino de inmensos maderos machihembrados, y no uniforme. Antes bien, la parte que caía debajo de la inmensa campana de la chimenea se elevaba en forma de meseta, con lo que en realidad siendo un solo cuarto parecían dos. En esta meseta no sólo cabían las brasas, arrinconadas junto a un artilugio adosado a la pared (que la guardesa llamaba jornia); y toda clase de ollas, y cacerolas de barro o de metal (de las que algunas, sólo algunas, cumplían misión de cocinar, y otras de puro adorno) sino que —y esto es lo que más admiraba a Perico— también cabían bancos y sillas, de forma que las personas podían estar, si éste era su gusto, con la cabeza dentro de la chimenea, cosa que jamás le hubieran permitido hacer en su casa de Madrid. Bien es verdad que de día, el calor del hogar, aunque encendido tan sólo con matas de escajo para preparar el almuerzo, se hacía insoportable y era necesario abrir de par en par los cristales que daban a la solana; pero a partir de la caída del sol el calorcillo de las brasas venía al pelo, pues, a pesar de la estación, en aquellas alturas las tardes y las noches ya empezaban a ser frías.

Mas no sería aventurado afirmar que, mucho más que los artesones del techo, los travesaños del suelo, los sillares de la chimenea, la inmensidad de su campana, o el calorcillo que despedían las ascuas de escajo, lo que atraía a Perico de la cocina era la presencia (casi permanente en esta pieza) de la guardesa, que allí cosía, cocinaba y hasta dormía, pues había arrimado un jergón para ello cabe la lumbre.

Allí estaba ella ahora, sentada al borde de la mesetilla, muy cerca del hogar cosiendo y repasando la ropa que extraía de un cestuco de mimbre, o alargando la mano para remover las brasas del cenicero o comprobar, destapando la olla, que el cocimiento seguía su curso.

Algo más lejos de la meseta, Perico, descalzo y sentado en el suelo a la usanza mora, pasaba (ayudado de un dedo mojado en la lengua) las hojas de un volumen de estampas.

—Y ahora... ¿se pue saber de qué te ríes tú?

—Me río porque te vas a pinchar un dedo. ¡Como no miras!
—Pero ¡güeno! ¿Es que este rapaz no sabe hacer más que estudiarme? ¡Estudia en el libru y no en la mi cara! ¿Por qué no miras al libro?

Perico se excusó.

—Miro un poquito al libro y otro poquito a ti...

La tarde moría lentamente en la solana.

¿Quién sería este arrapiezo? Cuanto más lo observaba Felisa, más suspensa se quedaba, pues si algo saltaba a la vista es que era un vagabundo que no pertenecía a la calaña de los mismos. Cosidos los rotos y desgarrones de su camisa, desarrugadas las perneras de sus pantalones, lavado y peinado el pelo tras una concienzuda escarda y segadas las uñas de sus manos y pies parecía «mesmamenti un angeluco arrancau a una estampa». «¡Virgen la mi madre! ¿Aúnde iba esta barbajuela desgajada por el cierzu? Creía ir a Madrid, por esos desatinados caminos como si la capital estuviese al golver de los montes del otro lau de los Picos. ¡Cierto es que estaba del otro lau de los Picos, pero ni más ni menos que la Roma del Papa o la Jerusalén del Sepulcro Santísimo!» Más le estudiaba, más se convencía de que se trataba de una víctima inocente —¡una más!— de aquella guerra atroz desatada por los hombres. El espectáculo de este serafín perdido por aquellas montañas equivalía a una acusación de impiedad criminal a quien lo permitiese. Muy poca cosa era ella para poner remedio a tantos horrores como se veían por todas partes, pero sentíase con fuerzas para remediar, al menos, esta llaga viviente de la soledad de Perico. Por de pronto, con el pretexto de arreglarle la ropa y tejerle un pasamontañas con la lana que sobraba de la enorme chaqueta de Martín Pescador, había conseguido retenerle con ella varios días.

—¿Y por qué la casa —soltó de pronto Perico— es más ancha por arriba que por abajo? ¡A lo mejor se va a caer!

Felisa le miró con cierta sorna. Ni el diccionario en veinticuatro tomos que guardaba don Ignacio en su biblioteca antes de que lo quemaran con todos los muebles, tenía páginas bastantes para contestar a esa fábrica viviente de preguntas que era Perico.

—¿Y por qué en el desván hace más calor de día y más frío de noche que en toda la casa? —añadió al punto.

Las preguntas del chico eran siempre del mismo tenor.

—¿Y por qué duermes en la cocina y no en un cuarto?

—¿Y por qué quemaron todos los muebles cuando se fueron los amos?

—¿Y por qué las vacas, cuando se las llevaron, se volvieron solas al establo?

A veces Felisa satisfacía su curiosidad y a veces no, pues antes de que tuviera tiempo de responder ya había ensartado varias preguntas más. Perico quería saber si el *Rubio* y las vacas eran amigos; si una ola muy grande, muy grande, podía llegar desde el mar hasta aquellas alturas; si las montañas tan altísimas que se veían podían caer encima de la casa. Y si el Cosme era bueno o era malo. Quería saber también por qué Felisa llamaba «solana» al balcón, por qué había guerra, qué significaba «¡jorchio!», qué era más grande, Madrid o el mar, y qué razón había para cerrar siempre con llave la puerta de la escalera.

—¡Porque no quiero que entre naide!

—Pos el otro día entró mucha gente...

—¡Pos no quiero que entren más...!

—¿...Y yo tampoco?

—Tú, sí.

—Pos ayer, tú cerrabas la puerta y yo estaba fuera. Y yo te llamaba y tú no me querías abrir.

—Ayer yo tenía muchu miedu.

—¿Y hoy no?

—Hoy tamién.

Como para distraerse —pues la pura fonética del vocablo «miedo» se lo producía— alargó el brazo hasta el puchero, y como vio que el condumio estaba a punto, ordenó a Perico le acercara unos platos, algo más chicos que las orzas, pero de barro vidriado y de tanto calado como aquéllas.

—¿Todo eso nos vamos a zampar los dos solos? —exclamó Perico relamiéndose.

Felisa replicó con inusitada acritud.

—Lo que quieras lo jalas y lo que no, lo dejas.

Comieron en silencio (si es que es justo bautizar así los ruidosos sorbetones de Perico, pues la cuchara de palo que le dieron no le cabía en la boca) y estaba Felisa a punto de cortar unos trozos de queso ovejuno para postre cuando irguió el busto y estiró la cabeza en actitud de escuchar atentamente.

—¡Calla! ¡No hagas ruido!

El niño la miró sorprendidísimo, pues nada había oído que mereciera aquel aguzar de orejas. El cuchillo en una mano, el queso en la otra, estirado el cuello y fruncidos los ojos, Felisa era la imagen viva de la atención.

—¡Cristo llagado! ¿Has oído? —preguntó toda demudada.

Perico sintió erizársele la piel, mas no por escuchar nada fuera de lo ordinario, sino por la actitud patética de la mujer, desencajado el rostro, iluminado el gesto y el ademán terrible. Tiró o dejo caer el queso y el cuchillo y corrió a la ventana cuyas hojas no encajadas terminó de abrir.

—¿Nu oyes nada?

—No...

Habló muy despacio, desalentada.

—Yo tampoco... ¡ahura ya no oigo nada!

Se oía, sí, la brisa deslizarse por las lomas y despeñarse algo más lejos por el barranco. Y al fondo, muy tenue, casi inapreciable, un rumor semejante a un chocar de guijarros en el río.

—Con todo y con eso... juraría que...

Los dedos de la guardesa presionaron tan fuertemente el brazo de Perico, que le hizo daño.

—¡Escucha ahora!

Muy lejos, como si viniera de otro mundo, con intermitencias provocadas por los caprichos de la brisa se oía un revuelo enloquecido de campanas.

Entróse Felisa en el cuarto y comenzó a caminar desasosegada de un lado a otro. Miraba al techo como si quisiera descifrar un enigma que allí estuviese escrito; desatábase el chal que llevaba cruzado sobre el pecho y anudado a la espalda, y volvíaselo a atar, entre exclamaciones incoherentes y jaculatorias nunca oídas. De repente echó a correr seguida de Perico hacia las zonas desnudas de la casa, donde abrió de par en par otro balcón. Sacó entonces el busto fuera del vano como si el clamorear de aquellos bronces, que se dirían lanzados a todos los vientos del mundo por un campanero sin juicio, pudiera ser obra del demonio, y exclamó:

—¿Las oyes tú? ¿Las oyes? ¡Por Cristu llagado, dime que las oyes tú tamién y que no es un sueño mío!

Apenas dicho esto cayó al suelo de rodillas, y apoyado el

cuerpo sobre los calcañares, hundida la cabeza en las rodillas y la cara entre las manos comenzó a sollozar mansamente. Si toda su actitud había sido desalentada, a partir de ahora no lo fue menos. Sin responder a ninguna de las preguntas del chiquillo, lo condujo de la mano hasta su cuarto; le empujó, sin penetrar ella, al interior; murmuró desde el quicio: «¡Desnúdate, serafín, y reza mucho a Dios!», y borneó la llave en la cerradura encerrándole sin pararse a considerar el estado de pánico en que le dejaba.

La oyó Perico atrancar puertas y ventanas, deslizarse por los pasillos, hablar sola y cambiar de sitio, por dos veces, un mueble que no pudo identificar. Cuando al cabo de mucho tiempo entró de nuevo en su cuarto le halló despierto y lloroso.

—Duérmete, serafín...
—No puedo.
—¿Quieres qui recemos juntos?
—Sí...
—Pos repite conmigo:
En el nombre del Padre, criador...
—En el nombre del Padre, criador... —repitió Perico.
—*...y del Hijo, Redentor.*
y del Paráclitu Santificador.
Líbranos Dios Nuestro Señor,
del Enemigu Malo, engañador...
—...engañador...
—*...y del celliscu y del cierzu y del osu y del lobu, en la* [montaña;
y de las malas tempestades y alimañas.
Del mal de oju, del mal de aire, del mal sueño,
del mal vinu;
y de todus los peligrus del caminu...
Y en toda hora y lugar
del apetito carnal
¡Amén!
—¡Amén! —contestó Perico como un eco.
—Ya verás qué bien duermes ahora.
—¡Dame la mano!

Sentóse Felisa a su vera y tomó entre las suyas la mano que le tendían.

—¡Y no la sueltes hasta que esté dormido! —suplicó.

A medianoche el *Rubio* se puso a aullar. Era un gemido

agudo y penetrante; un lamento insufrible.

Medio en sueños, pero sin perder nunca conciencia de su propia angustia, vio a Felisa arrimada a la ventana, proyectada su silueta sobre el débil claror de la noche, sentada en una silla de espaldas a él y pegada la cara a los cristales queriendo penetrar las sombras; medio en sueños también creyó oír voces angustiosas y pasos apresurados. Empezaba el alba a clarear cuando se desveló.

—¿Por qué llora el perro?

Arrimada a la pared, junto a la silla de Felisa, había una escopeta.

—¿Quién ha puesto eso ahí?
—¡Yo!
—¿Para qué?
—¡Para defender la entrada si menester juere!
—¿Quién ha querido entrar?
—Naide. Pero por un si acasu.
—Tengo miedo... ¿Por qué llora el perro?

Saltó Perico de entre las sábanas y corrió a refugiarse aterido, más que de frío de angustia, en el sillón que ocupaba la mujer. Ésta lo acogió envolviéndole er su chal y ciñéndole con su brazo. Si larga fue la noche, más lo fue la mañana.

Aún brillaban en el cielo las últimas estrellas, y una gran mancha informe, de plata ennegrecida, cubría la tierra, pues el alba se movía holgazana y no había devuelto aún a las cosas los atributos que la noche se llevó: las formas y el color.

Se adivinaba, sí, la línea ferozmente quebrada que separaba el cielo de los montes, pero todo cuanto se extendía bajo este trazo se proyectaba en un solo plano como si la superficie rugosa de la tierra hubiese sido planchada: decapitados los salientes, cegados los desniveles, borradas las lejanías.

—¿Por qué llora el *Rubio*?

Casi a un mismo tiempo se delineó la valla, se perfiló la curva de la pradera, y los robles que despeinaban la collada vecina recuperaron su silueta. Bajo el contorno de la mancha que emergía de la quebrada se adivinaba ya el dintorno de las cosas: la orla del mogote, el marco del sestil, que se proyectaba en la pradera, el borde de cada loma, sobre las lomas más altas. Un aire mágico y doliente desmayaba las zarzas, los tallos diminutos de las hierbas, los planos sin volumen, en espera de la luz. Cuando ésta llegó, se trajo con ella los colores que se llevó la noche y los desparramó equivocando las pomas, de tal suerte que las cumbres ayer pardas se tiñeron unas de oro, otras de plata, otras de sangre, otras de añil. Las praderas más altas eran azules, y las rocas malvas, y los bosques negros. Tuvo que acelerar el sol su marcha para deshacer el equívoco; pero entretanto, del seno de la propia tierra, amaneció el volumen. Entonces fue cuando el cielo ya opalino se despegó del horizonte; cuando las crestas se desgajaron de la lámina y proclamaron su monarquía, y ganaron profundidad los valles y perspectiva los pliegues, y las distancias noción de lejanía. Ya eran azules los picachos, y franciscanos los barbechos, y lluvia de esmeraldas puestas a secar, los vapores que la noche condensó en las praderas. Ya era fácil a los ojos el paisaje.

(—¿Por qué llora el *Rubio*?)

Y la guardesa palpó con los suyos, enrojecidos por el insomnio y la espera, el rincón encubierto, la recóndita hondura, la sombra engañadora.

Perico, vidriados los ojos, dobló el cuello y se quedó dormido.

Despertóse sobresaltado ante un brusco movimiento que hizo de improviso la mujer acompañado de una exclamación ahogada. Ya el sol descollaba firme y batía de plano el fantástico anfiteatro de cerros que circundaban la casa. Felisa señaló con el dedo tembloroso el bosquecillo de robles que coronaba una loma.

—¡Allí, serafín, allí! ¡A mano diestra de nos!

Con toda claridad vio Perico surgir del bosque un hormiguero de sombras —sombras de hombres armados y caballerías— que se desplazaba de derecha a izquierda. De pronto de esta columna se separaron unos hombres para lanzarse ladera abajo en direcciones contrarias, abriéndose en un haz. Les vio correr inclinados, arma al brazo, y ocultarse tras una peña, un tronco caído, una hendidura cualquiera del terreno. Allí permanecían agazapados unos segundos hasta que reanudaban la carrera hacia otra protección más avanzada. No se oía un ruido, ni una voz, ni un murmullo, ni un disparo. Felisa lloraba mansamente.

—Ya están ahí —murmuró muy bajo—, ya están ahí...

Y como si el oírse decir esto la hubiera desquiciado, se incorporó de un salto y corrió al pasillo y de allí a la cocina gritando con voz desgarrada:

—¡Ya están ahí! ¡Ya están ahí!...

Retiró entonces el barrote que apestillaba por dentro las contraventanas, volvió a mirar al exterior, salió de nuevo al pasillo y regresó al poco a la cocina arrastrando por el suelo la escalera de mano por la que tantas veces Perico había subido al desván. Todo esto con agitación creciente y, por supuesto, sin dejar ni un punto de llorar.

—¡Ya están ahí!

Ante el espanto de Perico por tales desatinos arrimó la buena mujer el armatoste a una de las paredes y comenzó a trepar por los escaños —¡Ya están ahí! ¡Ya están ahí!— como si quisiera darse de cabezadas contra uno de los artesones del techo. Pero si grande fue su estupor ante aquella locura ¿cuál no sería su estado de ánimo al ver que uno de los artesones se movía por sí mismo y se desencajaba y aparecía en su lugar una pierna que colgaba en el vacío buscando la apoyatura del travesaño?

—¡Ya están ahí! ¡Ya se les ve! ¡Ya vienen!

Unas piernas temblorosas, un cuerpo escuálido, unos brazos peludos y al fin una cabeza cubierta de barbas y greñas grises, componían la figura del hombre que, ayudado por la guardesa, se descolgó como una aparición por entre las vigas. Apenas tuvo ambas plantas en el suelo, Perico le vio erguirse, llevarse las manos a la espalda como para acallar el dolor que tal movimiento le produjo, requerir la ayuda de la guardesa para dar los primeros pasos, pasar el brazo por el hombro de ella y avanzar tanteando el suelo, desorbitados los ojos, temblorosa la barba hacia los balcones que daban a la solana.

La cabeza de la columna que vio Perico salir del bosquecillo situado a mediodía de la casona se dirigía hacia el nordeste y alcanzaba ahora, procurando cubrirse de fuegos y vistas, la vaguada oculta para ellos que separaba dos montículos. El trecho en que se les veía era, pues, muy corto, ya que la arboleda de la que venían y la quebrada a la que iban no estaban separadas por más de cuarenta brazas. Aventuró el hombre que no venían hacia la casa y juró y perjuró Felisa que «como gotucas de una tubería» «s'habían desprendío de la columna hacia acá un puñau dellos». No necesitó jurarlo, pues casi a un mismo tiempo emergieron sobre el límite de la pradera unos bultos, comenzaron los perros a ladrar frenéticos y Felisa a agitar en el aire el delantal que acababa más que de quitarse, de arrancarse. Primero fueron dos o tres bultos; después toda la calva de la lomada se cubrió de siluetas. Se les adivinaba tumbados tras el peralte de la crestilla, pegados a tierra, asomadas las cabezas de algunos por la rasante. Perico vio entonces, por primera vez, llorar a un hombre. Latían asustados *Trespatas* y el mastín; azotaba el aire Felisa con la tela y abría los brazos el hombre cuan largos eran como un San Andrés crucificado que quisiera abarcar en un abrazo al entero universo, mientras su pecho se agitaba en sollozos que no podía reprimir. La debilidad de su congoja y la tremenda elocuencia de su ademán formaban un contraste feroz que sería grotesco si todo aquel episodio no rebasara con mucho la situación límite en que se ahogan y destruyen las convenciones humanas. Frente a aquellas muestras de agitación de cuantos —hombres o animales— habitaban la casona, frente al bullicio de los perros y la conmoción de los humanos, se oponía el silencio y la quietud de quienes la rodeaban.

—Corre a desatrancar la portalada. No me ayudes. Corre. Yo puedo ir solo...

En la loma los primeros hombres se habían incorporado y avanzaban despacio, cogida el arma con dos manos, inclinado el cuerpo, cautelosamente.

Perico, escondido hasta entonces para no ser visto de aquel fantasma, tuvo miedo de quedarse solo en la balconada y se precipitó escalera abajo.

Ya habían retirado el travesaño cuando el hombre detuvo a Felisa.

—Espera...

Volvióse la guardesa que estaba a punto de cruzar el umbral.

—Espera... —gritó con la voz rota—. ¡No vaya a castigarme Dios!

Y tomando entre las suyas las dos manos de su criada las besó con tales muestras de devoción que Felisa, después de quererlo evitar, estuvo a punto de perder el habla.

—¿Qué hace usted, bendito de Dios? No haga eso, don Inaciu... No lo haga...

—Sólo Dios podrá pagarte...

—Cállese, cállese...

—Sólo Dios podrá pagarte lo que has hecho. ¡Que Él te bendiga!

—Por la Virgen se lo pido, cállese, don Inaciu, cállese...

Salieron al exterior. Los hombres abiertos en arco, al alcance de un tiro de piedra, rodeaban la casa. Don Ignacio, derecho como un huso, parecía un roble clavado en la tierra. Felisa, varios pasos atrás, hecha un gurruño, abrazada a Perico, lloraba los kiries a trapo suelto. Entonces ocurrió un hecho insólito. El oficial tomó el mosquetón de uno de los combatientes y empujó suavemente al muchacho hacia la casa.

—Ve tú primero —se le oyó decir.

El hombre desarmado se destacó del grupo. Adelantó unos metros. Aceleró el paso.

—Pero si es el Alfonsuco... —zollipaba Felisa—. ¡Es él, es él!

Don Ignacio se estremeció como un tronco ante un golpe de hacha; y avanzó hacia su hijo, abiertos los brazos, hasta que su entereza se derrumbó en los del soldado.

LL

> «... y defiende su imagen del olvido
> para que un día, al trasponer las nubes,
> la reconozcas pronto entre los ángeles.»

Escondido en el invernadero pasóse Perico las horas centrales del día llorando. Que no le preguntara nadie qué le ocurría ni a partir de qué momento se le quebró el humor, pues ni sabría explicarse ni le gustaba merodear por aquellas interioridades de su ánimo. A un guripa que se burló de él al verle hacer pucheros le lanzó una pedrada y estuvo en un tris de hacer otro tanto con el cabo furriel que le reconvino su mala acción. No todo el día tuvo tan blandas las alegraderas. Antes bien las primeras horas se dejó contagiar por el entusiasmo que veía en los otros y aunque, desde el primer minuto sintió un arranque de aversión por el hijo de don Ignacio, ello no empañó por entonces su regocijo. Éste, tras estrechar a su padre en aquel abrazo apretado, patético y doloroso, y tranquilizarle por la suerte de los hermanos ausentes, y recordar con emoción al que ya lo estaría para siempre, acercóse a Felisa, que era un puro plañido (pues la llorera que cogió cuando vio asomar al primer soldado por el bosque de robles, aún le duraba) y la besó y estrechó contra sí con tal afecto, que Perico sintió una desazón, un reconcomio interior de muy dudoso diagnóstico. No duraron mucho los celos, pues la curiosidad por cuanto aconteció después no le dejó lugar a ningún otro sentimiento. Acercóse el hijo de don Ignacio al oficial que mandaba la sección, que era jovencísimo, casi un niño, y cuadrándose ante él le pidió permiso para presentarle a su padre. Don Ignacio abrazó al oficial y después de besar el banderín que portaba uno de los soldados, estrechó su mano y la de sus quince compañeros. Preguntó al alférez que hasta cuándo se quedarían, a lo que éste respondió que hasta el anochecer salvo tres soldados, su hijo entre otros, que permanecerían en esa posición hasta nueva orden.

Agradeció el viejo la deferencia, invitóle a subir, y el oficial aceptó el ofrecimiento, no sin antes cursar unas órdenes rápidas a un sargento.

¡Allí fue el atropellarse para preguntar, el quitarse unos a otros la palabra de la boca para ampliar un dato o una noticia, y las exclamaciones de júbilo y las demostraciones de espanto, que espanto fue, en efecto, el que sufrieron todos al conocer la pocilga que sirvió de refugio a don Ignacio durante trece meses, durante los cuales hubo seis registros minuciosos, dos saqueos y un incendio de muebles sin contar con el medio año que estuvo la casa ocupada por dirigentes marxistas y refugiados asturianos! Aquel cuchitril —que era un tarugo (de metro y medio de largo, por uno de ancho y poco más de media vara de altura) vaciado en la cámara de aire que por razones térmicas separaba el desván del piso habitable de la casa— había sido construido por un bisabuelo de don Ignacio para esconder joyas, monedas y objetos de valor durante la ocupación de la Montaña por las tropas francesas de Bonaparte, y hubiera sido su tumba de no haber mediado la abnegación, el desvelo y hasta el heroísmo de Felisa la guardesa. Allí se enterró en vida sin más complicidad que la de aquella mujer y sin imaginar por supuesto que su encierro había de durar lo que duró; allí creyó enloquecer cuando supo que sus perseguidores habían fusilado a su hijo menor queriendo saciar en un inocente el despecho de no haberle encontrado a él; allí estuvo a punto de traicionarse al reconocer, por las voces, que hollaba su casa uno de los asesinos de su hijo; allí, en fin, pudo comprobar la resistencia del hombre cuando Dios le pone a prueba.

Quería don Ignacio dejar de hablar de sí mismo, pues estaba impaciente por saber mil y una cosas de las que sólo los otros podían darle noticias cabales, pero éstos no consintieron pasar a otro tema sin terminar de conocer a fondo esta penosa aventura. Supieron entonces que en días de menos peligro pudo salir de su catafalco, como él llamaba a su agujero, y hasta dormir en un jergón fuera de él, pero que para compensar estos excesos de buena estrella hubo semanas en que no pudo comer más de dos veces y una ocasión en que estuvo once días sin probar bocado, pues a los asturianos no se les ocurrió otra cosa que tener detenido a uno de los suyos, acusado de malversación de fondos, en la propia cocina, que era el único sitio desde donde Felisa podía comunicarse con él. Supieron también cómo desde el primer día que se encerró formaba parte del plan hacer circular el rumor de que había huido por los montes, y fue Felisa la que al saber que un tal Elías había enterrado en la montaña el cadáver de un desconocido que encontró, le hizo creer que el tal muerto no era otro sino él, con lo que cesó en gran parte su búsqueda por los pueblos vecinos y por toda la comarca.

Perico oía estas cosas atónito, y las iba guardando en su memoria. Ahora comprendía que los misteriosos roces de muebles que tanto le soprendieron, no eran otra cosa sino el arrastrar de la escalera de mano para poder subir al agujero; las palabras entrecortadas de Felisa a solas, diálogos con su amo; el exceso del puchero, comida para don Ignacio; el jergón de la cocina, donde ella decía dormir, el respiro donde el pobre hombre descansaba en cuanto podía bajar sin riesgo de su escondrijo. Pero había otras muchas cosas que no entendía y comenzaba ya a aburrirse, cuando algo —y más que algo— de lo que allí se dijo comenzó a interesarle vivamente. Se empezó a hablar de si tenía o no valor estratégico perseguir a las guerrillas que habían huido a las crestas (sarta de palabras de las que Perico no entendió ninguna); se comentó la aventura vivida días pasados allí mismo a costa del Cosme (asunto del que Perico comprendió casi todo); y, por último, alguien aludió a las dificultades casi insalvables de transitar por aquella pavorosa geografía en cuanto el invierno asomara las orejas detrás de la primera peña. Y aquí sí que Perico aguzó los oídos para no perder ripio. Había tenido suerte el Cosme —dijeron—, pues de intentar lo que iba a intentar unas semanas después *ya sería tarde. Ésta era la única época del año en que era posible acercarse a las cumbres.*

Los pensamientos de Perico volaron muy lejos de allí. No quería ni pensar en el disgusto de su madre si veía llegar el invierno y se enteraba de que él estaba en lo alto de las montañas. Pensaría que se había perdido o que se lo iban a comer los lobos, o que se había quedado metido en un agujero en el techo de cualquier casa, como don Ignacio, sin poder salir, o cualquier disparate de los muchos que las madres imaginan cuando piensan en sus hijos.

Cuando los tres hombres de la cocina comenzaron a hablar del propio Perico, éste ya no estaba allí para escucharlos. ¿Quién sería aquel pobretuco? De creer a Felisa, lo mismo podía ser el superviviente de una redada en la que cayeran sacrificados por el odio todos los de su casta; que haberse perdido en una fuga en masa de la población ante el avance de las tropas; que haber sido abandonado como un estorbo (en circunstancias parecidas a las descritas por Cosme de la dramática lucha por un puesto en las barquías de Santander), caso de estar el niño al cuidado de manos mercenarias.

Perico, entretanto, preparaba su equipaje. La caja de madera había sido días atrás conciezudamente ordenada por Felisa después de un meticuloso expurgo. No quiso consentir que se tirara a la basura ninguno de sus trastos y trebejos, pero al fin accedió a desprenderse de un mendrugo, un caramelo chupado y los restos, cubiertos de una capa de mugre, de un chicle antiguo.

Con la caja a cuestas bajó a buscar a Felisa y a comunicarle su decisión. Consintió lo primero —encontrarla—, mas no lo segundo —decirle que se iba—, pues la conversación se disparó, como era costumbre en él, por otros derroteros. Quizá la culpa fue del lugar en que la halló —el establo— y del menester en que estaba ocupada —ordeñar una vaca—, pues al verla así se acordó de Leonarda y se puso a considerar que esta mujer no debía ser tan sucia como pensó, ya que Felisa, que era más limpia que una patena, manipulaba a las señoras de los bueyes con el mismo desenfado que la hermana tuerta del Frenillos.

—¿Por qué estás aquí escondida?
—No estoy escondida, corderu; estoy en mi sitio.
—¿Éste es tu sitio?
—¡Sí!
—¿Sabes una cosa?
—¿Qué?

—Que voy a aprender a escribir.

—Pero ¿tú no sabes todavía leer y escribir?

—Leer sí sé... Sabo leer la O, y la A, y la M... ¡pero escribir, no!

—¿Y para qué quieres aprender a escribir ahora?

—Para mandarte una carta. En cuanto llegue a Madrid le diré a mi papá que me enseñe. Y entonces, voy, y te escribo una carta.

Felisa le miró conmovida.

—¿Y no te gustaría que te enseñara yo? Otras cosas no sabré... ¡pero escribir, sí!

Perico guardó silencio. Se apoyó en un pie. Después en otro. Miró al suelo y comenzó a retorcerse un dedo. Felisa le miraba con el rabillo del ojo. ¿Por dónde iría a salir éste ahora? Estaba intrigada y no sin *causa*, pues Perico, después de tantas vueltas y preparativos, se salió por donde menos podía imaginar.

—¿Y por qué el hijo de don Ignacio te abrazó llorando y te besó en la cara?

Alzó la suya Felisa no digamos que espantada por la pregunta, pero casi. Antes de que dijera nada, Perico añadió, afirmando más que preguntando:

—Porque tú no eres su mamá, ¿verdad?

—Pero, serafín mío... ¿Por qué me preguntas eso? ¡Claro está que no soy su mamá! ¡Pero le quieru como a un hiju, y a don Inacio como a un padre!

Perico apretó los labios con rabia.

—¡Las mamás son para los niños! —gritó al borde de las lágrimas—. ¡Y él no es un niño!

Felisa no podía seguir escuchando aquello. Este diablejo tenía la virtud de conmover sus fibras más sensibles. Desde el primer día tuvo esta virtud. Y esta pelusilla endiablada, estos celos que ahora aparecían le llenaban el alma de mayor dulzura que la más apasionada declaración de amor.

—¡Mira el galán que me ha salido a deshora! ¡No puedo escucharte más! ¡Ven aquí que te coma a besus! ¡Ven aquí!

Perico, zalamero, se acercó, regaloneando, como un gato malcriado y se dejó abrazar y besar. En aquel punto, en ese instante y no otro, vivió sin saberlo uno de esos momentos cruciales en que el destino juega con el de los humanos al cara y cruz de toda una existencia. El pavoroso azar del que depende el rumbo de una vida echó al aire los dedos y en el aire estaban cuando sonó una voz:

—¡Felisa! ¿Dónde te habías metido? Mi padre te llama...
—¿Qué quiere?

Alfonso hablaba jadeando. Estaba muy excitado, y había corrido de un lado a otro buscándola.

—Escucha. Se ha presentado, de pronto, mi coronel. Ha venido a saludar a mi padre. Éste le ha hablado de ti. Y el coronel quiere conocerte.

—¡Vamos! ¿Pos qué se han creído que soy yo? ¿Un osu de gitanos, pa enseñarme a unos y otros? ¡No voy!

—Pero, mujer, no seas así...

—¡Te he dicho que no!

—Pero, Felisa... ¿por qué no nos dejas demostrarte nuestra gratitud por lo que has hecho?

¡Nunca lo hubiera dicho! Aquello no parecía una mujer, sino un tigre azuzado por un golpe de látigo.

—¿Gratitú has dicho? ¿Has dicho gratitú? ¿De qué? ¿Le debe gratitú un hijo a su madre porque le dé el pecho, o un padre a su hijo de su sangre porque éste le defienda si llega el caso? ¡Vamos, quita allá, quita allá, qui vais a enfadarme!

—No seas picajosa, mujer.

—¿Gratitú dijiste denantes? ¿Gratitú? ¿Pos no fue don Inacio un padre pa mí cuando quedé como quien diz más sola que la compañía diun ajorcau, mucho antes de que te echaran a ti al mundu? ¿No ha sío él un padre pa mí? ¡Pos como a un padre le he tratau y Santas Pascuas!

—Bueno, bueno, tienes toda la razón, pero... mi coronel es mi coronel, y...

—Pos como si juera el Papa de Roma. ¡Le dices que no me da la gana de ir y toos en paz y Dios con toos!

—¡Si vieras con qué orgullo habla mi padre de ti...! Le estaba yo contando delante del coronel, cuando condecoraron a Luis...

—¿Que han condecorau a tu hermanu? Virgen la mi madre, pero ¿qué ha hechu mi Luisico?

—Después te contaré, déjame terminar... Le estaba yo contando...

—¡Mu burro es Luisicu, eso es lo que es! ¡Debía de estarse quietuco, y sin alborotar, que él no tié salú pa estas guerras! ¿Qué es lo que ha hecho?

—¡Me dejarás terminar, mujer! Te digo que se lo estaba yo contando a mi padre, cuando éste, olvidándose de Luis, va y le dice al coronel: «Para condecoración la que se merece Felisa».

—¡Buenu está ya con la broma!

—Es el último sacrificio que te pedimos. Dale este gusto al viejo... Anda, mujer...

—Iré por lo de darle gusto a tu padre, que es mucho lo que ha sufrío el pobretuco, pero a mí que no me condecoren, pues como vea una medaya desas, echo a correr y no paro hasta llegar al mar.

Y levantóse Felisa; y cayeron los dados hasta entonces en el aire; y salióse la guardesa del establo sin acordarse de Perico; y fuese el chico tras ella lloriqueando, y se burló un soldado... y le tiró una piedra... y se cerró una página que merecía haber sido escrita, y que ya, por siempre jamás, quedaría sin escribir.

Desalojó Perico el invernadero, sonóse los mocos, tragóse las lágrimas, requirió a *Trespatas*, y echándose el hatillo al hombro, reanudó su camino.

M

*«Vuelvo a viajar por mapas ignorados.
Más de una vez recordaré tu casa.»*

Las luces inciertas del alba deforman las cosas, que adquieren en la penumbra perfiles siniestros. La calle es empinadísima, y está hendida por las huellas endurecidas de los carros. Las casas que cuelgan de las alturas amenazan desplomarse sobre Perico y las que se asoman al abismo en la otra orilla del sendero parece que van a precipitarse al vacío desgajando la tierra y arrastrando consigo a los dos viajeros. Hace frío. Por culpa del frío comenzaron a caminar de noche. *Trespatas* es el primero en llegar a la plaza. Llueve.

—Ahí tienes la tienda. Haz pronto tu trabajo...

Las edificaciones son todas parecidas y ninguna igual. Se asemejan en la pobreza y se distinguen en los signos exteriores de la misma. Todas tienen su solana de madera, su enorme portalón por el que caben los carros, sus gárgolas para encauzar la lluvia bajo las tejas del inclinadísimo tejado, pero las grietas en las paredes, la ruina de las vigas de roble podridas por la humedad, las goteras, los puntales y los parches en los muros abombados están muy variadamente distribuidos.

No es necesario forzar la puerta, pues está abierta. El tenducho es miserable. Perico enriquece su despensa particular con cuatro pobreterías: higos secos, arenques salados, galletas y una torta de maíz. No vieron un alma por las calles ni al entrar ni al salir. Ni el robo tuvo riesgos ni el cruce de la aldea consecuencias. Pero los días que siguieron Perico recordaría con ternura este hacinamiento de miserables viviendas inverosímilmente suspendidas de los peñascos porque fueron las últimas que vieron sus ojos en mucho tiempo.

¡Qué distinto es todo a medida que se acercan a las cumbres! Éstas no se ven aún como no se ve el tejado cuando se repta por una pared, pero hay algo impreciso en la naturaleza de la vegetación, en los materiales del terreno, en el aliento y en la pereza de las bestias con las que se cruzan y más que nada en el sabor del aire (¿pueden ser transparentes los sabores?) que denuncia la gran altura por la que se mueven. El niño observa a *Trespatas* con curiosidad.

—Echas humo por la boca, ¿estás fumando?

—No es humo, muchacho —responde *Trespatas* (que, de tanto saber, hasta sabía lo que era el vaho de la respiración)—. Como aquí hace frío «se ve» el respirar...

Trespatas discrepaba de todas las decisiones que había tomado su amo los últimos días. Abandonar una casa como la de la guardesa (casa con cama, cocina y perrera) era una insensatez. Separarse de un batallón de infantería, con peroles, cabo furriel y despensa ambulante, una necedad. Un día entero estuvieron mezclados con las tropas. El perro pensaba en ello con nostalgia. «¡Corre, *Trespatas*, ven por aquí! ¡Ya verás qué bonito!», le había dicho Perico. Y en efecto, el espectáculo de la columna avanzando a paso de maniobra por el camino era digno de verse. Estuvieron mucho rato su amo y él, sentados en una parva de paja, al borde del sendero viéndolos avanzar. ¡Qué cantidad de cosas las que cada hombre llevaba encima y qué distinta manera de tenerlas puestas! El capote era una manta de color pardo verdoso con un agujero en el centro por donde asomaba la cabeza; pero así como algunos lo portaban como queda dicho, otros lo habían enrollado en torno a un hombro o cruzado por el pecho y la espalda como los ciclistas profesionales su neumático de repuesto. La mayor parte cubría su cabeza con una boina colorada, pero algunos la traían enrollada en el correaje o asomando por las cartucheras. Con el machete, la cantimplora, la mochila, el macuto y el fusil acontecía lo mismo: cada uno los llevaba a su aire. Había barbudos y lampiños, maduros y benjamines, taciturnos y alegres. Uno de éstos rompió a cantar:

Tengo un hermano en el Tercio
y otro tengo en Regulares

> *y el hermano más pequeño*
> *preso en Alcalá de Henares.*

Aunque la letra era corta la canción era larga, pues cada vocal hacía un muy lindo y arabesco recorrido por toda la escala del pentagrama, y subía y bajaba como un vencejo que lo mismo quiere alcanzar el sol de tan alto como alza el vuelo como se desploma y roza la miserable tierra con sus alas. Apenas se pusieron los hombres a cantar Perico se levantó de un salto y se fue con ellos. ¡Esto sí que prometía ser bueno!

> *El vino que vende Asunción*
> *ni es blanco ni es tinto*
> *ni tiene color...*
> *¡Asunción, Asunción,*
> *echa media de vino al porrón!*

¡Había que ver a Perico, braceando y marcando el paso, mezclado con las tropas! Porque hay que advertir que así como al principio el niño se limitó a trotar por la cuneta, al margen de la formación, acabó dentro de ella, feliz de la vida, como un soldado más.

> *Las vacas del pueblo*
> *ya se han escapau*
> *¡Riau, riau!*
> *Y ha dicho el alcaide*
> *que no salga naide*
> *que no anden con bromas*
> *que es muy mal ganau*
> *¡Riau, riau!*

Los hombres no marcaban el paso como él pensaba que era el modo habitual y obligado de las tropas para andar ni guardaban más formación que la que exigía la estrechez del camino. El único que golpeaba rítmicamente el suelo con los pies era Perico. Y con tal entusiasmo que *Trespatas* imaginó que se había adscrito para siempre a los guerreros.

> *Nos han dejau solos*
> *a los de Tudela.*

> *Nos han dejau solos*
> *de cualquier manera.*
> *Nos han dejau solos*
> *a los de Aragón.*
> *¡Arrimá la bota, arrimá la bota,*
> *arrimá el porrón!*

¡Qué locura fue abandonar aquellos hombres! *Trespatas* no podía pensar en ello (...«cálzame las alpargatas, dame la boina, dame el fusil»...) sin que se lo llevaran —tal era su rabia— todos los anubis: es decir, los demonios de los perros.

¡Ah, insensato, feroz aventurero! Tras su aspecto tan angelical como equívoco de niño abandonado, menesteroso de protección y compañía, Perico ocultaba el alma sanguinaria de un corsario. Su aparente candor de huérfano abatido, de lazarillo de ciego, de náufrago de la vida, era el disfraz de un excéntrico, temerario, caprichoso e irresponsable.

Apenas descubrió un sendero que serpenteaba monte arriba, el niño se apartó de los soldados y le dijo:

—¿Sabes una cosa, *Trespatas*? ¡Hay que pasar los montes antes de que venga el invierno! Se lo he oído a don Ignacio...

Y esto lo decía Perico con la cara más inocente del mundo, como si «los montes» fuesen un jardín municipal, y «el invierno», la hora de cenar.

Y allá se lanzaron, insensatos, hacia lo desconocido. ¡Nunca había caminado el chiquillo con tan alegre tenacidad ni sacado mayor partido a su animosa andadura! ¡Qué gozo le causaba volver la vista atrás y descubrir la fantástica distancia que le separaba de su punto de partida! Hoy era el segundo día de viaje desde que se apartaron de las tropas, y sólo Dios sabía si sería o no el último: tal era la espeluznante aventura hacia la que caminaban ciegos. A mediodía dejó de llover. La aldehuela que cruzaron a las primeras luces del alba era apenas una mota de color en la lejanía.

—¿No la ves, *Trespatas*, allá abajo, abajo, lejísimos?

—Estoy cansado. No puedo más...

—Cuando lleguemos a esa terraza descansaremos...

Llegaron a donde decía Perico. Aunque con menos inclinación todavía faltaba un trozo para alcanzar el cambio de rasante. Se acercaron a este punto ignorantes del riesgo que corrían. No, no habían coronado la cordillera, como pensó el niño, pero habían llegado a la frontera misma del paisaje. El chico miraba atónito, en torno suyo, y no podía creer en aquella mutación tan radical del escenario. La línea curva había sido sustituida por la recta y quebrada; el verde de las praderas, por el blanco azulado de los peñascos; el óvalo suave de las lomas, por el ángulo cerrado de los tolmos, riscos y escarpaduras; el regato blando y susurrante, por la cascada estrepitosa; el ruiseñor de las frondas, por el águila de las cumbres. El paisaje había cambiado de sexo.

Una pradera cubría la antesala de los colosos. Era el último adiós al paisaje antiguo. Detrás de ella no había más que un océano frenético y encrespado de peñas, galayos y crestas, como si un Dios cruel hubiese petrificado el mar en el punto culminante de la más espantable tempestad. Se diría que el abismo de las masas líquidas al replegarse, el estallido de la ola al romperse contra la costa, el remolino de las corrientes que luchan entre sí y culminan con un latigazo de espuma hubieran sido detenidos en pleno delirio y conmoción. Y que aquellas formas desesperadas de la sierra, aquel anfiteatro de peñas era el temblor aquietado, el salto suspendido, la fuerza encadenada de un mar rugiente condenado a la eterna parálisis de la piedra.

Trespatas no veía nada de aquello. (Según Uexküll y G. Kriszat, en su opúsculo sobre la capacidad visual de los animales, éstos no «ven» más que lo que necesitan; su atención es incapaz de prenderse si no es de aquello que pueda serles de alguna utilidad, de modo que su percepción no capta todo lo que el mecanismo de sus ojos recibe. La abeja ve el polen y no los pétalos: el agujero y no la pared. El mundo visual que rodea a los animales es diverso y un hombre, un perro y un caballo situados en la misma atalaya no ven las mismas cosas ni las mismas formas.) *Trespatas* veía el suelo y Perico las cumbres; el perro las huellas de unos pasos y el niño el perfil de una nube. El esqueleto al que llegó *Trespatas*, monda de carne la desnuda osamenta, lo mismo podía ser de un caballo que de una vaca, pues faltándole totalmente el vestido corporal era imposible distinguir su especie zoológica. *Trespatas* lo había olido muy cumplidamente con la gentil cortesía con que paseaba los morros sobre todo objeto sorprendente que encontraba a su paso, y así como el sedal tira del pez así un olor acre y fuerte

—olor a macho— tiró de él y a grandes resoplidos comenzó a husmear un rastro. De pronto se detuvo agitado. Acababa de intuir que el responsable de haberse visto desprovista la res muy contra su agrado de su envoltura carnal, y el origen de aquel olor tenían un mismo nombre terrible: el oso. No necesitaba verlo para estar impregnado de su proximidad. El olfato es a los perros lo que el método inductivo a los lógicos. Elevando el conocimiento adquirido por el hocico a su causa primera, llegó a la conclusión de que muy cerca de él merodeaba la fiera. Se acercó a Perico con aire consternado. Le habló muy bajo.

—Muy cerca de aquí hay un oso. Es un oso viejo, Perico. Los osos viejos son más peligrosos que ninguno.

Volvió el chiquillo temeroso la cabeza a toda la rosa de los vientos.

—¿Cómo lo sabes? —indagó con un hilo de voz.

—El oso cuando mata una res sorbe primero la sangre. Después devora las vísceras y por último sepulta los restos. Cada vez que tiene hambre lo desentierra, se da una panzada y lo vuelve a esconder. Sólo cuando no queda más que la pura osamente no se toma el trabajo de enterrarla de nuevo. ¡Mira, mira, la tierra removida!

Perico escuchó todo esto con turbación creciente.

—Y... y... ¿por qué sabes que es un oso viejo?

Trespatas respondió, temblando todo él, desde la cola a la voz:

—Los jóvenes tienen agilidad para subir a los árboles y comer bellotas y hayucos. Sólo los viejos, que no pueden alimentarse del fruto del roble o el haya, tienen que matar..., ¿comprendes, Perico? ¡Tienen que matar para poder vivir!

Perico imaginó con horror unos dientes grandes y afilados como cuchillos, y unos ojos inyectados en sangre que parecían heridas. Súbitamente, sin consultarse el uno al otro, echaron a correr como si la fiera imaginada les persiguiera real y verdaderamente. Nunca supieron que aquel esqueleto pertenecía a un asno que murió de puro viejo de muerte natural y que la labor de limpieza de su pulido esqueleto fue hecha por los buitres muchos meses atrás. Perico tropezó hiriéndose el rostro contra el suelo. Mas ni siquiera lo sintió, pues el canguelo era más fuerte que su dolor. Se incorporó agilísimamente creyendo que la fiera le había alcanzado, y más alado que el viento, precedido de *Trespatas* y seguido de cerca por el fantasma de su peludo enemigo, siguió tragando distancias. Ni guiparon oso alguno ni los había en muchas leguas a la redonda. Con esto y con todo, su presencia mentida por el pavor fue para Perico tan real como si los hubiese contemplado con los ojos de su cara y no con los de la ficción. Al correr del tiempo (ese gran difuminador) cuando ya no guardara rastro en la memoria de muchos episodios por él vividos; cuando objetos y personas quedaran diluidos en el olvido insondable, Perico recordaría en cambio con lucidez los rasgos de estas fieras inexistentes. Y la experiencia de la falsa persecución se uniría, como un ingrediente más, a los estratos que configuran —por acumulación— la personalidad. Tal es el hombre: anfibio de sueños y realidades. Fue aquélla una carrera desatinada, un galope a tumba abierta entre las peñas, junto a los barrancos, hasta que en el último límite de sus fuerzas, el pulso en los ojos y el corazón en la boca, tropezó y cayó golpeándose la cabeza. *Trespatas* se acercó alarmado para aconsejarle que no se detuviera y la alarma creció al comprobar que ni se incorporaba ni hablaba ni se movía.

Leal hasta la muerte, montó la guardia junto a Perico, desvanecido. Trazó un círculo de respeto en torno a aquel cuerpo vencido y advirtió a quien quisiera oírlo que para llegar al niño había primero que vérselas con él. Pero esta advertencia aullando desangeladamente sólo la hizo después de comprobar que no había oso ninguno que los persiguiera...

N

> «Con tu presencia sola
> era asombrosa el agua
> y misterioso el árbol.»

MARIUCA SALIÓ DESPAVORIDA fuera de la cueva. Su abuela era un puntico negro en el límite de la pradera, muy cerca de las peñas. Corrió hacia ella gritando y agitando los brazos.

—¡Se ja espertau!

La abuela era sorda y no la oyó hasta que la tuvo encima.

—¡Agüela, agüela! ¡Se ja espertau!
—¿Quién?
—¡El nenuco!
—¿El nenuco se ja espertau?
—Sí.
—Pos ve con él. ¡No lo dejes soluco!
—¿Y qué le je de icir?
—Pos dile que mu güenos días.

La anciana llevaba sobre las espaldas un haz más grande que ella de hojas y ramas secas. Contra lo que parecía indicar su tamaño, no pesaba mucho, pero con todo y con esto iba encorvada como si la hojarasca fuera plomo fundido.

—¡Y ve corriendo pa abaju! ¡Y mira si se le ofrece algu!
—¡Que no, agüela, que no!
—¡Y mira que eres corta! ¿Y por qué no?
—¡Porque me da mucha guergüenza!

La chiquilla descubrió a su hermano con el ganado al otro extremo del prado. Hizo altavoz con las manos.

—¡¡Zapicooo!! ¡Que el nenuco se ja espertauuu!
—¡Allá voy! —gritó el pastor al oír la noticia. Y rompió a correr pradera abajo, a pasitos cortos, por no desnucarse.

Mariuca fue la que, alarmada por los lamentos y gañidos de *Trespatas*, descubrió la víspera, a muy pocas brazas de la cueva, al misterioso niño. Estaba desvanecido. Corrió exhalada a avisar a su hermano —que ya venía en su busca, pues había visto correr al pequeño vagabundo como si huyera de un gran peligro— y entre los dos y la abuela, que acudió presurosa, depositaron su cuerpo sobre un catre y le cubrieron con mantas. No tenía más heridas que un feo rasguño en la cara. Su sueño era tan profundo que no se despertó mientras le trasladaban. Apenas pudo Mariuca dormir aquella noche. Se levantó con el sol y, desde entonces hasta media tarde —casi veinticuatro horas desde el descubrimiento— estuvo vigilando el sueño profundísimo del aparecido. Las más fantásticas ideas entretuvieron su mente durante tan larga espera. ¿Quién sería aquel niño?
—Agüela, ¿quen es este nenuco?
La abuela —que no era tal, sino bisabuela— y que atribuía su longevidad y salud al régimen alimenticio, llenaba en ese instante un jicarón de leche, en el que había cocido unas raspas de cascarilla, o corteza amarguísima, muy aromática y de propiedades medio mágicas medio medicinales. Acabó de llenar la jícara, aclaró la leche con un chorreón de aguardiente y no contestó mientras no lo hubo bebido, a muy pequeños sorbos.
—Yo tengu un pensar... —dijo con aire de misterio, bien que con toda la malicia del mundo en sus ojuelos húmedos— y es que el nenuco... no es un nenuco.
—¡Andá! Pos sí que es güeno... ¿Y qué cosa es?
—Pos es... ¡un diableju escapau de Satanás!
—¡Ay qué risa, agüela! ¿Y por ónde se iba a escapar?
—Por el pozón de Peña Sagra, que llega jasta los infernus.
—¿Y por qué está dormío y no si espierta?
—Porque juera de su elemento natural si ajuega com'un pez juera del mar.
Mariuca se mordió las uñas antes de dar su versión.
—Pos yo teno otro pensar. Es un angeluco que ja chocau con los picos cuando iba volando y por eso tie una jirida en

la su cara, ¡y por eso es tan lindísimu!

—¡Chapla, Mariuca, que esu es hilar mucho y por lo finu! Con toa seguranza que ties razón. Nu hablemus más dello. ¡Es un angeluco!

—¡Es que yo no quero que sea un angeluco!

—¡Chapla, cun ésa! ¿Y por qué no, si pue saberse?

—Pos porque endimpués que se cure, se golve a volar... ¡y se va!

—Pos si menester juere... ¡que se vaya con güen viento, que aquí abaju no tie por qué asomar el hocico en casa de naide!

Mariuca no se enfadó al oír esto. Sabía que su abuela bromeaba. ¿Se atrevería a decirle lo que de verdad, de verdad, pensaba que era Perico? Ella había pedido cien veces a Jesús que le mandara otro hermano, pero de sus mismos años, porque Zapico le llevaba once, que eran muchos en demasía. La cigüeña que lo trajo podía haberlo dejado caer a la puerta de la cueva, con lo que la herida de la cara tendría una nueva y mucho más clara justificación.

—Pero ¿aónde vas con esas coplas? —protestó la abuela riendo—. Bien está que naciera tan crecidísimu, que el viaje de la cigüeña sólo Dios sabe cuán largo jue...; pero lo que nunca he oído decir (y mira que soy vieja, que ni la cuenta yevo de mis años) es que un niñu venga a nacer vestidu.

Mariuca, muy enfadada, exclamó llena de lógica:

—¿Pos con lo grande que está y quies tú que lo trayan en cuerucos vivos?

—¡Ven acá, venturá, que voite a contar un cuentu que viene mu al caso! Me lo contó la mi nieta de mi alma... la tu madre, que era tan sabia y tan dispuesta pa to que hasta leger y escrebir sabía. Espera que me alcuerde... ¡Ay si yo lo sabiera icir comu ella! Y ascúchame bien, que en cuantuco finiquite el relate me je de ir a ordeñar.

Sentóse Mariuca junto a la abuela y escuchó, alarmadísima, la historia de Blancanieves. ¡Ay, Jesús! ¿Si sería el nenuco este un príncipe embrujado que no saldría de su encantamiento mientras la persona para ello escogida no le «besara en la su frente»? Esta sospecha no pudo apartarse de su pensamiento en todo el día. En cualquier caso —ángel, príncipe, demonio o hermano— el nenuco sería para ella —¡para ella sola!— y no ya por evidentes razones de edad, sino por el indiscutible derecho que nace de haber sido ella quien lo vio primero. En todo caso, y por si la historia de su abuela se repetía ahora de nuevo, milagrosamente... a media tarde, estando sola en la covacha, Mariuca se inclinó sobre el durmiente, contuvo la respiración alterada, acalló la zozobra de su corazón y acercó los labios hasta posarlos con mucha suavidad en el rostro de Perico. Cuando retiró el suyo, vio con espanto que el niño había abierto los ojos.

Huyó despavorida.

—¡Agüela! ¡Zapico! ¡Que el nenuco se ja espertau!

(En el frontón de los Picos, más débiles a cada rebote, pelotearon los ecos: ¡Espertau...! ¡Espertau...!)

Bajaron, cada uno a su paso, hacia la covacha. *Trespatas* los esperaba impaciente a las puertas de la gruta. El perro pastor, que no acababa de acostumbrarse a su presencia, le disparó desde lejos una andanada de injurias. Si los ladridos mataran, el cojitranco amigo de Perico habría caído fulminado allí mismo.

Agarrotados los miembros a partes iguales por las agujetas y la pereza; embotado el entendimiento después de veintidós horas de un letargo en que se unieron el desvanecimiento y el sueño, Perico no hacía nada por evadirse del tentador nirvana de la duermevela. Los últimos jirones del sueño le tiraban por igual de las pestañas y la voluntad.

Abrió los ojos al oír rumor de pasos y vio, inclinada sobre él, a una vieja revieja que reía constantemente y enseñaba al hacerlo las dos rajas de sandía de sus encías despobladas. Perico no comprendió mucho de lo que hablaba, pues entre la falta de dientes y la jerga que usaba no había diablo que la entendiera. Pero la anciana se acompañaba de muy expresivas palmadas y zalemas demostrando su contento.

—Un poco más cristianu que ayer sí paice, ¿no verdad el mi niñu? Así nos lo conserve Dios mucho tiempu, que ayer paicía propiamente que se nus iba...

Junto a la vieja había un guapo mocetón, alto y fuerte como un árbol, y tan jovial como aquélla, y escondiéndose entre sus piernas un microbio con faldas de quien Perico no alcanzaba a ver más que las manos y medio cuerpo.

—Fue de la hartá de correr que se dio —comentó Zapico—.

¡Mi madre, y qué güen correntón es el mozu! ¡Le echan un galgu y no li alcanza!

Mirábanle aquéllos sonrientes; observábalos el niño estupefacto sin responder a preguntas cuyo sentido no entendía. ¿Cómo iba a contestar qué hacía allí si ignoraba dónde estaba? Al fin asomó Mariuca la cara y ya no tuvo ojos más que para ella. ¡Ay Dios, y qué bonita era, y qué pelo más rubio y qué ojos más azules! El rostro de Perico, inexpresivo hasta ahora y como alelado, se extendió en una sonrisa y al punto el de ella se iluminó con otra que acabó por cautivarle. Pero duró muy poco esta visión pues, acometida de súbito pudor, la niña se tapó la cara con las faldas de la abuela, bien que dejando libres los ojos prendidos de los del chico. *Trespatas*, molesto y quién sabe si celoso, interrumpió el mudo idilio y de un lengüetazo en la cara le acabó de despertar.

—¡Ay, agüela, mia como le besa el perro en la jerida!

La abuela acentuó sus cortesías.

—Vamos, Mariuca, enséñale tu güena crianza y goluntad, y dile que aquí toos semos uno, y muy blandos d'entrañas, y güenos cristianos, y que si quie comer algu que lo diga.

—¡Ay, agüela, díceselo tú, que yo teno guergüenza!

—¡Y no me seas boba, y párlaselu! ¿No ves que paice asustau el probe?

Perico acudió en ayuda de sus huéspedes. Se incorporó en el catre y miró —sin dejar traslucir su espanto— en torno suyo.

—¡Qué casa más bonita! —exclamó con voz de falsete.

Y en verdad, que fue un acto heroico de cortesía decir esto, pues el antro en que se encontraban, y cuanto había en él, componía el más lóbrego, pestífero y extraño de los escenarios.

Lo primero que saltó a su vista fue un cordero lechal degollado, con las entrañas fuera, colgado del techo morros abajo, del que caía un hilillo de sangre sobre una palangana. Esto hubiera bastado a encogerle el ánimo si otros nunca vistos objetos no le turbaran aún más. El suelo estaba sembrado de pequeñas vasijas que contenían piedras... ¡y las piedras hervían solas, milagrosamente! Las paredes, rugosas, sombrías, como las de una montaña vista por dentro, tenían adosada a los pocos paños verticales que permitían las sinuosidades de tan complicada orografía la más sorprendente y rara biblioteca que cabía imaginar, pues he aquí que en lugar de rimeros de libros, las baldas contenían multitud de formas esféricas blancoamarillentas semejantes a quesos de todos los tamaños: diminutas como tarros de botica, medianas como lunas llenas de agosto, gigantescas cual ruedas de molinos. Si a esto añadimos que la covacha era bajísima de techo, angosta y tan larga que no se veían sus límites, y que un olor nauseabundo lo impregnaba todo, tendremos que convenir que no carecía de fundamento la duda que le asaltó. ¿No estaría, acaso, en el taller de una hechicera? ¿No habría sido llevado allí por los aires con artes de brujería? ¿La herida que sentía en el rostro no sería una quemadura que se produjo al rozar una estrella?

Miró temeroso al cordero degollado y a las misteriosas piedras mágicas que hervían solas. ¿Estaría embrujado? ¿No sería todo esto una alucinación? Intentó sobreponerse.

—¡Es una casa pero que muy bonita! —recitó cortés.

—¡Huy qué risa, agüela! —exclamó Mariuca con no menos admiración que si le hubiese oído hablar en esperanto—. ¡Mira qué habla más rarosa es la que tiene!

¿Cómo iba Perico a imaginar que aquel escondrijo que parecía una montaña por dentro era, en efecto, el interior de una montaña, puesto que se trataba de una cueva natural hendida entre las peñas? ¿Cómo sospechar que aquellos rimeros de lunas que parecían talmente quesos eran quesos puestos allí para fermentar, como en casi todas las cavernas de la región de Cabrales y montañas circunvecinas? ¿Cómo, en fin, que aquellas piedras que parecían hervir, hervían real y verdaderamente, ya que se trataba de trozos de cal viva allí situados para absorber el agua en suspensión y reducir la humedad ambiente a lo que convenía para el arte de la fermentación? Si a esto agregamos que la bestezuela colgada no era producto de un delirio insano, sino que acababa de ser degollada para extraerle el cuajar —que es el cuarto estómago de los rumiantes— y sacar de ahí el cuajo —que sólo se obtiene cuando la víctima está en período de lactancia— tan necesario para la coagulación de la leche y consiguiente fabricación de los quesos; y que la vieja hechicera que a Perico le pareció de más de cien años, tenía ciento siete —sin ser por ello la más anciana de la región— y que si no era hechicera se le acercaba mucho, pues era curandera (es decir, que ejercía la medicina según artes que no se aprenden en libros sino que se heredan y transmiten de tiempo inmemorial), tendremos que aceptar que la fantasía no condujo esta vez a Perico por tan disparatados derroteros.

Aquella inmunda covacha, durante algunos días, fue para Perico el mejor de los palacios. Y los queseros, generosos anfitriones. ¡Mal les pagó Perico tanta hospitalidad!

Bruja o no, la abuela de Mariuca era la más jovial, dicharachera y hacendosa mujer del mundo. No dormía nunca más arriba de tres o cuatro horas. Era pequeñaja y tan menuda que Zapico le prohibía que saliera de la cueva los días de viento. Talaba jaras, encendía la lumbre, cocinaba, barría la cueva, lavaba la ropa, peinaba a Mariuca, preparaba la masa de los quesos, ordeñaba las vacas, siempre sonriente, y siempre parlanchina. Hacía de todo y todo bien. A Perico le curó la llaga de la cara, que tenía muy feamente infectada, espolvoreando sobre la herida un moho que crecía sobre la pasta de algunos quesos. Eran unos filamentos blancos, muy finos, de aspecto aterciopelado, que la vieja llamaba micidinia. A la primera sesión desapareció el pus, y a la segunda se cerró la herida (1).

Zapico era un muchachote serio y valiente a quien los condueños de aquellos prados, que el joven llamaba brañas, habían confiado de consuno la custodia de su ganado. Era extremadamente habilidoso; tallaba primorosamente madera a punta de cuchillo y trenzaba ramas que era un primor. Lo mismo fabricaba flautas y empuñaduras de bastones que escudillas para sopa, o pinaques para arar, que después vendía a una clientela tan variada como sus propias habilidades. Pero lo que más admiró a Perico fueron las sogas que Zapico confeccionaba, retorciendo, enroscando y enlazando larguísimas y cimbreantes varas de avellano, y las abarcas —único calzado de uso general desde que empezaban las lluvias— que tallaba con singular maestría, vaciando unos tacos de blanquísima madera tamaños

---

(1) *Nota del autor:* Muchos siglos antes de que Sir Alexander Fleming descubriera las propiedades terapéuticas del hongo *penicillium* —descubrimiento que habría de revolucionar la Medicina—, se usaba por los aldeanos de la Galicia y la Cantabria el antibiótico con el que fue curado Perico. El Dicc. Hisp. Amer. editado por Montaner y Simón, Barcelona, 1895 —medio siglo antes del «nacimiento» de los antibióticos—, tomo XVI, pág. 740, voz «queso», dice así: «La mucedinea que ordinariamente determina la maduración de los quesos blandos (y no «micidinia» como decía la abuela de Mariuca) pertenece a la especie que los botánicos denominan *Penicillium Glaucum*...»

como pies de gigantes. La abuela y el nieto fueron los únicos compañeros de Perico los primeros días, pues el tercer personaje vecino de aquellos riscos, es decir, Mariuca, huía de su lado como si tuviera la peste. Zapico le contaba historias de lobos —no siempre ciertas— que el niño creía a pies juntillas; Perico la de los osos, de la que el muchacho no creía la mitad de la mitad.

—¡Fantasías! Nunca se supo de osu denguno que al agoler a un cristianu no ponga tierra por mediu.

La culpa fue de Perico, que de tanto pensar en ello imaginó que el rasguño de su mejilla era de un zarpazo de la fiera.

—¡Con toda seguranza digo que la jerida esa de la tu cara no es del osu! ¡Me ca... en la mar...! ¿Del osu? ¡El osu de un zarpazu parte en dos un buey!

Perico se pasaba las horas muertas acompañando a Zapico. El ganado pastaba esparcido por la hierba bajo la mirada vigilante no del pastor, entretenido en las obras de sus manos, sino de su perro, que no permitía a las reses acercarse a los precipicios. Una de las artimañas del lobo, que no atacaba nunca de frente a una vaca por temor a sus defensas, era acorralarla junto a los farellones de un despeñadero. La vaca daba el frente a la fiera, pero reculaba insensatamente hacia donde el lobo quería. Allí, al borde de los farellones, le fallaban las patas y caía por el abismo. Ya muerta, o herida de muerte por la caída, el lobo la devoraba. El perro pastor era, pues, el antilobo, al impedir a las filosóficas y distraídas rumiantes se acercaran al precipicio. Iba armado de una poderosa carlanca, idéntica a la que ceñía el cuello del *Rubio*, y Perico se acordó con nostalgia del mastín de la guardesa.

—¿Y por qué tiene el perro ese collar tan gordísimo lleno de pinchos?

—Por un si acaso asoma el lobu la oreja.

Perico miró con recelo en torno suyo.

—Y... y... ¿asomará la oreja hoy?

Zapico dejó de manejar la azuela, con la que trabajaba la madera, y señaló con la plancha acerada de la herramienta hacia un pasadizo natural entre dos colosos de roca.

—¿Ves tú la joz entre esos riscus, comu un pasillicu mu estrechísimo? Pos la dicen «La joz de los lobus», respective a que gústanles asomarse por ayí.

—Y cuando se asoman, ¿qué pasa? —preguntó aterrado.
—Pos que se quedan mirandu y remirandu al ganau, y relamiéndose comu un probe ante una mesa regalá.

Perico, vuelto el rostro hacia aquel punto, se imaginaba los lobos, cuyos ojos relumbraban como estrellas caídas, mirándolos y relamiéndose. Lo que no podía sospechar es que desde aquel escondrijo, había, en efecto, unos ojos —bien que no de lobos— que le observaban. Eran los de Mariuca. La chiquilla, que huía de Perico por no sufrir el martirio de que éste la hablase (porque se moría «de guergüenza», con sólo pensar que esto pudiera ocurrir) espiaba en cambio, desde lejos, todos sus movimientos. Y «le escuchaba» con la imaginación esa «habla tan rarosa que tenía», e incluso «le hablaba» con el pensamiento, como si en verdad parlotease con él.

Hacía frío. Desde que se ocultaba el sol hasta muy mediada la mañana, en que el aire se caldeaba un poco, Zapico no se quitaba de encima el pasamontañas que le guarnecía cabeza, orejas y media cara, ni la gruesa manta de lana con la que semejaba un indio del altiplano. Los cueros y papeles, atados con correas, sobre las perneras del pantalón, y las abarcas de madera que cubrían un segundo calzado no se las retiraba sino para dormir. La abuela era un puro refajo de mantones y faldas superpuestas, y Mariuca llevaba una indumentaria no menos original: bajo las faldas, muy cortas, de niña chica, pantalones de hombre, y unas vendas de paño como las de los soldados envolviendo —como Zapico las perneras— muslos y pantorrillas. Un pasamontañas color cereza aunque remendado con lanas, e incluso cuerdas de otros colores, componía el resto de su atavío.

Perico no pudo aguantar por más tiempo sentado a la intemperie al lado de Zapico —mucho más abrigado que él— y decidió acercarse a «La hoz de los lobos», por ver adónde conducía aquel pasadizo. Avanzaba Perico muy lentamente —pues la pendiente no era suave— hacia aquel mar quieto y encrespado de riscos, cuando descubrió, no sin asombro, un puntito rojo medio oculto entre las grietas de una garma escarpadísima. Dedujo en seguida que se trataba del pasamontañas de Mariuca y no se sorprendió en absoluto al ver cómo la chiquilla —denunciada, a pesar de la distancia, por el color de la lana— se movía de un lado a otro para ocultarse. Era obvio que la pequeña huía de él... ¡Y cómo se reía ahora al comprobar que estaba acorralada! o «engüertada», como decía Zapico de una res sin espacio para moverse. De frente no sería capaz de escapar, pues su timidez le impedía dejarse ver por el prado abierto, y los flancos estaban vedados, de un lado por una escarpada cortada a pico sobre «La hoz de los lobos»; del otro, por la huella deslizante de un argayo del que Zapico aún guardaba memoria. «Pos jue edimpués de San Abdón, endinantes de la hozada de agostu, cuando un piazo de monte arrastró a otro y éste a otro, que se diría, digu, que toda la cordillera se iba a ajuegar en la mar oceana.»

Flanqueada, pues, por el talud, por el precipicio y por su propia timidez, Mariuca saltaba como un corzo de peña en peña buscando un escondrijo mejor para observar sin ser descubierta al responsable de su turbación; pero como todo esto lo hacía sin perder nunca de vista a Perico, el rapaz descubría siempre y con no poco júbilo el pasamontañas cereza coronando un pedrejón o asomando por algún resquicio.

Apenas llegó a los riscos Perico comenzó a exhibir todas sus gracias, a sabiendas de que la chica le observaba. Se colocó cabeza abajo y patas arriba, sostenido en dificilísimo equibrio sólo con las manos y la frente; hizo crujir los huesos de sus dedos asegurando que cada chasquido otorgaba una virtud mágica a quienes lo hacían, e inició después de estos deslumbrantes preliminares la narración de una larguísima historia en la que intervenían toda serie de animales, a los que remedó en sus propias voces, de suerte que entre berridos, arrullos, maullidos, trinos, gorjeos, rugidos, relinchos y rebuznos, logró un despliegue fantástico de todas sus habilidades. Mariuca le atendía pasmada; pero mucho más que los méritos del narrador lo que le interesaba era la narración misma, interrumpida en un momento verdaderamente dramático y crucial.

—Y entonces —había exclamado Perico, con terrible verismo— ¡todos se lanzaron contra la pobre niña! El lobo —añadió el improvisado juglar— dijo: ¡auuuu!..., y el asno, ¡hiohío!..., y el oso, ¡grrr!..., y la cabra, ¡beeee!..., y el búho, ¡juu, juu!...

Mariuca no pudo contenerse más:

—¿Y enestonces qué más pasó? —preguntó sin asomar la jeta de su escondrijo.

—Pos pasó una cosa muy terrible —respondió Perico sin

volver la cabeza.

—¡Ay la mi madre —rompió a llorar Mariuca—, que se la van a comer!

—¿A quién? —preguntó el chico, que había perdido el hilo del cuento.

—¡A la nenuca! —gritó la niña poniéndose en pie.

—¡No se la comen, no! Ahora verás lo que pasó...

Mariuca avanzó resuelta y se sentó junto al responsable de sus rubores.

—¿Qué más pasó?

La maniobra de Perico fue tan antigua como las plumas. El urogallo, el jilguero, el cuco, el ruiseñor, el canario, la alondra, el mirlo... usan desde que el mundo es mundo idéntica estratagema. El canario, a pleno día...; el jilguero, a la tenue luz de los crepúsculos...; el urogallo, en la oscuridad de la noche, recitan ternísimos poemas, para que las hembras —que son en todas las especies curiosas y sentimentales— se acerquen y escuchen asombradas y enternecidas. El ardid no falla jamás. Si el alado trovador es bueno, sabe encontrar en las inflexiones de su voz los tonos justos para matizar la delicadeza, la ternura, la tristeza o el encanto que requiere su peculiar literatura, y el poético relato que empieza dicho en soledad acaba siempre contado en compañía.

¡Oh, qué bobo fue Perico al amoscarse por la exclamación de Mariuca el primer día, asombrada de su modo de hablar! Las palabras de la chiquilla —«¡huy, qué risa, agüela, y qué habla más rarosa es la que tiene!»— las conservó muchas horas clavadas en su amor propio como arpones envenenados, sin darse cuenta de la carga admirativa que arrastraba consigo. Y es que, en su inocencia, todavía ignoraba que las mujeres y los pájaros se ganan por el oído.

Ñ

«Dios hizo de la niebla los ángeles primeros.»

Perico tenía una rara habilidad nacida de la conjunción de sus gracias naturales con su no despreciable experiencia para captar voluntades remisas. Contrariamente a lo acontecido con sus primeros amigos, Martín Pescador, el Frenillos o Felisa, la guardesa (que se sintieron enajenados por su encanto personal, sin que Perico pusiera conscientemente nada de su parte por conquistar su voluntad), la verdad de la verdad es que en los siguientes casos, Perico utilizó su gracia, su sonrisa, su «ángel»... al servicio de una habilísima maniobra encaminada a ganar para sí el afecto y la admiración de cuantos con él toparan. Quizá porque fue adquiriendo conciencia de la atracción que ejercía sobre los demás, quizá porque la experiencia del irascible y brutal carretero le forzó a considerar que más vale amigo posible que enemigo probable, quizá porque su debilidad necesitaba el amparo de la ajena fortaleza, el caso es que sus últimas conquistas no fueron obras del azar, sino consecuencia de una argucia. Tal fue lo que acaeció con *Trespatas*, al que sobornó con mortadela, tentó con el anuncio de las maravillas de una gran ciudad y aduló vilmente haciéndole creer que su cojera «no se notaba nada»; tal, en fin, con Zapico, Mariuca y su bisabuela que no se diría sino que habitaban el Palacio de Sardanápalo en Calax si se atendiera a los elogios que dedicó Perico a su mísera covacha de queseros. Pero estas argucias, estas habilidades, ¿respondían a un plan meditado o a un impulso ciego? ¿Eran fruto de una reflexión o de un instinto con el que la naturaleza compensaba su desamparo, como compensa la timidez del gamo con la agilidad de sus patas, o la cuasi ceguera del elefante con su oído portentoso, o la infinita debilidad del molusco con la coraza de su concha?

Si Perico anteponía a sus actos consideraciones «utilitarias» de la finura de las expuestas, no es cosa sabida. Pero está en cambio probado que su modo de actuar cuadraba a esas consideraciones como si se moviese por ellas y no (según creemos) por secretos, imponderables, casi audibles mandatos de su naturaleza. Necesitaba suplir su orfandad con la invención de los adorables fantasmas que le llamaban imperiosamente desde Madrid; su radical soledad... con el amor de todos y cada uno de los seres que le rodearan. Y esta necesidad de amor, del que él había de ser en todo caso cuenco que recibe, y sólo en algunos, fuente que da, le hacía según las circunstancias cobarde, animoso, tierno, arisco, adulador, sumiso o rebelde. En la conquista —por etapas— de Mariuca, utilizó todas sus armas.

—¿Y qué es lo que parlan y parlan? —preguntaba Zapico a la abuela, asombrado de ver a los dos críos mañana y tarde ensimismados en su ininterrumpido charloteo.

Al caer la noche (recogido ya el ganado bajo la vigilancia del perro pastor; cobijados ya los queseros en su cueva, bajo la inútil custodia de *Trespatas*), Perico y Mariuca, en un rincón cualquiera del oscuro recinto, continuaban su cháchara. Pero así como los adultos —absortos en sus quehaceres— ignoraban qué hacían o de qué hablaban los pequeños, no les acontecía lo mismo a éstos respecto a los mayores. Tres días invirtió Zapico, dos de ellos bajo la lluvia, en reunir las caballerías dispersas, pues así como el ganado pastaba bajo ciertas normas de vigilancia, e incluso pasaba las noches bajo techado, las bestias de carga lo hacían a su aire y no era fácil, después de tanto tiempo en libertad, reducirlas al orden. Bien sabían los chicos lo que estos preparativos significaban. La fecha de levantar la cueva, reagrupar el ganado y regresar al valle, donde las reses serían estabuladas por sus propios dueños durante el otoño y el invierno, estaba fijada ya. Durante varios días, mientras en la cueva se preparaban los fardos y se liaban los bártulos —pues entre los quesos, el material tallado por Zapico y los enseres de cocina y cama, aquello era un cuartel— Mariuca y Perico se acercaban a los pastores de otros rebaños que se congregaban en aquellas alturas para emprender juntos el descenso.

—¡Y muy güenos días nos dé Dios! ¡Y qué gordísimas están las ovejucas! ¡Bien se ve que tienen buenas brañas y mejor cuido!

Mariuca repetía palabra por palabra las finezas que oía decir a su bisabuela, y nunca regresaba con las manos vacías, pues como decía Cervantes, «cortesías engendran cortesías», y los pastores eran generosos y extremadamente sensibles a las atenciones. La víspera del gran viaje todo cuanto la vista abarcaba de aquella inmensa alfombra extendida bajo los Picos estaba materialmente cubierta por centenares y centenares de cabezas de ganado de todo pelaje y color. Los balidos y mugidos de lanares y cornúpetas (asustados —pensó Perico— por el eco de sus voces peloteadas por las cumbres) y los ladridos de los perros que corrían en torno a sus custodiados como vocingleros sargentos de una tropa indócil y alborotadora, y las voces y juramentos de los hombres cursándose órdenes o protestas de parte a parte de aquella inmensidad, llenaban el anfiteatro que Perico había conocido mudo y solitario. La noche anterior a la partida las fogatas crepitaban por doquier moteando la noche con su nervioso parpadeo, y a la luz incierta de una de ellas se sortearon los puestos de la caravana.

—¡Zapico, Zapico! —corrió su hermana a advertirle—. ¡Ta tocau el seis!

¡Qué noche aquélla! El pobre Zapico, ayudado de otros hombres o muy jóvenes o muy viejos, pues los de edad intermedia estaban en la guerra, se desriñonaba cargando las bestias. Una de ellas llevaría encima el bulto más pintoresco, el fardo más singular de toda Cantabria y riscos circunvecinos. Apenas se despertó Perico quedó muy sorprendido al ver un extraño sillón de mimbre, forrado el asiento con varias capas de mantas y colchones y a cuyo respaldo estaba fuertemente atado el mango de un inmenso paraguas abierto, pero su sorpresa subió de punto al ver a Zapico coger en brazos a su bisabuela y subirla sobre aquel pedestal. Comenzaron después a atarla, piernas y tronco, dejando los brazos libres y cuidando siempre de interponer mantas, trapos y papeles entre las sogas y el cuerpo para no herirla. Cuando el bártulo viviente formado por el sillón, la ropa, la vieja, las cuerdas, los trapos y el paraguas estuvo convenientemente liado, lo alzaron entre varios y lo pusieron sobre la más alta y mansa de las mulas, donde lo fijaron con cinchas y correas, de modo que el conjunto componía un muy jocoso y donoso palanquín oriental. A las chacotas y bromas de los pastores la abuela respondía con no poco donaire y Zapico sabía muy bien que se consideraba ofendida si alguno pasaba ante ella sin echarle una pulla.

Mas no fue sólo esto lo que admiró a Perico al salir de la cueva. Dos novedades —ambas maravillosas— quebraban la rutina de otros días: la nieve en las crestas, en espaciados manchones (que semejaba ropa blanca puesta a secar) y el portento, nunca contemplado por Perico antes de ahora, de las nubes... ¡a sus pies! ¿Cómo era aquello posible? Estaban en una pequeña isla prodigiosa, rodeados por todas partes de aquella espuma turgente y quieta. «¡Mal día pa estas coplas!», oyó Perico comentar a un pastor. «¡Malísimo!», respondió el otro. No entendía Perico cómo decían esto, pues el cielo resplandecía de azul purísimo y el sol reverberaba por doquier. Y es que bajo ellos llovía rabiosamente.

En esto sonó una trompa lejana, respondiéronle otras solemnes, ladraron más fuerte los perros y todo aquel mundo se puso en movimiento. El espectáculo —nimbado de rústica grandeza— tenía algo de bíblico y majestuoso. Las reses que iban en punta cambiaban mágicamente de color apenas se arropaban en los chales vaporosos de la nube y desaparecían después en su misteriosa profundidad: cada pastor se situaba con su ganado al margen de la caravana y se sumaba más tarde a ella, según el puesto que le hubiese correspondido en el ceremonioso sorteo celebrado la víspera a la luz de las fogatas; vagaban los perros de punta a punta de su rebaño; reía la abuela los chistes y piropos con que la saludaban; veíala Perico como la maharajina de un cuento oriental viajera en su camello bajo el curioso dosel de su paraguas; sonaba un cuerno lejano; aceptaba Zapico un trago de la bota que le ofrecían; cascabeleaban esquilas y cencerros; cantaba un pastor.

—¡Mia tú que es caprichu llevar el macu al hombro! —le dijo Zapico a su hermana refiriéndose a su equipaje—. ¡Échalo en una albarda!

—Es que así es más divertido —explicó Perico, que también llevaba a cuestas el saco robado al carretero—. ¿Podemos ir delante de todos?

—Mucho oju con no caerse —aconsejó Zapico accediendo—. Que el ganau va ciegu, y pisa al que se cae.

Ya habían iniciado la carrera, seguidos de *Trespatas*, cuando el mozo advirtió a gritos a Perico:

—¡Y cuídamela bien! ¡Miá que la chica es mu brutisma y tú ya eres un hombrón!

Fueron las últimas palabras que le oyeron. Agazapados tras la roca, cerca de dos horas, no supieron reconocer entre tanto balido, mugido y ladrido cuáles correspondían al ganado que Zapico conducía, ni en qué momento pasaban junto a su escondite aquellos de quienes huían. Fue una gran lástima, porque el espectáculo de la viejísima quesera bamboleándose, bajo el murciélago inmenso del desvencijado paraguas, llevando a Zapico al ronzal, como un bello y agreste palafrenero, y veladas las siluetas de ambos por la espesísima niebla, que los nimbaba de misterio, era, en verdad, muy digno de verse. *Trespatas* se salió ocho o diez veces de su escondite —una de ellas al reconocer a los inquilinos de la covacha—, pero o no repararon en él o no les sorprendió en absoluto verle por allí. Cuando el último remolón de la columna —un asno sin dueño que sintió de pronto la nostalgia de los establos y se unió sin permiso de nadie a la caravana— se hundió en la opacidad de la nube, Mariuca y Perico se pusieron tranquilamente a caminar en sentido inverso. No iban menos gozosos y despreocupados que Teresa de Ahumada y su hermano cuando en mil quinientos y tantos, teniendo la misma edad que ellos, se escaparon de casa con la muy peregrina idea de irse a tierras de moros a sufrir martirio por Cristo. Entre la santa y sus padres (que la buscaron y hallaron) se interponía tan sólo media legua de camino por la planicie abulense. ¡Entre Mariuca y los suyos se interpusieron los Picos de Europa... y la guerra civil!

Apenas salieron de la nube y recuperaron el sol y con el sol el paisaje, se sentaron en la hierba para calmar el aliento agitado al unísono por la emoción de la fuga y por la subida. Mariuca estaba radiante de felicidad por lo que había hecho. Al cabo de un rato dejó escapar, con no poca ilusión, el verdadero motivo que la indujo a dejarse convencer con tantísima facilidad.

—Óyeme tú, Pericu. Ajura ya semos hermanucos, ¿no verdad?

Perico por toda respuesta le tendió la mano y la ayudó a ponerse en pie.

—¡Vamos!

Antes de emprender la marcha, Perico, que ya no soltó la mano de Mariuca de la suya, miró por última vez el inmenso colchón de blanquísima guata de las nubes que se extendían a sus pies separándoles del resto del mundo. Parecía increíble que no se pudiese caminar por encima de ellas e incluso saltar sobre su mullida superficie. Allá abajo empapada de lluvia estaba la tierra pisada por él desde que se separó de Martín Pescador. Recordó uno por uno a todos sus amigos con gran ternura. ¡Qué pena que no pudieran acompañarle, como Mariuca y *Trespatas*!

—¡Vamos!

Frente a los Picos de Europa, cuya imponente mole divisó por vez primera, en toda su grandeza, desde *La Pilonga*; cuyas crestas —nevadas en primavera, peladas en verano y moteadas de nieve en otoño—, fueron su guía y su brújula durante los azarosos días de la lentísima ascensión, Perico se puso a ensoñar. Aquellas peñas a las que siempre había dado frente quedarían muy pronto a sus espaldas. («¿Ves aquellos montes, Perico? Pues detrás de ellos está Madrid...») Pronto se acabaría su viaje. El gran día del encuentro con los suyos se acercaba ya.

—¿Por qué lloras? —preguntó Mariuca, temblándole la voz...

—Es que... pensaba que ya estaba llegando a mi casa...

—¿Y eso te da mucha pena?

—¡Yo no lloro nunca cuando tengo pena! —contestó Perico secándose las lágrimas sin imaginar los puñales que desgarraban en aquel instante el corazón de su amiga.

—¡Pos yo sí! —respondió Mariuca, tirándose al suelo hecha una Magdalena—. ¡Y a mí me jace mucha pena verte llorar!

¡Qué de zalemas, mimos, besos los de Perico por consolarla! Y qué de gritos y de hipidos los de ella, porque Mariuca era una fierecilla montaraz, y berreaba con singular entusiasmo. Le aseguró Perico formalmente que ya todo había pasado, y le prometió que nunca le volvería a pasar, con lo cual ella cesó repentinamente de jipar y se puso a reír, con gran sorpresa del chico, demasiado joven para conocer las mutaciones del alma femenina... ¡¡idéntica a sí misma desde la más tierna infancia! Con esto reanudaron el camino, en dirección a «La hoz de los lobos», que Perico había juzgado caprichosamente como un pasillo encantador que le conduciría directamente a su casa. Bien pronto se desengañó. Ni una brizna de hierba, ni un matojo de espinos crecía entre las lastras. Aquello era geología pura, delirio y ruina de las formas, de un solo tono: el gris, y un solo elemento: la piedra. No era grandioso, no. Era puramente siniestro. *Trespatas,* que acostumbraba a caminar en cabeza siempre que hubiese camino abierto, marchaba ahora detrás, la lengua fuera y el rabo caído. Si tuviera la lengua de Cervantes (a quien el chucho conocía bien por ser el autor de *El coloquio de los perros*) le hubiera recordado que «la valentía que se entra en la jurisdicción de la temeridad más tiene de locura que de fortaleza», y aun aquello de que «el retirarse no es huir cuando el peligro sobrepasa a la esperanza», pero *Trespatas* no sabía pronunciar más palabras que las que el niño quería oír...

—¡Teno sed! —dijo Mariuca.

Y al poco tiempo aclaró:

—Sed di agua...

Una hora más tarde se negó a seguir avanzando.

—Teno mucha sed.

Aquel alto pudo costarles la vida. O salvarlas tal vez. Porque ¿adónde iban, qué meta pretendían alcanzar, quién les guiaba por aquel insensato camino que los hundía en las laderas de un abismo sin fin, fuera de toda senda conocida y cuando ya la inclinación del sol aconsejaba la urgente decisión de buscar refugio? Perico no pensaba en esto, sino en cómo satisfacer la sed de Mariuca. Miró desolado en torno suyo.

—No hay agua... —se disculpó.

—Peru yo teno sed —insistió Mariuca como si el no haber agua no fuera bastante para no podérsela dar.

El chiquillo detuvo en un punto su mirada.

—Allí hay un poco de nieve...

—Yo queru agua, ¡agua!

—Si comes un poquito de nieve se te hace agua en la boca, ¿sabes?

Mariuca miró en la dirección que señalaba Perico. Muy

por encima de ellos, en la escarpada pendiente, la mancha de
nieve marcaba el nacimiento de una vaguada.

—¡Yo subiré a por ella! —anunció Perico dejando en el
suelo su hato de arpillera. Y sin pensar cómo la bajaría, comenzó temerariamente a escalar la quebrada. *Trespatas* intentó
seguirle y muy pronto desistió. Si tenía la misión de guardarle...
¿para cuándo dejaba el impedir que intentara aquella locura?
Mariuca le perdió pronto de vista, pero escuchaba sus pasos
y su jadeo y el resbalar de las piedras empujadas por sus pies.
De pronto dejó de sentirle.

—¡¡Pericu!! ¿Ónde estás?

Tardó en oír su voz.

—Aquí.

—¿Por qué no subes más?

Silencio.

—¿Por qué no subes más? ¡Dícemelo, Pericuuu...!

La voz le llegó angustiada.

—No puedo...

—¡Ay Virgen! ¿Y por qué?

No hubo respuesta.

—¡Pos baja, Pericu, baja, que ya no teno sed...!

El chico tardó mucho en contestar.

—Tampoco puedo...

En un espacio inverosímil, apoyado el cuerpo contra la pared de piedra, dominado por el vértigo y sin espacio para doblar
brazos ni rodillas, carecía de margen para avanzar ni base para
descender.

—¡¡Pericu, hermanuco, díceme que vas a bajar, dícemelu!!

Y más tarde:

—¡Ay Virgen, que mi hermanuco se ha quedau engüertau!

No se veía la base de las grandes lanzas de piedra que nacían
del fondo del barranco, porque la niebla estaba agazapada en
torno suyo. Pero como este vapor no estaba quieto, sino que latía
y se desplazaba al compás de la mágica respiración del viento,
se diría que las pétreas columnas también oscilaban. Desde la
vertical en que se hallaba, Perico, el terror en los ojos, las veía
moverse como dedos amenazadores de un titán maléfico guardador de aquel paso. Cerró los párpados. La borrachera del vértigo había hecho presa en él. Las palmas de sus manos eran
lapas y sus dedos tenazas. Apretó violentamente la cara contra

la pared. De la propia roca surgían —tic, tic, toc— angustiosas llamadas. Era el pulso de sus sienes, pero se diría que la montaña estaba viva y le hablaba con un morse tenaz y misterioso.

—¡Tiraos todos a tierra! Puede ser un ardid...
Y después:
—¿Qué es, qué es?
—No puedo imaginar qué cosa sea...
Por un instante cesaron los lamentos. Sólo se oía agitada, febril, la respiración de los hombres.
—¿Ves algo?
—No.
—Déjame los anteojos. Amartilla tu rifle.
El hombre obedeció. Cosme escudriñó las hendijas y fisuras del paramento. El eco del barranco deformaba los gritos de Mariuca y los aullidos de *Trespatas* hasta hacer imposible localizar su procedencia. Los grandes ojos de búho de los prismáticos se posaron en las incisiones y rugosidades de aquella laja gigantesca. Al fin se detuvieron en un cascamiento que esquebrajaba el tajo, al borde del abismo. Cosme musitó un juramento y entregó el anteojo al centinela.
—¡Mira! ¡Allí!

O

*«Y sin embargo, hermanos enemigos,
¡qué cerca nuestra sangre!»*

TRES DOCENAS DE HOMBRES angustiados presenciaron desde el mirador, que servía de repecho y balconada a su guarida, el salvamento de Perico.

Apenas le liberaron del nicho que pudo ser mortal, las dos criaturas fueron conducidas a la gruta, vendados los ojos, a hombros de los más fuertes. Mariuca, la voz angustiada, preguntó varias veces que a qué jugaban. El último tramo del viaje lo realizó dormida. Nunca olvidaría Perico la impresión que le produjo cuando le retiraron la venda de los ojos ver aquellos hombres malencarados, vestidos medio de soldados, medio de montañeros, en derredor de una hoguera encendida en la nave central de la gruta. La luz de las llamas desplazaba las sombras de las paredes, que adquirían así un tétrico movimiento y deformaba los rostros de los que parecían sus jueces. Cosme no estaba presente. Había encargado a uno de ellos que interrogara a los dos chicos hasta arrancarles la verdadera razón de su presencia entre aquellas breñas. Pero el interrogatorio tuvo lugar delante de todos. Y la insistencia, el recelo y la incongruencia de las preguntas, la intervención de los espontáneos, la sordidez del lugar, le tenían aturdido.

A la luz de la hoguera que encendía sus rostros de un claror infernal y deformaba sus facciones por el juego de las llamas aquellos hombres eran sólo una colección de caras: ojos que despedían brillos de heliógrafos al reflejar las brasas. ¿Cómo podrían sospechar cuantos veían a Perico tan alejado y tímido el galope desenfrenado a que estaba lanzada su fantasía y los pintorescos vericuetos por los que galopaba?

¡Qué siniestro recuerdo el de la cabeza decapitada del muñeco de celuloide de Mariví! El muñeco pereció mutilado en una refriega familiar y su hermana conservaba siempre en la penumbra de su armario la desgajada cabeza con sus ojos saltones, su inmóvil sonrisa y su calva reluciente. Pues Roque, al que llamaban «el Toledano», con su rostro de niño, su cráneo afeitado y el rictus perpetuamente asombrado de su sonrisa era igual... ¡igual! a la guillotinada cabeza de celuloide propiedad de su hermana más querida. Perico estudiaba la nariz porruda de éste, el mechón blanco que partía la negra cabellera de aquél, la barba poblada y el afeitado bigote de esotro realizando automáticos entronques con recuerdos o vivencias de su muy particular cosecha, con lo que conseguía no sentirse del todo extraño entre aquella extrañísima población.

A los pocos segundos ya tenía clasificados en su magín al cojo de la Isla del Tesoro, al ogro de «Pulgarcito», a un Sagrado Corazón —¡Dios nos valga!— de escayola policromada, amén de un pescador de ballenas y por supuesto la cabeza de celuloide del pepón descuartizado en la refriega familiar.

—¿Quién os ha mandado venir por aquí?

El gesto de infinito asombro de Perico no se debía tanto a la pregunta que acababa de escuchar y cuyo sentido, por supuesto, no se le alcanzaba, sino al hecho de que su interlocutor era más albino que un conejo de Indias, y tenía los ojos colorados. Mas no se trataba de conjuntivitis en los párpados, o bordes enrojecidos. Lo que tenía este endiablado color no era la abertura, sino la misma pupila. El iris, que otros tienen verde, negro, pardo, o azul, este individuo lo tenía rojo como un vino clarete visto al trasluz cara al sol. ¡Qué sorprendente fenómeno!

—¿No me oís? ¿Quién os ha mandado venir por aquí?

Mariuca no estaba menos sorprendida. No podía apartar su mirada de aquel extrañísimo ser con cara de niña —pues era lampiño—, pelo de viejo y ojos de cereza. Fue la primera en hablar.

—Yo quiero agua. —Mariuca combatía siempre su estupor, su miedo o sus disgustos con una conmovedora devoción a la hidropatía.

—Contesta a lo que he dicho. A ver, chico, habla tú.

Perico no se acordaba de la cuestión. Pero de haberse acordado tampoco hubiera podido menos de saciar antes que nada su terrible curiosidad. Así, pues, lejos de responder, preguntó tímidamente:

—Y tú... ¿por qué tienes los ojos rojos si no eres un conejo?

Algunos se rieron y el albino torció el gesto. «Para coneja tu madre», murmuró entre dientes.

—Mi madre no es una coneja —dijo Perico riendo—, es una mujer, ¿sabes? Y está en Madrid.

—¿En Madrid tu madre? ¿Quién eres tú?

—Es mi hermanuco —exclamó Mariuca con orgullo.

—¡Cállate, nena! Deja hablar al chico. ¿Cómo has venido hasta aquí?

—Lo trayó una cigüeña —explicó la chica con mucho aplomo— y lo tiró de mu alto. Y se hizo una jirida en la caruca. ¡Y mi agüela le curó con polvos de queso!

—¿Quieres callarte, niña, y dejar hablar a tu hermano?

Mariuca hizo un puchero.

—¡Yo quiero agua!

—¡Que la den agua! ¡Habla, chico! ¡Habla de una vez!

Perico se encogió de hombros.

—¿Y qué tengo que decir?

—¡Si es que preguntas mu mal —gritó, interviniendo, la cabeza de celuloide— y no sabes ir por derecho; que eres mu bestia para este arte de preguntar!

Perico le miró asombradísimo. En realidad se sentía feliz al comprobar que el guillotinado hablaba como persona corriente y moliente.

—Tienes que decir —respondió el albino, armándose de paciencia— qué es lo que haces aquí.

Perico entendía cada vez menos. ¿Cómo podían pedirle cuentas de tal cosa cuando eran ellos los que le habían traído —y con los ojos vendados, por cierto— hasta allí?

—¿Que qué hago aquiiií...? —dijo, alargando interminablemente la última sílaba.

—Sí. Aquí.

—Pos... ¡hablar contigo!

—¡Digo en la montaña, no en la gruta!
—Pero si no estoy en la montaña —gritó Perico, a su vez—, ¡¡estoy en una gruta!!
—Bien, bien, de acuerdo; ahora estamos en la gruta. Pero quiero saber quién te ha traído hasta aquí.

Perico se volvió hacia uno de sus salvadores.

—¡Ése! Me vendó los ojos, pero yo vi que era él.
—¡No digo en la gruta, digo en la montaña!

Mariuca intervino conciliadora.

—Una cigüeña —explicó muy sonriente—. Lo trayó una cigüeña. Y le dejó caer de mu alto y se jizo una jirida.
—¡Cállate, niña del diablo!

Mariuca aspiró los mocos.

—¡Yo quiero agua!
—¡Que le den agua a la chica y que se calle, rancajos! A ver, niño, si contestas de una pajolera vez a lo que te pregunto. ¿Quieres contestar, sí o no?
—Mariuca no es una niña del diablo... —protestó Perico, que ya empezaba a amoscarse.

Una lluvia de improperios cayó sobre el albino.

—¡Pero... cómo va a contestar el chico, si no hay quien t'entienda, roder! —exclamó el cojo de la Isla del Tesoro.
—Si ya lo dije yo antes —insistió el de celuloide—. Tiene el Ugenio este unas preguntaderas que no se las salta un galgo.

El Sagrado Corazón (que era, por cierto, «vaqueiro de alzada», natural de Pola de Somiedo, en las Asturias) añadió con voz solemne:

—¡Si semos nusotros y no t'entendemos! ¿Cómo va a intenderte el rapaz?
—¿Pos no me va a entender? Lo que pasa es que se hace el silenciero. A ver. Dime sólo esto: ¿Aónde está tu agüela?
—Yo no tengo abuela.
—Pero ¿no ha dicho la chica que tu abuela te curó una herida?
—Ésa es la abuela de Mariuca.
—¡Por todos los diablos! ¿Quién es Mariuca?
—¡Ésa! —dijo señalando a la chica.

Mariuca lo aclaró todo.

—La agüela es mía. ¡Y Perico tamién!

—¿Quién es Perico?

—Ése —dijo señalándole.

—¿Y tu agüela?

—Perico nu es mi agüela. Es mi hermanuco, ¿no verdad que es mu lindísimo?

El albino se puso en pie.

—¡S'acabó! ¡No pregunto más! ¡Que le digan al jefe que los ajorquen a los dos; así salimos de preocupaciones!

—Si es qu'eres mu bruto, Ugenio —dijo el ogro de «Pulgarcito».

—¡Si es que no sirves pa fiscal! —comentó el muñeco de Mariví.

—Bruto es poco —afirmó el pescador de ballenas—. Es más lelo qu'un puré de castañas. Acaba de una vez no vaya a enterarse el jefe que has querío desertar, y seas tú el ajorcau.

Eugenio, el albino, se sentó junto a Perico.

—¿Dónde ibais cuando os recogimos?

—A por un poco de nieve. ¡Como Mariuca tenía sed!

—Yo no quero nieve —comentó Mariuca—, yo quero agua.

—¡Bonito cuento! ¿De modo y manera que quieres hacerme creer que habéis subido hasta aquí para buscar nieve?

—¡No! No hemos subido para eso. Pero cuando estábamos arriba, ¿sabes?, pos va Mariuca y tiene sed. Y entonces, pos no había agua. Y entonces yo le dije a Mariuca que le traía nieve. Y entonces ella me dice que no quiere nieve. Que quiere agua. Y entonces yo le digo que si mascaba un poco de nieve se le hacía agua en la boca.

Perico se volvió hacia el Sagrado Corazón.

—¿Verdad que si se masca un poco de nieve se hace agua en la boca?, ¿verdad que sí?

—Di que sí, rapaz. Por supuesto que sí.

Perico se inclinó sobre Mariuca.

—¿Lo ves, Mariuca, lo ves como la nieve se hace agua?

Mariuca bajó los ojos pudorosa y se retorció los dedos con gesto y ademán de una novia que va a dar el «sí».

—Es que... yo no queriba nieve, ¿sabes?... ¡yo queriba agua!

—Pero... ¿no l'habéis dau agua entoavía a la chica? ¡Acércale el cuenco y que se enguachine hasta criar ranas, rancajo! Y tú, muchacho, no te me hagas el tonto. Todo eso de la nieve está mu bien, pero no es lo que yo quiero saber.

Perico, al oír esto, se indignó. Puso los brazos en jarras, y preguntó con tanta lógica como descaro:

—Y si no lo quieres saber, ¿para qué me lo preguntas?

—¡Ele los valientes! —le jaleó una voz.

—Lo que yo quiero saber es aónde ibas —insistió el albino.

Perico, con la mejor voluntad, concentró toda su atención.

—¿Cuándo?

—Cuando te encontramos.

No pudo contenerse más. Golpeó el suelo con los pies, acompañando cada afirmación de una patada.

—¡A por nieveee! ¡A por nieveee! ¡A por nieveee!

La que allí se armó no es para descrito. Cuando Mariuca vio las lágrimas asomar a los ojos de su «hermano», comenzó no ya a gritar —que es tímido vocablo— sino a ulular con tales alaridos que Cosme salió precipitadamente de su cubil para averiguar las causas de tal alboroto. El Jefe se las vio y se las deseó para poner orden, pues la mayor parte de sus hombres habían tomado el partido del chaval y acusaban a Eugenio de tener menos pigmento en las entendederas que en la piel y ser más bruto que un hilo de uvas. Y entre las acusaciones de aquéllos, las protestas de éste, los berridos de Mariuca, las zalemas y cumplidos de Perico para consolarla y los ladridos de *Trespatas*, que se sumó a la refriega, aquello era un campo de Agramante.

—¡Callarse todos! ¡Eh, muchacho, sube hasta aquí!

Cuando Perico inició la breve escalada alguien bromeó:

—Ten cuidau ónde pones los pies... que tú pa escalador ya está visto que no sirves.

El chico se volvió hacia el guasón y se disculpó:

—Es que... subir a las montañas es muy difícil, ¿sabes? ¡Como no hay escaleras...!

—Anda. Pasa aquí dentro y explícame quién eres y qué haces aquí.

Cosme, las manos en la espalda, las piernas ligeramente abiertas en aspa, como las de los marinos en cubierta, le observaba receloso. Aquel desparpajo, aquella habla —que no era la de las gentes de la montaña— no le eran desconocidos. Perico se anticipó a toda otra consideración. Con la sonrisa de oreja a oreja y un cierto aire de triunfo exclamó:

—¿Te acuerdas que yo te dije que también iba a subir?

Cosme frunció el entrecejo.

—¿Subir? ¿Adónde?

—¡A los picos de Europa! ¡Y tú me dijiste que no subiría contigo! ¡Y yo te dije que subiría solo, pero más alto que tú! ¿Sabes por qué no te acuerdas? ¡Porque yo estaba desnudo! ¡Y ahora estoy vestido! ¡Y entonces llegó Felisa! ¡Y te dio vino! ¡Y el vino estaba dentro de una jarra que parecía la cabeza de un pájaro: un pájaro con un pico muy grande, pero de cristal...!

—¿Un porrón?

—Eso: un porrón.

El jefe se pasó una mano por la barba.

—Siéntate en una de estas cajas. Tú y yo tenemos mucho que hablar.

Cerca de una hora estuvo encerrado Perico en el cubil de Cosme. (Mariuca, entretanto, se negó no sólo a comer lo que le ofrecieron sino incluso a beber la inmensa jícara por la que tanto suspiraba.)

Cuando salió Perico, Cosme dio una gran voz:

—¡Trinidad!

Con ningún motivo —le dijo a su lugarteniente—, bajo ningún pretexto debía permitirse a los niños salir al exterior. Podrían moverse con entera libertad dentro de la cueva, mas sin acercarse nunca a la boca de salida.

—¿Temes que hayan sido enviados aquí para espiar?

—No han sido enviados aquí pa eso ni pa na. Son niños vagabundos que se han arrejuntau como s'arrejuntan los bichos o los pájaros. Con eso y con to, ojos en la cara tienen y en la boca lengua. Y nadie tie por qué saber allá abajo, en los valles, quiénes están con nos o quiénes no están.

Hizo una pausa.

—Allá abaju, a los valles, no tien por qué volver... ¿tú me entiendes? Escucha lo que he pensau... Ni en Valdeón ni en el camino pa Valdeón ni ande vayamos después tie que vernos naide si no es los que nosotros queramos ver. Pero si por un casual alguien nos echa el ojo, da más confianza que nos vean con dos niñucos que no solos ¿tú me entiendes? ¡Pos prepara lo que sea menester!

Antes de llegar a donde estaba Mariuca, Perico se cruzó con Eugenio, el albino de las pupilas coloradas.

—Adiós, «Ugenio».
—Adiós, «escalador»...
—¿Me dejas que te mire un poco dentro de los ojos?
—¡Menuda perra has cogido con mis ojos!
—Es que... son muy bonitos. Son... como los de un Conejo de Indias que yo tenía...
—Ya me lo has dicho... ya...

Aquella noche Perico y Mariuca tardaron mucho en dormirse. Y no porque extrañaran el petate que les habían acondicionado o porque les atemorizara dormir en la gruta, sino por la gravedad de la cháchara en que estaban empeñados.
—¿Te has fijado, Mariuca, qué ojos más rarísimos tenía ese hombre que llaman Ugenio?
—Siiiií...
—¿Sabes lo que parecían...?
—¿Qué?
—Parecían esos carbones que hay en la chimenea cuando se cree que se ha apagado el fuego, pero que no está apagado del todo porque si los tocas te quemas.
—¡Noooo! ¡No paicían esu! ¡Lo que paicían eran caramelucos de fresa!
Largo silencio.
—Mariuca... ¿estás dormida?
—No.
—¿Sabes también lo que parecían?
—¿Qué?
—Parecían dos soles... pero dentro del agua.
—¡Nooo! —protestó Mariuca, a quien las comparaciones de Perico le resultaban un tantico rebuscadas—. Lu que paicían eran unos fruticos qui jay en mi pueblu y que lis dicen cerezas...
—Pues a mí me parecían soles.
—Pos a mí, no.
Nuevo silencio.
—Mariuca...
—¿Qué?
—¿Estás despierta?

—Sí.
—¿Sabes también lo que parecían?
—¿Qué?
—Encías.
—¡Sopla! ¿Y esu quí cosa es?
—Pues eso que se ve cuando se te cae un diente.
—¡Yo nu teno de esu!
—Sí tienes.
—¡Que yo nu teno, Pericu, que noooo!
—Pues si no tenías encías eras una serpiente.
—¡Que yo nu soy una serpente, y tampoco tengo desu!
—Déjame que te toque y verás.
—¿El qué?
—Las encías.

Abrió Mariuca la boca y apenas comenzó su compañero a hurgar con el dedo inquisidor, apretó los dientes con fuerza. Perico dio un grito.

—¿Ves como no teno? —exclamó la muy traidora.

Y punto seguido añadió:

—Lu que paicen isus ojos son soles.

Perico protestó.

—Eso ya lo dije yo antes.
—Nu lo diciste.
—Sí, señora. Dije que parecían soles dentro del agua.
—¡Peru yo nu digu dentro! ¡Yo digu fuera!

San Pablo aconseja al varón que en casos tales ceda parte de su autoridad. Perico no había oído hablar de San Pablo, pues no es santo apto para menores (al revés de San Roque, San Francisco, San Tarsicio o el pequeño Guy de Fontaland, a quien los franceses no acaban nunca de canonizar, a pesar del dineral que se gastaron sus buenos padres en tamaña empresa); pero, aunque no había oído hablar de él, cedió por puro sentido de la prudencia limitándose a pasarse la lengua por el dedo dolorido.

—Por poco no me haces sangre.

El vocablo «sangre» sugirió a Mariuca un nuevo parecido con los ojos de Eugenio, que no era gastronómico más que a medias.

—¡Esu es lo que paice: sangre de corderuco en un cuencu!

Perico mejoró notablemente la metáfora:

—Son ojos como heridas.
—¡Que no, Pericu! ¡Que nu paicen jiridas!

Y en el imposible intento de encontrar al menos un tropo que fuera aceptado por Mariuca... se durmió como un bendito.

P

> «Y la vida, tan bella, pero que a veces hiede
> como un hermoso ciervo que se pudre en el bosque.»

OCHO DÍAS PERMANECIERON encerrados sin poder siquiera acercarse a la boca de la cueva. A lo largo de este tiempo Perico se hizo sumamente popular entre aquellas gentes. No así Mariuca. A pesar de ser la única mujer en muchas leguas a la redonda, no consiguió ganarse ninguna voluntad: quizá por tener la suya excesivamente embebida en la de Perico, cosa que, entre hombres, no suele agradar más que al favorecido.

Quien no acababa de sentirse cómodo en presencia del pequeño era el «Sagrado Corazón», al que el chico atribuía tal conocimiento de los hombres y las cosas, que le ponía en verdaderos aprietos para contestarle. De otra parte, no era costumbre entre los «vaqueiros de alzada» que nadie les besara la mano para saludarlos, y Perico no se cruzaba una sola vez con el asturiano que no tuviese para con él esta insólita deferencia. Con el que más congenió de toda la tropa fue con Roque. Perico se encontraba a gusto a su lado y aunque el prodigioso calvo no hacía nada por merecer tales preferencias, el chico buscaba su compañía, sin duda por la secreta relación que veía en el de la cabeza mocha con su hermana Mariví.

—¿Me dejas que te toque un poco la cabeza?
—Si es tu gusto no te prives.

Perico paseaba la mano por su lironda convexidad.

—¿Verdad que parece de celuloide?

Una tarde, Cosme mandó llamar a Perico. La entrevista tuvo lugar en el puesto de mando, en presencia del lugarteniente Trinidad.

—Escucha, rapaz. Vamos por lo derechu. Ni tú quieres golver a los praderíos de la montaña ni a mí me aconviene que güelvas: tú quieres pasar los picos, y a mí me aconviene que los pases. Así, pues, voy a llevarte conmigo a tierra de faciosos onde tengo que andar a la brega con una tarea que yo me sé... y ciertas cuentas que saldar. Si no morimos toos de asco de arrespirar la ponzoña de aquellos aires, pasados unos días yo me golveré a este cubil y tú seguirás tu caminu. Ahora escucha esto bien...

Perico quiso interrumpirle.

—Y... también vendrá...

¡Nunca lo intentara! Cosme golpeó la mesa tres veces con el puño y gritó con violencia inusitada:

—¡Cuando yo hablu se callan los microbius! ¡Y se cuadran jasta las piedras!

Perico dio un salto atrás atemorizado, pues no esperaba estas voces, ni el fuego de los ojos, ni la contundencia de los ademanes. Trinidad, cruzado de brazos, permaneció impasible.

—Y ahora bébete estas palabras y cata bien lo que digu. El viaje al que vamos no es trance de juegu. Iremus too el tiempo con el credu en la boca y echau el pecho al agua como quien diz. ¡Ni una palabra se ha de hablar cuando yo mande callar, ni un paso se ha de dar sin mi permisu! ¡Nos va la vida en ellu!, ¿hablo claro? Pos entoavía hay algo más. Yo no te llevu conmigo pa ayudarte sino pa que m'ayudes. Eso escúlpelo en la tu frente. Si me sirves a derechas, si jaces sin chistar cuanto te mande, el premio es ponerte en el caminu de Madrid. Esto lo juro por mi nombre. Y mi palabra es ley. Yo me barrunto que tú y Mariuca me podéis servir muchísimo... y que to saldrá a pedir de boca. Si voy juera de trastes y no sirves más que de estorbo, te dejo engüertau en un barranco tal como te encontré... ¡y Dios sea loau!

¡Qué alegría al abandonar la gruta volver a sentir en la piel el zarpazo del duro aire de las alturas y en los pulmones la pura gloria de respirarlo!

Cosme y los suyos se hacían cruces de lo buen andarín que era Perico. ¿Pues no iba a serlo si había recorrido a pie, solo o en compañía de *Trespatas*, toda la provincia desde la costa hasta los picos? Sus piernas estaban avezadas a las subidas y su corazón tenía cuerda para eso y para más.

Antes de salir le regalaron un pasamontañas de cuero, que sobrepuso al que le fabricó Felisa con la lana sobrante del chaquetón de Martín Pescador, y unas polainas a modo de vendas con las que enrolló sus piernas. (Mariuca venía, *en origen*, tan bien *empaquetada* que no hubo necesidad de añadir nada a su primitiva indumentaria.)

Una mañana (bordeada Peñavieja por el Canal del Vidrio, coronado el Neverón de Uriello) descubrieron unos rebecos. Como llevaban el viento en contra y avanzaban en silencio no fueron advertidos por el olfato ni por el oído, extremados ambos, de los antílopes que yacían encamados cuando Perico se dio de bruces con ellos. Creyó morir de pánico, pero bien valía la pena un poco de canguelo a cambio de verlos saltar segundos después, quietos en el aire como si flotaran, encogidos los remos delanteros, tensos los de atrás y la insolente cabeza de aristócratas constipados —¡qué bajeza, Dios nos valga!— alzada, con una majestad que ya quisieran para sí algunos inquilinos del Gotha. ¡Ah, qué gozada la de Perico al ver esto y en aquel escenario, Dios, que parecía el decorado de un sueño! Aquella noche durmieron en un portal como el de Belén colgado de los galayos. (El viento, encajonado entre despeñaderos, sonaba como un órgano.)

¡Ah, qué estupendas experiencias las de aquellos días inolvidables!

La quinta jornada la invirtieron en cruzar un bosque de parte a parte. De no tener imantada la voluntad por la búsqueda de su madre, Perico hubiera propuesto a su joven compañera quedarse a vivir allí para siempre. El otoño había clavado ya su primera dentellada de muerte en las espesísimas frondas y toda la espesura era un puro delirio llameante de oros y cárdenos. En el bosque oyeron la berrea de los ciervos, aunque no les vieron; sorprendieron la estúpida maniobra de un topo —¡mal bicho!— que levantaba la hierba con el lomo al abrir su endiablado camino subcutáneo, en la negra dermis de la tierra; y vieron tales y tantas cosas que sería largo de contar: las huellas del oso, de malos recuerdos; gruñones y peludos jabalíes, que Perico juzgó en seguida algo así como la gente golfa de la especie porcina; ríos pálidos como alas de libélula, y como alas de libélula, transparentes; cascadas finas y esbeltas como abetos «vistos del revés» pues se ensanchaban por la base como la copa de un árbol, y millares de temerarios insectos voladores que pretendían beber en aquel polvillo de agua, jugándose el tipo, ya que corrían el riesgo de ser arrastrados por la corriente y precipitarse en el segundo tramo de la bulliciosa catarata. Vieron miriadas de setas como abiertos paraguas de una colonia de gnomos; y martas cebellinas, rubias como arena fina del mar, que trajeron a *Trespatas* por la calle de la amargura, pues quiso y no pudo hincarles el diente. Y fresas silvestres, de las que Mariuca llenó su pasamontañas.

A medida que se adentraban en tierra enemiga, los hombres se volvían más taciturnos y desasosegados. Pero este mutismo fue quizá uno de los mayores alicientes de aquel viaje singular. Cruzar la pavorosa geografía de las cumbres o el majestuoso escenario de los bosques sin más ruidos que los propios de la naturaleza era una experiencia que merecía ser vivida. Árboles, piedras, insectos, dialogaban en baja voz con el viento, los pájaros, los ríos. Era un murmullo de apagadas cadencias y voces respetuosas; sinfonía de leves rumores, breves susurros, misteriosos roces. Perico, hechizado, intervino en aquellos mágicos coloquios, pues Cosme tenía autoridad para poner silencio en su garganta, mas no en sus pensamientos.

Súbitamente Roque —que iba en cabeza— se detuvo en un recodo del bosque. Llamó a Cosme junto a él con un ademán y elevó el brazo hacia la lejanía. ¡Qué inmensidad la que desde allí se divisaba! La meseta palentina que ellos veían a través de los troncos de los árboles, se extendía a los pies de la sierra como un mar de infinita quietud. El hombre de la montaña que era Cosme, atisbó absorto la llanura en la raya misma en que las dos Españas —la del agua, la del pan— se miran las caras. A su espalda la cordillera Cantábrica. Al frente la sábana inmensurable, apenas arrugada, de la meseta. Detrás, bosques, valles, praderíos, la España verde. Al frente, desnuda y sedienta, la España amarilla. Atrás la cresta, la hoya que quiebra la mirada. Delante la estricta geometría del horizonte donde la mirada no se quiebra. Una voz sonó a sus espaldas.

—¿Dónde está Madrid?

Tan absorto estaba Cosme, que tuvo un espeluzno.

—¡Me has asustau, Pericu!

—¡Mira! ¡Mira! ¡Ahí está Madrid! ¿No lo ves?

—Eso no es Madrid, Perico, eso es Noblejas. Madrid está más lejos... más lejos.

—¿Dónde?

—Por ahí, tirando siempre p'alante, por ahí... En el lau por onde sale el sol.

El niño guardó silencio.

—Y la guerra ¿dónde está? ¡Yo no la veo!

—Vas a enfadarme, microbiu... ¡Cállate!

(¡No se veía la guerra! La línea del frente cruzaba España entera, desde el Pirineo aragonés, en la raya de Francia, hasta el mar de Andalucía, un mar casi africano. Pero tenía razón Perico: aquí la guerra no se divisaba. Habría que desenmascarar para verla cerebros y corazones. Ésta era la retaguardia —la retaguardia y la despensa— del enemigo.)

Buscaron un sitio propicio donde guarecerse y se tumbaron a descansar. Los ojos de Cosme planeaban sobre la llanura como un águila que mira desde la altura la tierra en que nunca osará posarse. Estaba satisfecho. ¿Cómo no estarlo? En cinco días había conseguido ponerse en relación con hombres claves en la raya de cuatro provincias: Santander, Asturias, León, Palencia; había resuelto el abastecimiento de víveres para el invierno; se llevaba un informe cabal de las fuerzas enemigas estacionadas en los pueblos y sabía con cuántos hombres podría contar cuando llegara el gran día de no ser ya más yunque que aguanta sino martillo que tunde. Sólo le faltaba establecer un puente con el Zorro de Noblejas.

Cosme temía y a la vez necesitaba esta entrevista. Guardaba hacia el Zorro las inconfesables e inevitables reservas del hombre de acción ante el conspirador; del soldado que lucha a pecho descubierto respecto al político que mueve sus hilos en la clandestinidad. Quizá cometió el error de traslucir su recelo, o demostrar, ante los hombres que habían de enlazar con el Zorro, su ambición de poder. Así al menos se lo hizo notar Trinidad apenas aquéllos se fueron de la casilla del guardabosques en que celebraron la secreta entrevista. Y es que el hombre de acción que bullía dentro de él traducía sus cavilaciones a una retórica de mitin. Los pensamientos le venían a la cabeza hechos soflama, oratoria de masas, literatura de arenga... y a veces se pasaba de rosca. A Cosme le irritó profundamente la frasecita de uno de los conspiradores. «El Zorro —había dicho éste— es un cerebro sin manos, un Estado Mayor sin Infantería. Tú serás, para bien de todos, las manos que el Zorro necesita.»

Cosme se llevó un dedo torturado a la frente. Se arrancó un vello del entrecejo.

—Lo que está por ver —comentó lentamente— es quién se pone a las órdenes de quién. —Y acto seguido hizo un elogio al jefe nato, al capitán por antonomasia—. ¡La grandeza de los hombres —dijo— no se varea por la estatura! (La de Cosme era menguada y aludía constantemente a ella en sus soliloquios e incluso en sus diálogos.) ¡La grandeza de los hombres se mide por sus actos! ¡Y por sus dotes de mando! ¡Y por su aguante! ¡Y por su empuje! ¡Y por su voluntad de vencer!

Su lugarteniente se lo reprochó:

—No manda más quien habla más —le dijo—, sino quien puede.

Perico distrajo a Cosme de sus divagaciones.

—¿Qué árboles son ésos?

En la lejanía, bordeando un camino que partía en dos la llanura, unos árboles en hilera, esbeltos como lanzas. Eran chopos. Parecían números de tropa —vestidos de gala por el otoño— presentando armas.

Cosme le pasó un brazo por los hombros. Estaba contento del muchacho. Sin la ayuda de los arrapiezos no hubieran podido, sino con grave riesgo, tomar contacto con los enlaces del Zorro...

Ya al segundo día de viaje vivió Perico su bautismo de astucia. Tuvo que cruzar un pueblo del Valle de Valdeón llevando de la mano a Mariuca, que fingía haber sido atacada por un perro rabioso. Debía preguntar por un famoso curandero, Juan Robles, y no responder a ninguna pregunta que le hiciesen. En esto de salirse por peteneras Perico era un maestro consumado de modo que no le fue difícil jugar a las evasivas. El curandero era padre de uno de los guerrilleros de Cosme. Cuando estuviese a solas con él debía decirle: «Tu hijo, el Tonio, está cerca de aquí y quiere verte...».

Aquella noche Perico y Mariuca durmieron en un hórreo, donde los escondió el curandero. Nunca había visto Perico una edificación semejante a esas que usan las gentes de Valdeón para guardar el grano. Se acordó del primer capítulo del libro ilustrado de Geografía de su hermano mayor: *El origen del hombre y los pueblos primitivos,* pues los hórreos —unos tarugos sin ventanas— le recordaron por su forma cuadrangular y las columnas que les separaban de la tierra a los palafitos, esas edificaciones lacustres del neolítico y a la estampa que los dibujaba.

Entretanto, Cosme y Juan Robles, no lejos de allí, celebraban, gracias a Perico, su primera entrevista. El precio que el curandero debía pagar para ver al hijo «onde algún día se dirá», era informar y servir de enlace a Cosme con las fuerzas clandestinas del interior. «¡Si too sale como dices... en la primer escapada me traigo a tu chico!», prometió el jefe. Y añadió: «Mi palabra es ley».

Cosme, al recordar aquello, estrechó a Perico con fuerza.

—¿Por qué me abrazas?

—Porque un día te dije: «Si cumples, te pondré en el camino de Madrid». Y has cumplío, rapaz. Y mi palabra es ley.

El «camino de Madrid», pensó Perico, quizá fuera ese tan recto, bordeado de chopos, que cruzaba de parte a parte la llanura hasta perderse en la lejanía.

Cosme miró el reloj. Llevaban cinco horas de adelanto sobre la prevista por los amigos del Zorro para el encuentro de los dos jefes. La reunión debía celebrarse en las ruinas de un molino abandonado, que Trinidad conocía, a media hora escasa de marcha.

—¿Vamos para allá?

—Vamos...

Rufino Zarco, uno de los ayudantes del Zorro, había dicho:

—La entrevista de mi jefe con usted será histórica para la causa. ¡Por éstas!

Y se besó el pulgar de la diestra para reforzar su profecía.

¡Gran tipo el Rufino...! —se dijo Cosme, al recordarlo, monologando con el cuello de su camisa—. A pesar de su aspecto de hortera endomingado y su tufillo inequívoco de zape, era un hombre útil y sagaz. Quizá no sirviera para empuñar las armas, mas para la intriga y la política, ninguno como él.

Con más sigilo que nunca, avanzaron por la fresnada, el jefe en cabeza, alertas a los más pequeños ruidos. Súbitamente, Cosme se detuvo en seco y torció la cabeza como un gamo que acecha la presencia del lobo entre las frondas. Ni la vista ni el oído le avisaron el peligro: lo presintió su piel, se lo advirtió un sentido sutilísimo alojado en las capas más sensibles del temor. Tensos y abiertos los dedos de las manos, rígido el cuerpo, duros y estirados los tendones del cuello, permaneció así unos instantes. Después se dobló lentísimamente, con movimientos retardados y precisos, hasta quedar cuerpo a tierra. Una brisa tenaz, de mal augurio, agitaba las copas de los fresnos. Cubriendo el cañón con el cuerpo y la llave con el pasamontañas para amortiguar el breve chasquido, montó su rifle. Los demás le imitaron. Roque se situó junto a él. El «Sagrado Corazón» envolvió a Mariuca con sus brazos, dispuesto a amordazarla, y Trinidad prensó con dedos de hierro el morro del chucho.

El jefe buscó los prismáticos. Su vista, acercada por los aumentos y táctil por la ansiedad, fue como una gran mano que tentara la espalda, la nuca, el tricornio de un guardia civil. Sintió cómo la sangre le subía al rostro en oleadas de ira. No era el miedo, no, lo que privaba en él, sino la cólera. ¿Por qué, por qué el recuerdo del Rufino le había rondado todo el día como un sucio tábano con su aguijón? El gran pederasta los había delatado. De no haberse desviado por órdenes suyas del camino demasiado preciso y detallado sugerido por Zarco hubieran caído en el cepo como alimañas. Comenzó a temblar de rabia. El coraje le nublaba la vista. Se mordió la mano hasta hacerse sangre. Era preciso dominarse. Necesitaba huir de allí, no tanto por salvarse como por satisfacer su deseo de venganza. Cosme paseó el visor sobre la nuca del enemigo más próximo. Si quería suicidarse, no tenía más que apretar el gatillo. Le alarmó ver a su lado la cara del toledano. Estaba demudado, crispado por el miedo. Dio la orden de retroceder.

Muy lentamente, teniendo en cuenta de dónde soplaba la brisa que denuncia a los bichos los roces más leves, apretados contra el suelo, reptando hacia atrás para dar siempre la cara al peligro, fueron retirándose en busca desesperada de un cambio de rasante que les cubriese. La menor imprudencia, un paso en falso, una voz, podía ser mortal.

Fueron dos horas terribles, angustiosas, en el límite de la tensión. Perico sufría ante el solo pensamiento de que Mariuca diese una voz, pues habría sido estrangulada irremisiblemente. El perro llevaba el morro brutalmente atado con un bramante y en el cuello un nudo corredizo. Llevarle con ellos era un riesgo. Eliminarlo también, pues avisaba cuanto percibía, advirtiendo a los hombres. No avanzaban una vara sin estudiar cada sombra, cada zarza, cada peña tras la que pudiera ocultarse un hombre. Las orejas del perro se tensaban o distendían a cada golpe de viento; se erizó ante una víbora y avisó sin gruñir la presencia de dos liebres encamadas.

Llegaron a un punto desde el que se divisaba una carretera. Subía de la llanura a la sierra como una serpiente cien veces enroscada sobre sí misma. ¿Cómo cruzarla sin ser vistos, por poca vigilancia que hubiese sobre ella? A lo lejos, la meseta entrevista horas antes volvió a mostrar de nuevo su extraño horizonte cortado a cuchillo.

Cosme exigió a sus compañeros que si uno solo de los tres salía vivo de la ratonera tenía que jurar ante el cadáver de los que cayeran degollar al Rufino, mutilarlo, y echar sus restos a los perros.

Trespatas aguzó el oído y comenzó a ventear el aire con agitación creciente.

—Átalo, y ojo a lo que venga... pues algo viene...

Se oyó el ruido muy lejano de un motor, y apenas las cotas lo permitieron, se vio avanzar el lento escarabajo de un coche, luchando con la pendiente.

—Eso que sube, pue ser la muerte o la salvación.

Cosme tomó por los hombros a Perico.

—Me juraste hacer lo que mandase. ¿Estás en ello?

—Sí.
—El premio es Madrid. El castigo, un barrancu. ¿Tú m'entiendes?
—Sí.
—Pos baja a la carretera. Ponte en medio del caminu con los brazucos levantaus y haz que se pare ese coche. A los que vayan dentro les dices que aquí, y señalas aonde estamos, hay dos hombres muertus y ajorcaus. ¿Estamos?
—¿Dónde están los muertos? —preguntó Perico tan pálido como si él fuese uno. Cosme le zarandeó brutal.
—No apreguntes y haz lo que digu.
Le retuvo cuando ya se iba.
—Espera. La niña que vaya también. Y que grite y mueva las manucas sin decir na, ¿estamos? ¡Hala, corre! Dos hombres muertus y ajorcaus, ¿m'entiendes? ¡Dos hombres muertus!
Tropezando, hiriéndose con las zarzas, resbalando, Perico y Mariuca bajaron la pendiente.
Roque el Toledano estaba descompuesto. Un tic nervioso le contraía el párpado y sus labios temblaban.
—Pueden ser civiles —murmuró fuera de sí.
—Pos mejor hoy que mañana —comentó Cosme—. Es la única salida.
Roque se apartó el sudor que le caía sobre las cejas.
—De esto no tiene que haber testigos, Cosme. No deben quedar testigos.
Cosme le miró, gélido, al fondo de los ojos.
—Se-ré-na-te, o tú mismo no serás testigo de na... Ponte ahí y olvídate de tu nombre.
Se apartaron buscando cada uno su propio parapeto.
Los niños comenzaron a agitar los brazos antes de que el coche coronase el puerto e iniciase la pendiente de bajada en que se encontraban. Apareció tras la primera curva cuando ya iba ganando velocidad. Las ruedas patinaron al detenerse. No eran guardias civiles. El que iba al volante vestía un mono manchado de grasa. El otro, pantalón de pana negra, chaqueta de lo mismo, camisa cerrada al cuello, sin corbata, y boina en el colodrillo.
Permanecieron unos segundos estupefactos, mirando a aquellos rapaces vestidos de montañeros que les hacían señas de que se detuviesen, sin moverse de la carretera cuando ya se

habían detenido. El mecánico fue el primero en bajar.

Mariuca se colgó de su ropa mientras Perico gritaba.

—¡Allí hay dos hombres muertos y ahorcados!

Lo insólito de la declaración hacía que el hombre del mono no le entendiese.

—¡Sigue, José! —ordenó el de dentro—. ¡Sigue y aprisa!

Como no le obedeciese, bajó él mismo para forzarle. Perico le vio caer sin comprender por qué. Debió de hacerse mucho daño —pensó— pues palmoteaba sobre el asfalto sin acertar a incorporarse. El conductor, presa de pánico, rompió a correr hacia la cuneta. No llegó. Pegó un brinco en el aire como un conejo acertado en la cabeza. Dio varios botes en el suelo y quedó quieto, en una postura grotesca, desangelada, como un muñeco de trapo. Ni Perico ni Mariuca oyeron los disparos confundidos con las explosiones del motor. Vieron el violento tamareo de las zarzas y unas sombras exhaladas que se desprendían de la pendiente. Trinidad llevaba dos rifles en la mano. Roque, sólo una pistola. Se acercó al labrador y disparó sobre la nuca apartándose para no recibir la salpicadura. «Fuera testigos», murmuró. Corrió después al mecánico, le zarandeó con los pies (—Fuera testigos—) y aunque le apuntaba no llegó a disparar, pues comprobó que era innecesario. Volvió después el rostro buscando algo, buscando alguien. Perico vio al toledano, a su amigo Roque, el cabeza de celuloide, desfigurada la cara por una mueca de repugnancia, apuntando hacia él. El niño no se movió, no pudo o no supo moverse.

Por un segundo el cañón pasó por la recta de sus ojos. Cosme saltó como un tigre sobre el calvo. Desvió el arma de un manotazo y el disparo se perdió entre las copas de los árboles. Alzó el jefe su rifle por el cañón y descargó un mazazo a Roque, en la nuca, con la culata. Cayó fulminado. En el suelo le remató partiéndole la sien.

—¡Mi palabra es ley! —gritó, apretando los dientes...

Saltaron precipitadamente al coche. Un chasquido de portezuelas, un revuelo de pájaros asustados, un derrapar de neumáticos y —cada vez más débil— el ronquido del motor. Sintió Perico que el monte le daba vueltas. La boca se le llenó de agua. Llevóse ambas manos al vientre y devolvió con espasmos dolorosos un vómito amargo y amarillo. Volvió la espalda a los tres cuerpos y buscó a Mariuca. Abrazados, apretados uno contra otro, echaron a andar, que no a correr por temor a separarse. Aun antes de que se hiciese de noche le creció al horizonte el tumor de una luna grande y amarilla como un pomelo. No hablaron, no se miraron. *Trespatas,* ceñido el morro con un bramante y el cuello por un lazo, quedó amarrado en un fresno. Se olvidaron de él y del mundo y de sí mismos. No vieron como la luna se desgajaba como una fruta madura del horizonte. Anduvieron sin tino, vaciadas sus mentes de toda noticia exterior, horas y horas, en silencio. A sus espaldas, la mole de la cordillera cantábrica parecía un gigantesco animal dormido. La cinta de la carretera se diría encalada por la luna.

—Háblame, Pericu... ¿por qué no me hablas, di?

Hablar era vivir y Perico tenía miedo de vivir. Prefería el nirvana del no pensar; más aún: del despensarse de todos sus pensamientos. No supo en qué momento abandonaron la pendiente. La tierra que ahora pisaban, era llana. Ni entonces, ni nunca, Perico y Mariuca hablaron de los sucesos de aquel día. Y es ardua labor saber si silenciaban recuerdos vivos o si la naturaleza había compensado la debilidad de sus almas infantiles dotándolas de un raro poder —vedado a los adultos—: matar sus recuerdos. Ejemplos hay en la vida de Perico para abonar esta suposición. El viaje mismo en que estaba empeñado en busca de unos fantasmas ¿no era, acaso, una fuga de la triste realidad de su existencia? ¿Una evasión hacia el ideal del que estaba tan necesitado como las plantas lo están de la tierra, el agua y la luz para poder vivir?

—Háblame, Pericu... Teno miedo de que no hablas.

La luna se elevaba frente a ellos y Perico tuvo la vaga impresión —más tarde la certeza— de que alguien a través de ella los estaba mirando.

—¿A que no sabes, Mariuca, lo que hoy parece la luna?

—Pos hoy... la luna se parece a la luna.

—¡Qué tonta!

La fruslería de la chica le hizo bien. Fue como el despertar de una congoja insoportable. Mariuca tardó en disculparse:

—No soy tonta porque otra vez que yo la vi paicía un gajuco de limón.

Perico sentía un gran alivio al oírla. Tenía razón Mariuca, al decir que el no hablar daba miedo. Quién sabe si esta sensación de terror que le ahogaba era sólo a causa de haber guardado silencio tantas horas.

—Parece un monóculo. Eso es lo que parece —comentó Perico.

Mariuca carraspeó. Tenía la garganta seca, e igual que su amigo experimentaba el consuelo del volver a escucharse.

—¿Qué es un monóculo, Pericu?

—Un monóculo es la mitad de una gafa.

Hablaban a trompicones con grandes lagunas de silencio entre voz y voz.

—¿La mitad de una gafa?

—Sí.

Mariuca meditó profundamente.

—Será una gafa para tuertos —dijo al fin.

Callaron largo rato absortos en la contemplación de la gran solitaria.

—¿Sabes una cosa, Mariuca?

—¿Qué?

—Que la noche es tuerta porque nos está mirando con ese monóculo.

—¡Anda, tú! ¡Pos es verdad! ¿Y por qué nos mira?

—No sé...

—A lo mejor —comentó Mariuca—, como estamos solucos nos mira para ver si nos perdemos.

—A lo mejor es por eso...

—¿A ti no te da miedo que nos mire?

Perico estaba conmovido. Se encogió de hombros.

—No sé...

Q

> «Por la llanura fría, allá hacia octubre
> cuando trashuman las merinas lentas.»

MUY A DURAS PENAS pudo *Trespatas* liberarse de la soga que le aprisionaba. Una herida en el cuello y la piel saltada en el morro fueron el precio de su liberación. La lengua fuera, agitado el fuelle, el muñón aterido, *Trespatas* husmeó perplejo el cruce de los caminos. Y estornudando cuantas veces —que no eran pocas— el polvo se le metía por las nachas, siguió el rastro que su olfato le indicaba. ¡Mala tierra! En la suya había más hierba y menos polvo. Cruzó la líne del ferrocarril y oliscando por aquí, venteando por allá, vino a dar bajo la marquesina de un apeadero. No había duda: este tufillo de hembra joven correspondía a Mariuca y este efluvio de varón en capullo, a su amo. Dedujo con esto que los chiquillos habían dormido o al menos descansado en aquel banco de espera. Agotado por la caminata nocturna, se arrejuntó a tan entrañables vapores y se durmió como un bendito.

Las moscas, tenaces y madrugadores, le despertaron. Apenas el sol recién nacido extendió sobre él una dorada y tibia sábana de rayos una familia de dípteros tomó su hocico por campo de aterrizaje y ya no hubo manera de pegar ojo. Desentumeció los músculos, bostezó, saltó del banco abajo y reemprendió su camino.

—¡Eh, tú, tiñoso, cojo, vejestorio... vete a tu tierra, que aquí no queremos vagamundos!

El miserable que dijo esto era un galgo de aspecto aristocrático y decadente que corría entre las ruedas de un carro, atado a una cadena muy corta, debajo mismo del artefacto, y recibía sobre los ojos todo el polvo que levantaba la caballería. El carretero iba medio dormido, envuelto en una manta, y el caballejo —anquiseco, boquihundido— tampoco andaba muy despierto. *Trespatas* no era mudo.

—Más vale mi libertad en tres patas que no tu esclavitud en cuatro, ¡galeote!, ¡presidiario!

—¡Si no estuviera atado, te tragarías esas palabras!

—Pues ya ves lo que son las cosas: yo soy libre y tengo prisa, que voy a hacerle un hijo a tu madre... ¡a ver si la próxima vez tiene más suerte con la prole!

Aceleró el paso *Trespatas*, y rebasó a su reciente enemigo mascullando maldiciones. (Las del otro perro no son para repetidas.)

Definitivamente no le gustaba la tierra llana. En la suya, cuando se oteaba una presencia incómoda, nada era más fácil que evitarla. La montaña estaba llena de sinuosidades, recovecos, atajos. Se daba un pequeño rodeo y el problema quedaba resuelto. Pero aquí no había nada que rodear. Desde una legua se veían los caminantes unos a otros ir o venir por la carretera, sin tener medio alguno de evitarse. *Trespatas* apenas divisaba más carros en la lejanía imaginaba qué nueva injuria tendría que sufrir respecto a sus años o a su cojera...

Al entrar en el pueblo, la presencia olfativa de sus amigos era ya imposible de ignorar. Cualquier rastreador por torpe que fuera hubiera dado con ellos. Siguió el rastro de sus pasos y sus ojos se humedecieron al descubrirles. «¡Malhaya el perro —se dijo— que se encariña con los humanos!» Sentados en los escaños que bordeaban una iglesia, imágenes del hambre y del desaliño, Mariuca y Perico pedían limosnas. ¡Qué estado más lamentable el de sus ropas, manos y pelos! Arriba, en la montaña, los hombres que convivían en la gruta no tenían un concepto demasiado elevado de la higiene y policía del cuerpo. Con esto el contraste era menor. Pero aquí donde la gente, bien que humilde, iba limpia y aseada, la diferencia era notable. ¡Qué de piropos, mimos y abrazos al recibirle! *Trespatas*, que era extraordinariamente sensible a las zalemas, tuvo que sacudir la cabeza para alejar (junto con una pulga) la tentación de una lágrima.

—¿Por qué estabais antes tan tristes y ahora tan contentos?
—preguntó el perro pretendiendo vanidosamente que le halagasen los oídos.

Perico le hizo confidencias. Habían llegado a la conclusión de que si les veían alegres, las gentes no les daban limosna. Otro descubrimiento fue el siguiente: muchas personas antes de echar una moneda, miraban si habían recibido ya bastantes: no fueran a enriquecerse. Por eso decidieron esconder, salvo una pequeña cantidad que sirviera de señuelo, lo que iban recibiendo.

—¿Y tenéis mucho?

Perico guiñó un ojo a *Trespatas*.

—Mucho... —dijo muy bajo. Y al punto alzó la mano a un transeúnte:

—Una limosna. Tengo mucha hambre.

—Teno mucha hambre —repitió Mariuca como un eco.

—Pero, ¿para qué diablos pedís limosna? ¡Hay otros procedimientos más rápidos de agenciarse el manduco!

—Es que... queremos comer pasteles, ¿sabes?

Trespatas, profundamente irritado, se alejó de allí.

Que los niños tenían hambre, cierto. Pero esto —por lo visto— no bastaba para que fuesen socorridos. Era necesario que «además» de «sentirla», la «fingieran», pues de lo contrario nada recibirían. El dador precisaba un recibo de que su inversión estaba justificada: un «pagaré» intercambiable en la eternidad. Aunque Perico ignoraba el *do ut des*, daba algo —por instinto— para recibir algo. Era un puro intercambio de mínimas monedas por mínima compasión. Hizo mal *Trespatas* en alejarse; como filósofo y moralista que era, hubiese enriquecido con una nueva experiencia —de quedarse unos minutos más— el campo de su reflexión.

Con su recién adquirido peculio, Mariuca y Perico penetraron nimbados de un aire triunfal en la pastelería. La dueña les observó con profundo disgusto.

—Pero ¿no erais vosotros los que pedíais limosna en la iglesia?

—Sí.

—¿Y no decíais que teníais hambre?

—Sí.

—¿Y ahora resulta que queríais el dinero para pasteles?

—Sí.

—Pues yo no os vendo pasteles. Si queréis pan, os vendo pan. Pero pasteles no.

La decepción de Perico no se podría pintar. Sin ánimo ninguno de burlarse, sino con la sana intención de comprender la verdadera causa de aquella negativa, preguntó:

—Y el dinero... ¿de quién es?

La mujer le miró perpleja y como acontece con muchos, cuando se quedan sin razones para replicar, sustituyó en su respuesta la congruencia por la ira.

—¡Vete de aquí, descocado! ¡Habráse visto mayor descaro! ¡Vete! Y ya podéis lavaros en el río, que vais hechos unos guarros.

Mariuca, que había asistido boquiabierta a toda la escena, sin comprender palabra, no bien se vieron fuera de la tienda, preguntó a Perico que por qué no había comprado pasteles. A lo que Perico replicó con muy confusas razones que era necesario averiguar antes que nada de quién era el dinero que tenían en los bolsillos, si de ellos mismos o de quienes se lo dieron. Porque, en este segundo supuesto, si se lo habían dado para que compraran pan, y no compraban pan, a lo mejor venían uno a uno y se lo quitaban. En estos escrúpulos andaban cuando se acercó a ellos una niña para hacerles —todo ello con mucho sigilo y misterio— una insólita proposición.

Había presenciado —les dijo— la conversación con la pastelera y les proponía le diesen a ella el dinero.

—Yo compraré los pasteles y después salgo y os los doy.

La muchachita era preciosa, lo cual agradó a Perico en la misma medida que disgustó a Mariuca. Tenía el aire inconfundible de las marisabidillas y hacedoras profesionales de favores, pero esto no mermaba un ápice sus personales encantos. No vestía como las demás niñas del pueblo. Por algo era su madre de lo más empingorotado del lugar. Calcetines blancos hasta un palmo de la rodilla, zapatos de charol con hebilla, chaqueta celeste de angora y dos trenzas gordísimas rematadas con dos lazos de mariposa del color de la chaqueta componían lo mejor de su tocado e indumentaria. ¡Ah, también tenía dos hoyuelos en las mejillas que cautivaron a Perico!

Aunque Mariuca demostró su disconformidad con dos gruñidos intraducibles, el chico vació en manos de la joven mediadora todo cuanto tenía. No habían transcurrido dos minutos cuando la mujercita de trenzas y calcetines se acercó a ellos con un paquete en la mano y aire de consternación. El problema era el siguiente: había comprado los pasteles —diciendo que eran para su madre—, pero no le habían aceptado el dinero, puesto que en casa tenían cuenta con la tienda. Y como no había podido negarse porque entonces se hubieran dado cuenta de que mintió, pues... ¡aquí estaban los pasteles, y aquí el dinero! Pero ¡qué conflicto! ¿De quién era ahora cada cosa?

—El dineru es nuestro —afirmó categóricamente Mariuca— y los pasteles tamién.

Perico sugirió una transacción. Que se repartieran entre todos monedas y golosinas y se quedaran juntos los tres jugando y comiendo.

La «niña bien» observó a Mariuca con el rabillo del ojo.

—En casa me regañarían —comentó. Y después de mucho dudar dio media vuelta y se alejó.

Perico corrió tras ella. No podía creer lo que había oído.

—¿Te regañarían por jugar con nosotros?

—Sí —respondió alzando la impertinente nariz.

Perico insistió hasta la humillación.

—¿Y no quieres comer un pastel?

La chica dudó. Se debatía entre la tentación del paladar y los convencionalismos sociales.

—Es que... me da vergüenza.

—¿Te da vergüenza «de» comer un pastel?

—¡No me da vergüenza «de» comer un pastel! —precisó—. ¡Me da vergüenza «de» que me vean comerlo... con vosotros!

La sonrisa de Perico volvióse inexpresiva. Se alzó de hombros como diciendo «no importa», pero su ademán fue insincero. La vio alejarse con pena. Cuando se volvió hacia su compañera la vio muy atareada hurgándose la nariz. La verdad —pensó— es que la pobre Mariuca está bastante desastrada y sucia. La frase de la pastelera —acerca de lo guarros que iban— y la mirada despectiva que la jovencita había dirigido a su amiga, las guardó Perico toda la tarde en su corazón.

El banquete que se dieron en la plaza pública los dos pequeños pordioseros fue motivo de escándalo en el pueblo, pues era indecente —dijeron— que gentes con capacidad económica para comer pasteles se dedicaran a pedir limosna (sin preguntarse, claro, si los forzados a pedir limosna tenían o no derecho a comer pasteles.) ¿Y qué hubieran dicho, de haber conocido la inversión que hizo Perico de su dinero, una vez que hubo satisfecho gratis su apetito? Ni por un momento se le ocurrió preguntarse qué comerían mañana. Se acercó a un vendedor ambulante que había instalado su puesto en el mercado y le compró a Mariuca un collar rosa de cuentas de pasta ensartadas en un bramante y dos pulseras de tres vueltas del mismo color y material. ¿Quién se atrevía ahora a decir que iban hechos unos guarros; quién de hoy en adelante miraría a Mariuca despectivamente y de reojo? Con esto y con dos manzanas que adquirió la niña (por no muy lícitos procedimientos) salieron de aquel pueblo carretera adelante para no volver más.

El juego que Perico propuso a Mariuca durante aquellos primeros días de viaje por tierras llanas consistía en ver cuál de los dos descubría más diferencias entre las cosas, personas o animales vistos en la Montaña y los que ahora encontraban a su paso.

Al tercer día de caminata Perico iba venciendo por 27-1.

—¡Yo empiezo! —había dicho Mariuca el primer día. Y después de hacerse explicar por tres veces en qué consistía el juego, afirmó que «su tierruca estaba como de pie y esta otra tierruca estaba como tumbada». Con esto se acabó su inspiración. Perico, en cambio, observó que allá los carros iban tirados por bueyes y aquí por mulos o jamelgos; que allá los perros eran todos (salvo el *Rubio*) pequeñajos, nerviosos y regordetes, mientras que aquí —tierra de galgos— eran alargados y esqueléticos. Observó que las casas eran de adobe y allá de piedra y madera; que en la Montaña las hierbas de la pradera se metían en los caminos y aquí en la meseta era el polvo de los caminos el que se metía en los sembrados; que allá los árboles eran anchos (hayas, robles, castaños) y aquí altos y espigados (álamos, chopos, cipreses); que allá todo era verde y gris y aquí ocre y amarillo; que allá había vacas y corderos, aquí corderos y cabras; que allá las veredas y senderos eran como serpientes y aquí como lanzas.

—Yo no juego más —cortó de pronto Mariuca.
—¿Por qué?
—Pos porque no.

A pesar de la deserción de la perdedora, Perico no podía evitar decir en voz alta las nuevas diferencias que fue encontrando en días sucesivos; allá, los ríos eran muchos y bulliciosos, aquí, pocos y solemnes; allá, las gentes se tocaban con boinas, aquí con gorras, allí era fácil comer y aquí el hambre hurgaba las tripas con mal estilo.

—¿Sabes, Mariuca, lo más distinto de todo?
—¡Que yo no estoy jugando a esu... Pericuuu!
—Pero es que yo te lo quiero decir.
—Pero yo no quiero que tú me lo dizas.
—Y si ya no jugamos más, ¿quieres que te lo diga?
—Si no jugamos más, sí.

Abrió el chiquillo los brazos con tristeza.

—Lo más distinto de todo es que *Trespatas* ya no nos quiere.

No le faltaba razón a Perico para pensar esto, pues raro era el día en que *Trespatas* no desertaba de su compañía. Mas si el niño tenía razón, el perro tenía sus razones: en la Meseta era harto más fácil encontrar un rastro que no en la Montaña. No había, pues, riesgo alguno en perderles para siempre. Los reencuentros tenían al menos el aliciente de lo inesperado. Y así como el primer día los encontró de limosneros en Guardo, otros los halló ejerciendo las más insólitas actividades: vendiendo castañas en la carretera; robando mazorcas en una huerta; comiendo en un Albergue de Auxilio Social en Aguilar de Campoo; contratados por un cabo furriel para ayudar a pelar patatas a los encargados del rancho en una guarnición de Herrera de Pisuerga, o avanzando de la mano a las horas de sol, a paso lento, por el camino largo, bajo los álamos de bronce.

Los días eran cada vez más cortos; las noches, cada vez más frías. A medida que Mariuca y Perico se abrigaban más y más echándose encima todos los harapos de sus hatillos, los árboles, por contraste, se desnudaban temerariamente. Esto a Perico le parecía de una soberana incongruencia. Lo lógico hubiese sido al revés: desvestirse en verano y abrigarse en invierno.

—¿Has visto, Mariuca, qué tontos son los árboles?
—¡Que no son tontos, Pericuuu!
—Pues yo digo que son tontos.

—Pos yo no.

—Y si son listos —argüía Perico, cuya falta de malicia le hacía concebir esperanzas en la capacidad de razonar de la mujer— ¿por qué se desnudan cuando hace frío y se abrigan con hojas cuando hace calor?

Mariuca era lenta, pero segura. Miró las altas copas de los árboles, miró las hojas secas y caídas que alfombraban la alameda de melancolía y dio esta sorprendente razón:

—Los árboles se desnudan ¿sabes por qué, Pericuuu?

—¿Por qué?

—Se desnudan pa que nos abriguemos tú y yo.

—¿Y cómo nos abrigamos tú y yo con los árboles?

—¡Con los árboles no, Pericu! ¡Yo digo con las hojucas que tiran al suelu!

Perico no acababa de comprender. Mariuca se explicó:

—Si estamus aquí de noche y hace frío y no tenemus cama, ni casa, ni gruta, ni ermita, ni aprisco, ni nada... pos hacemos una montañuca de hojas y nos metemos dentro.

Perico consideró que era una idea absolutamente genial. Todas las fatigas y penalidades del viaje (la mayor de todas, tardar tanto en ver a su madre) valían la pena por estas dos cosas solas: ver a Martín Pescador izar un atún en cubierta después de envarbascar el agua... y dormir una noche bajo un enorme montón de hojas secas. ¡Qué maravilla! Y como al chico le hacía ilusión, y tal como decía Mariuca no tenían «cama, ni casa, ni gruta, ni ermita, ni aprisco, ni nada», así durmieron aquella misma noche, del ocaso al amanecer, arrejuntados con multitud de pulgones, coleópteros, lombrices y otras criaturas de Dios que se aprovecharon de su industria para protegerse del frío casi invernal.

—¿Sabes una cosa, Mariuca? —murmuró Perico enterrado bajo dos metros de hojarasca y haciendo campana con las manos para que las hojas no le entraran en la boca.

—¿Qué?

—¡Que los árboles son muy buenos!

—Pos si tú tenías frío y no había hojas, yo tamién me desnudaba para taparte —confesó Mariuca.

—Y si tenías frío tú, también me desnudaba yo, para taparte —replicó Perico, que no quería quedarse atrás en aquel duelo de generosidades.

El calorcillo de los cuerpos, protegido por la tibia cámara de la hojarasca, arrebujó sus parcas humanidades hasta el amanecer. Si plácido fue su sueño, no lo fue tanto el despertar. Una violenta sacudida, lamentos angustiosos, zarpazos, la luz de pronto en los ojos... el frío del alba en la piel, y *Trespatas* junto a ellos convertido en frenético desenterrador.

—¡Uf! Me habíais asustado, muchachos. Creía que estabais muertos...

—¡Los niños no se mueren! —protestó Perico—. ¿Verdad, Mariuca, que los niños no se mueren?

—¡Nooo! ¡No se mueren! —confirmó Mariuca.

Y *Trespatas* les miró con infinita humildad y asombro, pues aquella confesión confirmaba la enorme superioridad de los humanos sobre el resto de las criaturas.

Y un día aconteció lo que, siendo tan previsible, *Trespatas* no había previsto. El perro perdió el rastro de los niños y con él —para siempre jamás— la esperanza de encontrarlos.

La culpa fue de una lulú mimosona y sin escrúpulos que la retuvo no ya ocho años como la ninfa Calipso a Ulises, aunque sí mucho más de lo prudente.

Cuando *Trespatas* se apartó de su compañera (prometiendo, el muy bellaco, lo que nunca pensó cumplir: volver a verla), estaba ya muy avanzada la mañana. Anduvo a buena marcha por el camino siguiendo la olfativa estela todo el largo día hasta el atardecer. El sol ya se había escondido cuando el rastro desapareció.

Una corriente de agua se interpuso en la línea de los queridos olores: era el Canal de Castilla.

Alzó *Trespatas* la cabeza y no vio puente alguno que lo cruzara. Era difícil entender cómo lo hicieron los chicos, pues según sus noticias Mariuca no sabía nadar. El perro lo pasó de parte a parte pateando torpemente y sufrió lo indecible para trepar por la orilla opuesta, pues la pendiente de cemento era pina y resbaladiza. Al llegar a la otra banda no había ni rastros del rastro. Creyó enloquecer de rabia y tristeza. Aulló como un cachorro ante su madre muerta. La corriente de agua —teñida de rojo por el crepúsculo— cruzaba el paisaje de parte a parte como una vena de sangre.

R

> «Si algún día pinto un mapa
> te pondré en el litoral.»

Desde que empezó a atardecer habían pretendido buscar refugio donde pernoctar, pero la llanura se extendía ante ellos desnuda y amarilla, sin que una sola construcción se adivinara entre los dos horizontes: el que ya oscurecía frente a ellos y el llameante por el crepúsculo que ardía a sus espaldas.

—Díceme ónde vamos a dormir hoy, Pericuuu... ¡dícemelo!

El niño enrojeció. Sentíase responsable de los terrores de Mariuca; de la deserción de *Trespatas*; de no tener previsto en qué almohadas de pluma reclinarían la cabeza o en qué sábanas de holanda envolverían sus cuerpos para dormir cada noche a lo largo de su insensato recorrido.

Y es que... la víspera, venciendo todos los recelos y haciendo oídos sordos a todas las protestas de su joven compañera, habíase empeñado en dormir en las ruinas del más siniestro castillo que cabe imaginar. Y ahora, cargado del remordimiento que a veces da la experiencia, confesábase haber errado.

Lo de «siniestro» es poco si se trata de recordar la noche que allí pasaron, aunque excesivo si se aplica a las horas que precedieron a su llegada.

Situado en lo alto de la única peña que emergía de la llanada, estaba nimbado de un hechizo que atría a Perico (hombre al cabo) por cuanto tenía de misterioso; en la misma medida en que repelía a Mariuca, recelosa, como mujer, de misterios y fantasías.

No hay caleidoscopio más rico en figuras caprichosas y cambiantes que el perfil de un castillo en ruinas al acercarse a él. Parecía primero el esbelto tajamar de un velero desbrozando terrones por el duro mar de Castilla, con un terrible espolón floreteando al viento, mas apenas cambiaba la perspectiva se movilizaban los planos de su estructura y semejaba cien cosas más. No tardó Perico en reconocer —y así se lo hizo saber a Mariuca— nada menos que el Arca de Noé encallada en el primer bajío al descender las aguas del Diluvio bajo el triángulo azul de la mirada del Dios del Antiguo Testamento, caprichoso y vengativo como un sátrapa oriental. Mas he aquí que a Mariuca se le daba una higa del Diluvio, del Arca y de Noé con todo su zoológico flotante, y en cuanto a Jehová le infundía pavor, de modo que no pudo estar más desafortunado el galán para vencer sus naturales temores. En esto andaban cuando muy cerca de ellos se detuvo un automóvil del que bajaron una joven y un caballero para fotografiar el castillo, mas, al descubrir a los niños, juzgó la dama con razón que como ruinas eran más interesantes las que vestían y calzaban los mozalbetes que no aquellas otras fosilizadas ya por el tiempo, que se veían en la lejanía y a las que dedicó las preferencias de su cámara el caballero. Se trataba, según supieron más tarde, de dos periodistas: ella alemana y él francés y de muy distintas posiciones políticas, por cierto. Lo que nunca supieron es el destino que iban a alcanzar sus placas fotográficas. Las ruinas del castillo captadas por el francés se publicarían en París afirmando que eran restos de pueblos españoles bombardeados por la Legión Cóndor. Las de los chicos —imágenes del desamparo, harapos vivientes, mugre caminante— servirían para confeccionar unos carteles murales alusivos a la vida de los niños campesinos en la Rusia soviética, paraíso del proletariado... ¡Manes de la propaganda! Venía de cicerone con aquellos «notarios para la Historia» un buen sacerdote, cura párroco de un pueblo cercano, hombre de muchas letras y pocas luces, quien preguntó a los chicos si conocían el camino para subir a las ruinas. Respondió Perico con mucho desparpajo afirmativamente y que allí iban ellos; de modo que los subieron al coche y tras muchos sudores y riesgos de quebrar las ballestas consiguieron al fin dar con un sendero de cabras que enfilaba hacia la peña. Parece ser que el buen sacerdote, nuevo en el lugar, del castillo lo sabía todo salvo el medio de llegar a él. Entre aquellas piedras —dijo— resistió el conde Gelmírez siete años a la morisma, al cabo de los cuales pidió a sus sitiadores le concedieran la gracia de dos días de tregua para ocuparse de arreglar algunos asuntillos de gobierno interior. Es el caso que había recibido un soplo: mientras se desriñonaba al frente de sus huestes lanzando saetas desde las aspilleras, pez hirviendo desde las almenas o corriendo a los moros en arriesgadas salidas de murallas afuera, la condesa Gelmírez —de muralla adentro— ocupaba sus ocios cual no convenía a su decoro tanto como a su gusto. Con esto, el buen conde la mandó emparedar muy gentil y cortésmente, junto con su amador, sin olvidar el laúd con que éste la festejaba, pues el mozo, a más de tañer otras cuerdas, tañía las del laúd que era un primor.

—¡Muy español! —comentó el francés, estremecido. Y el buen cura se lo agradeció, tomando la exclamación por elogio, pues ni a otra cosa que a alabanza podría sonar en sus celtibéricos oídos lo de «muy español», ni al hombre se le ocurría qué otro destino más apropiado podía haber dado en tales trances el bravo conde Gelmírez al juglar, a la condesa y al laúd.

No acaba aquí la historia. Parece ser que unos soldados de Napoleón descubrieron diez siglos más tarde los cuerpos de los «emparedados» y se llevaron el laúd —una joya del siglo ix—, que aún hoy día puede admirarse en el Museo Municipal de Poitiers, donde cada año —al decir del cura— se celebraban, en desagravio, unos juegos florales en exaltación de los adúlteros.

—De los amantes... —corrigió el periodista.

—En cualquier caso... ¡muy francés! —comentó el cura al concluir su historia. Y el periodista, en correspondencia, sonrió halagado, pues no a otra cosa que al más fino de los cumplidos le sonaba lo de «muy francés», ni al hombre se le ocurría qué más bella cosa podíase hacer para exaltar el amor que organizar unos juegos florales en honor de sus mártires emparedados en la feroz España.

Llegaron a las proximidades del castillo; echaron pie a tierra; dispararon sus cámaras los fotógrafos sobre niños ruinosos y ruinas con niños; buscó el francés los mejores ángulos para justificar un pie que dijera: «Niños supervivientes del bombardeo de *les boches* buscan entre las ruinas de su casa los restos de sus padres»; enfocó la alemana una zona que diera pábulo a su lema publicitario «niños soviéticos de un *koljós* buscan raíces para alimentarse en las cercanías de Leningrado»; y, cumplido su propósito, renunciando muy cumplidamente a escuchar una sola barbaridad más a cuenta del conde Gelmírez, agradecieron al cura sus buenos oficios, anunciándole que le depositarían en su pueblo; premieron a sus «modelos» con chocolatinas y palmadas en las mejillas; y se largaron con buen viento.

Propuso Perico a Mariuca que sin pérdida de tiempo buscasen a la condesa Gelmírez y a su eterno trovador; sugirió Mariuca a Perico que se fuesen de aquel antro cuanto antes sin necesidad de saludar a tales señores y no estaba aún decidido qué criterio había de imponerse sobre el contrario, cuando comenzó a granizar y a descargar el cielo sus malos humores con tan grande aparato de rayos, relámpagos y truenos que pusiera espanto en los corazones menos pusilánimes, cuánto más en los muy tiernos de nuestros amigos.

Fuese la tormenta, pero llegó la noche y con ella los grajos y cuervos que de tiempo inmemorial se guarecían el castillo. Si uno de ellos era o no era el rey Arturo —convertido en cuervo por sus enemigos, como saben hasta los párvulos, y a quien los celtas del País de Gales esperan desde entonces para devolver corona y cetro—, no es cosa sabida. Sí lo es, en cambio, el espanto de aquella noche terrible. El viento —«galán de torres» lo llamó el poeta— batía la del Homenaje sin delicadeza alguna y los grajos y cuervos, más acostumbrados a los fantasmas de los muertos que no a sus descendientes vivos, graznaban acobardados ante los lamentos de Mariuca. Más gemía la niña, más graznaban los cuervos, con lo que subía de punto el horror de las voces de uno y otro bando. Aquella guerra de gargantas tuvo, pues, el mismo origen y principio que las grandes en que dialogan cañones: ya que es el miedo mutuo el que las desata.

Huyeron despavoridos con la primera luz. Como duelos con pan son menos, y lo tuvieron abundante (pues se contrataron como braceros durante media jornada para la recogida de la patata), no volvieron a acordarse hasta ahora de los cuidados sufridos. Pero ¿cómo no sentir la proximidad del pánico al ver que se acercaba la noche y comenzaban a espabilarse las estrellas sin tener resuelto el truculento dilema de no dormir de nuevo o dormir dando diente con diente?

A medida que caían las sombras, la mano de Mariuca fue presionando más y más fuerte la de su amigo. Súbitamente, se detuvieron anhelantes. Muy cerca de ellos una sombra piramidal se destacaba sobre la negrura de la noche.

—¡Ay, Virgen! ¿Qué cosa es ésa, Perico?
—A lo mejor es una casa y podemos dormir dentro —respondió el optimista, bien que con voz insegura.

Se acercaron. Un foso los separaba de la misteriosa construcción. Sobre el hueco había una gruesa tabla a modo de puente levadizo de los antiguos castillos, dato que ignoraban, pues del que conocían no quedaba puente ni sombra de puente. La palparon para cerciorarse; cruzáronla a cuatro patas. Lo que había del otro lado era paja: una inmensa pirámide de paja cuya base se apoyaba en el fondo del foso y cuyo vértice emergía sobre el nivel de la llanura. Se acurrucaron el uno junto al otro para dormir, pero al punto se desató un poco de viento y unos crujidos alarmantes sonaron bajo ellos. Mariuca hincó las uñas en la mano de Perico.

—¡Ay, Perico, esta casuca se mueve! —murmuró horripilada.

El chico contuvo la respiración. También él había creído percibir un ligero movimiento bajo su cuerpo. El miedo contagioso de Mariuca, la excitante negrura de la fosa, el silencio helado de la noche los incitaron a dormir abrazados; enlazados, más que por las manos, por el terror.

Perico fue el primero en despertar. El sol le hurgaba en los ojos. ¿Dónde estaba? Volvió la cabeza incrédulo en todas direcciones. Se restregó los párpados. El problema no era tanto comprobar la evidencia como encontrar una explicación razonable al hecho de hallarse embarcado... entre trigales.

Si hubiera sido amigo de Amadises, Tirantes, Belianises o, sin ir tan lejos, del ínclito «y nunca suficientemente alabado don Quijote de la Mancha», hubiérase creído hechizado y con harta mayor razón que en la covacha de los queseros en el puerto de Aliva, bajo la sombra terrible de los Picos de Europa. El caso es que la barca en que navegaba carecía de motor, velas, remos; iba amarrada por ambos costados a una pareja de mulas que tiraban de ella desde tierra sin que nadie las dirigiera. Con esto la embarcación se deslizaba silenciosa por una cinta de agua con no menos galanura que la carroza de Cenicienta por las ilustraciones del cuento. La cinta de agua cruzaba Castilla de parte a parte, o al menos así lo parecía: tal era la inmensidad —partida en dos por el eje del canal— que desde allí se divisaba. El agua encauzada relucía bajo el sol como la hoja de una espada inacabable; el aire mentía efluvios de primavera, quizá por disculpar a los hombres que tal hacen en sus otoños, y una línea quebrada a veces clara, imprecisa a veces, se alzaba como un preludio de cordillera en la última lejanía. «¿Serán ésas —pensó Perico— las montañas detrás de las cuales está Madrid?» Y este falso río por el que se deslizaba —pues a todas luces era falso— ¿desde cuándo estaba allí? ¿No sería que el cielo, compadecido de su lenta caminata, había hendido de un tajo la tierra, para abrir esta vereda al agua, y a sus afanes un tajo prodigioso? Sonrió al pensar esto y al punto volvió sus ojos al cielo como buscando, o pidiendo, comprobación a su aserto. Y en verdad que la sonrisa de Perico era por sí sola una bella oración.

Volvióse alborozado hacia Mariuca, con intención de despertarla y que compartiese con él tantas maravillas como se desplegaban ante su vista. Mas no lo hizo. Con su collarcito de cuentas rosas y sus pulseras de lo mismo —una en cada muñeca—, parecía una adorable gitanilla rubia. Sólo le faltaban unos pendientes para ser la mujer más enjoyada del universo mundo. En la primera ocasión se los compraría.

—¿Por qué me miras, Perico? —dijo ella sin abrir los párpados.

—Y... ¿cómo sabes que te miro si tienes los ojos cerrados?

—Es que... si me miras no me dejas dormir. Por eso lo sabo.

—Pues te miraba —respondió Perico arrobado— porque estás muy bonita con el collar y las pulseras.

Oír esto e incorporarse fue todo uno. Se restregó los ojos y los clavó en los de Perico. El gesto hosco y desvaído del despertar estaba dulcificado por un si es no es de coquetería. Una pregunta trascendente bullía entre sus labios. Al fin brotó. Habló muy despacio.

—Y... cuando no m'habías regalau el collar y las pulseras... ¿también estaba bonita... o todavía no?

—También estabas bonita, Mariuca. Pero ahora ¡más!

—¿Ahora más?
—Sí.

La niña estiró los brazos para bostezar. Con la cabeza inclinada, como la de un jilguero cuando atiende un rumor, quedóse contemplando las bisuterías que envolvían sus muñecas.

—Yo también te miro algunas veces cuando duermes —dijo Mariuca súbitamente—. ¿Y sabes lo que paices?

—¿Qué?

—Pues paices un Niño Jesús, pero más golfo.

Perico abrió los brazos abarcando la Creación.

—¡Mira, Mariuca, mira, en qué sitio más raro estamos!

La chica se puso en pie. Miró embobado en torno suyo.

—¡Sopla! ¡Si estamos en una barquía!

Se tumbó en proa y metió ambas manos en el agua. Perico la imitó. Los pies de ambos golpeaban rítmicamente el suelo como si nadaran. Era la equivalencia en la gente menuda de la especie humana al gozoso vaivén de la cola de un perro satisfecho.

—Y... ¿has pagado muchas pesetas para viajar aquí? —preguntó Mariuca, cuyo sentido práctico surgía, a veces, en las circunstancias más insospechadas.

—Yo sí, pero tú no —respondió Perico malicioso.

—¡Anda mi agüela! ¿Y por qué yo no?

—Pues porque

al pasar la barca, me dijo el barquero:
las niñas bonitas no pagan dinero.

Y rompió a reír de su propia ocurrencia. (Siempre que sus padres les llevaban al Retiro, en Madrid, a montar en lanchas, sus hermanos mayores cantaban lo mismo. Lo cantaban para hacerle rabiar, pues Perico consideraba bastante injusto que los niños pagaran dinero y las niñas no, por muy bonitas que ellas fueran. El recuerdo de sus hermanos fue desplazado por el de Martín Pescador. «Memorión, eso es lo que tú eres: un memorión...»)

El paisaje que la vista abarcaba era tierno y grandioso; participaba por igual de la majestuosa sobriedad del mar y la ardiente melancolía de la estepa. La meseta palentina, cuadriculada por los distintos cultivos, parecía cubierta por miles de retales de distintos colores recién lavados y puestos a secar. Los chopos que aquí y allá limitaban las heredades se dirían arboladuras de una flotilla incontable: mástiles de la llanura. Unos camiones militares abarrotados de tropas pasaron muy cerca de ellos por la carretera casi paralela a la muy disciplinada vía de agua. Algunos arrastraban pequeños cañones. Los soldados saludaron a los niños y éstos agitaron alegres los brazos para decirles adiós.

Quiso entonces Mariuca saber cómo era el mundo visto desde popa y trepó hasta la cúspide de la montañuela para contemplarlo. Una nueva sorpresa la esperaba. No iban solos en aquel viaje. Sesenta individuos más, de los cuales al menos dos eran humanos (pues el tercero que se tenía en dos pies, no lo parecía) navegaban con ellos en la prodigiosa barquía. Los humanos eran: un hombre vestido de pana parda, una mujer —negros el vestido, chal y toquilla—, un zagal, vestido a la usanza de los pastores de su tierra con zahones de piel de oveja sin trasquilar y esclavina de lo mismo, de modo que todo él parecía una oveja puesta en pie: tan enlanado iba. Medio centenar de corderas, seis carneros y un perro componían el resto de la flotante población.

Mariuca balanceó la cabeza. Viajar con Perico, por esos mundos de Dios, era abrir cada día una caja de música con distintas melodías. No fue éste exactamente su pensamiento —decir que Mariuca «pensaba» no podría ser contrastado sin riesgos—, sino la traducción del sentimiento que quedó en ella apenas se repuso de la sorpresa.

La mujer, vuelta en dirección contraria a la que llevaban, iba agarrada a la caña de un inmenso timón y cuidaba de que la balsa no rozase al avanzar con los bordes del canal. El hombre, cubierto el rostro con una gorra de visera, dormía a pierna suelta sobre la paja. El zagal ordeñaba a las ovejas con tal maestría que daba gusto verle.

Súbitamente el pastor alzó el rostro y la miró.

—¡Ajos!

Azoróse tanto Mariuca al ver la incredulidad reflejada en los ojos del mozo que, sin pensarlo más, se zambulló entre la paja y comenzó a cavar un nicho para desaparecer en su interior. Perico, en este punto, subía a reunirse con su amiga, y al verla retroceder espantada y encerrarse en la parva, pensó que un gran peligro los amenazaba; ni corto ni perezoso hizo lo propio.

—Señor Paco... ¡despierte! ¡Señor Paco! —gritó el pastor zarandeando al hombre de la gorra.

Armóse el pastor de un bieldo u horca pajera de las que se usan para cargar y descargar la paja, y seguido del señor Paco subieron a la parva. No sabían con quiénes habían de medir sus fuerzas. De otra parte parecía cosa de brujería ver la paja agitarse como si una legión de topos enfurecidos cavaran galerías en su interior. El zagal comenzó a hurgar con las púas la montaña movediza.

—¿Qué pasa ahí? ¿Vus habéis vuelto todos locos? —preguntaba Tomasa, la barquera, que no comprendía de la misa la media. Cuando Perico asomó la cabeza entre las cañas secas de la montañuela, creyó ser víctima de una alucinación. Un individuo vestido de pieles, especie de Poseidón del canal y más pequeño por tanto que los Neptunos de los océanos, alzaba en el aire a Mariuca con su tridente. Se tranquilizó un tanto —si es que puede decirse así el descender un grado en la escala del terror— al comprobar que el cuerpo de la chica no estaba traspasado de parte a parte como un espetón por las púas de aquel inmenso tenedor, sino cómodamente sentado sobre ellas. De otra parte, el pastor miraba y remiraba el montón de harapos, con Mariuca dentro, que llevaba en la punta del bieldo con no menos confusión que la del pescador que creyera que es un mero lo que tira de su anzuelo e iza del mar la cama de una sirena con la sirena dentro.

—¡Ajos! ¿Esto qué es? —preguntó maravillado.

Mariuca parecía una porcelana (una porcelana desportillada y sucia) recién sacada de un embalaje. Llevaba paja en la boca, las orejas, las narices y los ojos.

—¡Vete tú a saber! —respondió zumbón el arriero—. ¡A lo mejor es una niña!

—Tom'usté el bichejo, señor Paco —dijo el zagal alargando la horca pajera—, pero invigílela bien. ¡A ver si muerde!

—¡Para el carro, Colás! —espetó la mujer, enseñando al reír el penoso vacío de varios dientes—. ¡Ahí hay otro!

Volvióse el pastor y vio sobre la paja algo que semejaba una pelota abandonada. Retiradas las basuras de sus facciones, resultó ser la cabeza de un niño. Hundió las manos en los hierbajos y lo sacó en brazos.

—¡Pero, bueno —volvió a gritar alborozada la mujer—, si

esto parece un colegio de párvulos! ¿Hay más?

—¡No hay más! —confesó Mariuca.

—¡A ver, Colás, tráilos para acá! y que nos cuenten de dónde vienen y adónde van.

Acercáronse los niños, apoyando el peso del cuerpo sobre un pie y manteniendo el otro en el aire recelosos, como las zancudas antes de atreverse a posarlo en el suelo.

—¡De modo y manera que llevamos polizones a bordo! ¿Adónde ibais, si puede saberse?

Perico y Mariuca sonreían sin decir nada.

—¿A Medina? ¿Ibais a Medina de Rioseco?

—Sí... —respondió Perico.

—Y... ¿quién os espera allí? ¿Vuestros padres?

—Sí —volvió a mentir el chico tragando saliva.

—¡Vaya, vaya! ¿Y qué van a deciros en casa cuando os vean tan sucios?

—Pos... ¡a lo mejor nos regañan!

La mujer los miró entre compasiva y divertida.

—¿Os habéis desayunado?

—No...

—A ver, Colás... Acércame esa hogaza de pan y ese racimo de uvas. ¿Os gusta el pan con uvas?

—Sí.

—¿Y el queso?

—El queso también.

Ventosa, Zarzosa, Osorno... Palencia navegada. Valladolid al timón. La temperatura prudente, el sol piadoso, la brisa apagada; grata la compañía, sabroso el queso, dulces las uvas; los días de navegación —singladuras por los Campos Góticos y Tierra de Campos— fueron, en verdad, inolvidables. Mariuca hizo buena amistad con Tomasa, encargada de manejar el timón, quizá porque la mujer del arriero le recordaba por chunguera, desdentada y zumbona a su bisabuela. Perico, en cambio, volcó sus preferencias por Colás. Si el mozo —que era un alma de cántaro— no tuviese otras cualidades, a Perico le hubiera bastado su indumentaria para sentirse atraído por él. Pero he aquí que el pastor, a más de ir disfrazado de oveja —se vestía con sus pieles sin trasquilar—, y de oler a oveja —pues los pellejos no andaban muy bien curtidos— también tenía, según Perico, cara de oveja, cosa que el chiquillo juzgaba sencillamente cautivadora.

—¿Verdad, Tomasa, que el Colás tiene cara de oveja? —preguntaba a voz en grito—. ¡Mira, mira! —añadía tirándole de un lóbulo—. ¿No ves cómo tiene las orejas en punta, igual que un cordero?

Dicho esto le abarcaba el cráneo, o le tiraba de la fláccida pelusa del mentón, llamando la atención de todos acerca de la semejanza de ciertas peculiaridades de Colás con las reses. Otras veces —¡y esto era una prueba incontestable!— le forzaba a aplicar su mejilla a la cabeza de un inquilino cualquiera del flotante redil para que el señor Paco, Mariuca o Tomasa comprobasen uno a uno el estupendo parecido de los dos ejemplares.

Colás se dejaba hacer complacido estas barrabasadas, como un buen perro pachón se deja mortificar por un niño. Huérfano desde su infancia, pastor desde el destete, más acostumbrado al trato de las bestias que al de los hombres, aquel viaje —comisionado para vender el ganado a la guarnición militar de Medina— representaba su primera salida al mundo: algo así como su presentación social. No era Perico el único que le zahería. Tomasa y el señor Paco le embromaban lo indecible con chascarrillos de tono subido que hacían enrojecer al zagal. Cuando el arriero, para estirar las piernas, se salía de la balsa y caminaba junto a los mulos, la mujer aprovechaba la ocasión para reforzar la carga de sus alusiones y sacarle los colores a la cara, a cuenta de si ya tenía edad para echarse novia complaciente y buscar así compañía y calores más sabrosos que los de sus corderas.

—Porque... vamos a ver. Tú ¿qué edad tienes?

—¡Yo qué sé! —exclamaba éste, mientras se descoyuntaba los dedos entre grandes risotadas y dejaba patinar la mirada por el suelo. Y decía verdad porque nadie le había enseñado a llevar la cuenta de sus años. A cambio de ésta y otras muchas ignorancias Colás sabía cosas que admiraban a Perico: coser cuero, tejer lana, hacer juegos malabares de puntería con cantos de río y tañer la flauta y otros instrumentos de aire y madera (como la siringa y la ajabera morisca) que él mismo se fabricaba. No ocaba de oído cosas aprendidas, ni por supuesto sabía leer solfeo (ni solfeo ni otra cosa alguna), sino que improvisaba a su aire cosas tristes o alegres según la mosca que le rondara. Tumbados sobre el hacinamiento de paja, cuyo volumen iba disminuyendo por la voracidad de las ovejas, Perico y Mariuca se pasaban las horas muertas oyendo a Colás trasuntar a música la torpeza de sus palabras, pues la verdad es que, aparte de tañer, reír, coser, ordeñar y brindarse a ayudar en todos los menesteres del viaje, el mozo hablaba poco y hablaba mal. El rebaño de merinos caretos componía el orfeón de más destemplados balidos que cabe imaginar. Así y con todo, cuando Colás tañía, los lanares se apaciguaban.

En estas músicas andaban cuando Mariuca, con gran alarma en el rostro, apartó bruscamente la siringa de labios del pastor.

—¿Y el lobu se comió al corderuco u no se lo comió?

No pareció Colás sorprenderse por la pregunta.

—Espera, rapaza... ¡Ahora verás lo que pasó!

Y ya iba a continuar su musical narración cuando Tomasa, dando grandes voces, se lo impidió.

—¡Alto ahí! ¡Que yo no creo en las brujerías! ¿Por qué le has preguntado eso al zagal, chiquilla...?

Molesto por la interrupción, Perico lo aclaró todo.

—Es que Colás estaba contando que se le perdió un corderuco, y entonces pues vino un lobo, y entonces...

—¡Pero güeno! ¿Qué fantasías son ésas? ¿Cuándo ha dicho nada el Colás de un lobo, de un cordero ni de la madre que me parió cuando no ha hecho más que soplar por los canales de las flautas esas a las que cofunda Dios?

Perico pareció enfadarse.

—¿Verdad, Colás, que estabas contando que había un cordero ¡así de chiquirritín!, y que tenía una mancha negra en los ojos que parecía unas gafas de sol, y que se te escapó para jugar con una mariposa amarilla por unas rocas que estaban muy hondas, y que entonces vino un lobo que tenía las orejas rotas, porque le había mordido un mastín y que entonces tú le llamaste y el corderuco no podía subir, y que...?

—Lo de las orejas rotas del lobo —puntualizó Colás— yo no lo dije. Pero todo lo demás ¡es más verdad que el mundo!

—¿Lo ves, Tomasa, lo ves? —insistió Perico.

La timonera se volvió incrédula a la niña.

—Y tú, mocosa, ¿también lo has entendido así?

Mariuca movió tristemente la cabeza.

—Yo no —confesó—. Porque la mariposa no era amarilla... ¡Era azul!

—¡Vaya, vaya! ¡Que no vus creo a ninguno! ¡Estáis todos para que os encierren!

Pero no lo estaban, no. Cuando Colás tañía, los chiquillos se compenetraban de tal modo con su arte que entendían las inflexiones de su melodía con tanta o más claridad que si se tratara de las de su voz. Salvo la distinta interpretación de los colores, los lamentos elementales de la siringa —gozo, miedo, duda, esperanza— les llegaban tan directamente al alma que no necesitaban pasar por la oficina de las palabras para alojarse en su entendimiento. Que este de las palabras es un trámite grosero del que están exentos los poetas, los músicos, los niños y algunos bichejos de Dios.

S

«Hoy sé que un corazón debe pararse.»

MEDIADO EL TERCER DÍA, y cuando ya faltaban pocas horas para rendir viaje, un bultejo de color indefinido apareció en la lejanía por la vereda, paralela al agua, en que transitaban los mulos, y fue acortando distancias con el lanchón. Sus tres únicas patas se movían con la celeridad de un molinillo. Apenas le divisaron, Perico, que había reducido a esclavitud al buenazo de Colás, le ordenó que le subiera sobre los hombros, cosa a la que el zagal accedió complacido; le mandó que silbara con toda la fuerza de sus pulmones, a lo que el mozo respondió perforando los aires (y los tímpanos de sus compañeros de viaje) con un silbo prodigioso; le intimó a que el hombro que le quedaba libre fuese inmediatamente ocupado por Mariuca, y el mandato fue acatado sin chistar. Y así hubieran permanecido horas si la impaciencia de Perico no le hubiese forzado a buscar otros modos de exteriorizar su contento.

Llegó *Trespatas* sin fuelle y casi sin vida a la altura de la barca.

—O mandas que se pare pronto ese chisme, o reviento —gruñó el perro.

—¡Páralo! —pidió Perico a Tomasa.

—¡Páralo! —repitió el eco llamado Mariuca.

—¡Para, Paco! —pidió Tomasa a su marido, que cabalgaba en el mulo cabeza de reata. Y al ver que ni se dignaba contestarle, añadió—: ¡Para, hombre, no tengas mala uva!

A Perico se lo llevaban todos los demonios.

—¿No le oyes decir que no puede más? —le dijo al pastor al borde de las lágrimas.

Colás aguzó el oído. Después sentenció:

—A los perros de ese natural no les conozco el salmodio.

—¡Es que es de Santander! —explicó Mariuca, que conocía por propia experiencia la dificultad de algunos por entenderla.

Trespatas, agotado por el esfuerzo, fue quedándose rezagado. Colás, que algo tenía de buen sentido, tuvo que vencer mil dificultades para atender las recomendaciones de Tomasa y evitar que los niños se tirasen de cabeza al agua.

Media hora más tarde llegaron a unas esclusas.

—¡Soo, *Canelooo*! ¡Que arribamos a los vaaasos! —gritó el arriero frenando a las bestias.

Detúvose la barcaza ante una adufa o tablacho de hierro que le cerraba el paso; desunció el arriero los mulos; saltó a tierra Colás para ayudarle, y con gran sorpresa de Mariuca y Perico que —por ir dormidos— no presenciaron otras maniobras similares los dos hombres hicieron caer, a popa de la nave, el telón de una compuerta. Con esto la balsa quedó encerrada en una minúscula parcela de canal.

—¡Eh, eh! —gritaba Mariuca—. ¡Que esta barquía se va p'abajuuu!

Y así era, en efecto. El nivel del agua comenzó a descender a medida que —por contraste— crecían los márgenes de cemento hasta convertirse en altísimas paredes. Y es que se procedía al sangrado del agua por los sobraderos. Perico ignoraba que un barco pudiese utilizar tan original ascensor. En esto chasqueó la manivela de un torno, se oyó un rastrear de cadenas, crujieron las brencas y la guillotina de la compuerta de proa se levantó solemne. Quedó entonces a la vista el siguiente tramo del canal. Tomasa presionó por popa con un bichero sobre el tablacho que permanecía cerrado y la barca se deslizó bajo el dintel hasta detenerse en un muelle de madera putrefacta. Allí los esperaban *Trespatas* y dos guardias civiles.

—¡Muy buenas tardes tengan todos!

—Que Dios les guarde —respondió Tomasa con más cortesía en las palabras que en el gesto.

—¡*Trespatas*, bonito, salta aquí! —gritó Perico.

Las conversaciones se entrecruzaron. Hablaron los canes.

—¿Quién eres? —preguntó el perro pastor.

—Soy amigo de éstos.

—Déjame que te huela.

Uno de los civiles se inclinó hacia la barca.

—Dígame, señora: el más joven de esos hombres que le da al torno, ¿ése llama Colás Martínez por un casual?

—Colás, sí le dicen. Martínez, no sé. ¿Le busca la justicia?

Trespatas comentó con sus amigos:

—Estás como siempre, Mariuca. No has cambiado nada. En cambio tú, Perico, estás mucho más delgado. No puedo dejarte solo. ¿Te acordaste de comer todos los días?

—¡Todos los días, no, *Trespatas*!

Los dos guardias se acercaron al pastor.

—¿Colás Martínez?

—Me llamo.

—Va usted a Medina de Rioseco, ¿no es así?

—Así es.

—Pues si nos hacen un sitio en la barca, así nos ahorramos ir todos a pie.

—Perico —murmuró Tomasa con sigilo—, acércate a los hombres y dime qué hablan los guardias con el pastor.

—Ahora no puedo, Tomasa. ¿No ves que estoy con mis amigos?

Mariuca comentó con el perro:

—¡Pericu es tonto! Hay unas raizucas junto a los ríos que son riquísimas, y él no las quiere comer.

—Es que se me enredan en la campanilla unos pelos que tienen, y vomito, ¿sabes? —se disculpó el chico.

—Pos si se limpian bien son mu ricas —insistió la niña—. Saben a azúcar...

—Serán regaliz —sentenció el perro.

También las ovejas echaron su cuarto a espadas.

—¿Habéis visto, muchachas? ¡Otro chucho a bordo! Por si fuéramos pocos, parió la abuela...

Bajó Colás para adecentar un espacio a la pareja, unció el señor Paco los mulos, amarró la sirga, se instalaron los civiles y la lancha reemprendió, con tres tripulantes más, la navegación.

Tomasa hizo las veces de dueña de casa.

—Por aquí no tendrán ustedes mucho trabajo, ¿verdad, señores guardias?

—No lo crea. En León, en la raya de Asturias, hay una cuadrilla de bandidos que nos tiene a mal traer.
—¿Qué me dice?
—La policía está un tanto alarmada, pues a un confidente que tenían lo degollaron y mutilaron, por vengarse de él.
—Pero eso queda lejos para ustedes, ¿no es así?
—A eso iba. Han reforzado la vigilancia en el Norte con números de Valladolid y Medina de Rioseco. Con esto, los de Tordesillas tenemos que cubrir mucho sector.
—¿Y ustedes son de Tordesillas?
—Sí, señora. Si algo se le ofrece... ¡ya sabe!
—No lo quiera Dios.

Trespatas suplicó a Perico que le dejasen dormir. No podía con su alma.

—Los perros no tienen alma, *Trespatas*.
—¿Que no? ¡Algún día se verá!

Dormido el perro, el chico se acercó al más viejo de los civiles.

—¡Qué sombrero más bonito tienes! ¿Me dejas que lo toque?
—Tómalo —respondió el tordesillano destocándose—, pero no me lo manches, que un civil sin tricornio es como un león sin melena.

Tenía Perico vista de águila y rapidez de simio para descubrir cualquier defecto físico que particularizara a un mortal. Ni había verruga, lunar peludo, tic nervioso u ojo bisojo que no fuera inmediatamente advertido por él, ni medio de evitar, una vez descubierto, que lo trajera a colación con cualquier pretexto.

—¡Mira, Mariuca, mira qué frente más rara tiene este señor! La mitad es blanca y la otra negra.

Corrió Mariuca a comprobar aquel fenómeno.

—Es la raya del tricornio —comentó el hombre—. De aquí para abajo da el sol y de aquí para arriba, no.

Mariuca palpó con las manos una y otra vez la noble frente de la autoridad. Estaba muy sorprendida de que la parte quemada no estuviese más caliente que la sin quemar, sino al revés.

—Venga usted para acá, jovencita —dijo el otro guardia, queriendo liberar a su compañero, mientras atraía a Mariuca hacia sí—. ¿Cómo se llama usted?

—Yo, Mariuca. ¿Y tú?

—Yo me llamo Bienvenido. Tienes un collar precioso.

Mariuca levantó las dos manos como un oficiante al dar el *Dóminus vobiscum* para que Bienvenido viera sus pulseras.

—Me las regaló Pericu...

—¡Qué bonitas son, chiquilla!

En parte por gratitud y en parte porque venía pensando lo mismo desde que le vio embarcar, exclamó:

—¿Sabes una cosa? ¡Eres mu guapuco tú!

Rió el guardia y, alzando la voz, pues los corderos balaban reclamando su porción de paja y haciendo dificultoso el oírse, le dijo a Tomasa:

—Es muy resalada su chica.

—No es mía —protestó la mujer—. Ni el otro tampoco. Son dos basuras, tan puercos van, con vagabundos dentro. Los encontramos aquí al ir a embarcar el ganado. Lo que sí son, es muy majos.

—¿Vagabunda tú, bonita? —dijo el guardia, conmovido—. ¿Con esa cara?

Minutos después, sentada en las rodillas de Bienvenido, Mariuca le contaba con los pormenores más pintorescos la larguísima historia de su cortísima vida.

Molesto Perico a partes iguales por semejantes confianzas y por el recelo que todo uniforme produce en quien no lo lleva, se refugió en el último rincón de la balsa; y dando la espalda a sus compañeros de viaje, dedicóse a contemplar el prodigioso teatro del otoño en activo, desde su palco flotante.

Unos rastrojos ardían a babor bajo la vigilante mirada de una familia de labriegos que abonaban con cenizas las tierras que ya cultivaron romanos, godos y almorávides. Mujeres (tan púdicas que cubrían sus piernas, bajo las faldas, con pantalones de hombre, por no enseñar las corvas al agacharse) se volcaban sobre la tierra para arrancar los sabrosos pistilos de las rosas —azules— del azafrán. Merinos caretos, con sus negras manchas bordeando los ojos como antifaces de rústicos carnavales, creaban a su paso con el polvo levantado de las veredas, las nubes de que carecía el cielo. Una liebre corría cobarde, perseguida por el sueño de un galgo inexistente. Un bando de perdices alzaba el vuelo. Amarilleaban los olmos, giraban inexorables los lentos relojes de las mulas en las norias, desmayábase la tarde, caía el sol.

Tomasa, que no las tenía todas consigo con la presencia de los civiles, se encaró con el más viejo de los dos.

—Oiga usted, señor guardia. ¿Cómo demonios sabe usted que vamos hasta Medina de Rioseco?

—Porque ahí acaba el canal.

—Pueblos hay en el camino donde quedarse.

—La Guardia Civil lo sabe todo, buena mujer.

—¿Y por qué pidió que les hiciéramos un sitio «para evitar, así, ir todos a pie»?

—Era una manera de decir, señora Tomasa.

—¿Y quién le ha soplado a usted mi nombre?

—Ya se lo dije a usted antes. La Guardia Civil lo sabe todo. Ejemplo al canto.

Calóse unos lentes, extrajo el cuadernillo de hule del bolsillo de la guerrera y comenzó a leer:

—Este muchacho es... —y leyó alto para que el pastor le oyese— Colás Martínez, de profesión pastor, hijo natural de Colasa Martínez, que en paz descanse, de profesión patatera. Ambos naturales y vecinos de Herrera del Río Pisuerga. Edad del interfecto, 19 años.

—¿Cuála? —interrumpió Colás.

—¿Cómo que cuála? ¡He dicho tu edad, muchacho!

—¡Ajos! ¿Todos esos años tie ya el hijo de mi madre?

Se chasqueó los dedos, presa de pasmo.

—¡Josús!

Miróle el civil por encima de los lentes, admirado de su simplicidad y llevándole aparte, donde nadie le oyese, prosiguió:

—¿Que cómo y por qué sabemos esto? Te lo diré. Una pareja de compañeros se presentó hace dos días en Herrera para buscarte, Colás. No fue fácil porque no tienes domicilio conocido.

—Ni conocido ni del otro. ¿No le icen a eso trashumancia? Pos trashumante soy. —Señaló a los merinos—. Como ésos...

—En Herrera les dijeron que habías embarcado cerca de Ventosa. Personada allí otra pareja, averiguaron que una balsa conducida por el señor Paco y la señora Tomasa había sido apalabrada por ti para transportar ganado hasta Medina de Rioseco. Como el cuartel de Medina está en cuadro, nos telefonearon a los de Tordesillas y esta mañana nos comisionaron, aquí a mi compañero y a mí... —hizo una larga pausa— para efectuar tu detención.

—¿Cuála detención?

—La tuya, Colás. Se te acusa de deserción.

Con inquietud creciente, Colás había escuchado la explicación de la autoridad, pero no se descompuso hasta oír el nombre del delito del que se le acusaba. Lívido, desencajado el rostro, sudando copiosamente, preguntó:

—¿Y eso qué es?

—Pues eso, muchacho, quiere decir que al entrar en quintas hay que alistarse. Dos meses hace que cumpliste la edad. ¿No has leído los bandos?

Colás no sabía leer, ni qué eran bandos, ni qué eran quintas, ni qué alistarse ni siquiera qué edad tenía. Para él la guerra era cuestión de soldados, y él no era soldado sino pastor. La desazón que aplanó el ánimo del zagal no es para contarla. Se miraba desconsolado a los pies cual si buscase su sombra. No osaba mirar a nadie por derecho. Sentía los ojos de los demás pegados como lapas viscosas en su piel. Presa de infinito abatimiento, atolondrado, dando traspiés, volvióse de espaldas.

—¿Qué haces, muchacho?

Bienvenido, que tenía un ojo puesto en Mariuca y otro en el pastor, se abalanzó hacia él. Cuando llegó ya era tarde. Se había abierto las venas de la muñeca con una navaja cabritera. Le desarmaron sin resistencia, pero tuvieron que luchar con él, ayudados de Tomasa, que abandonó el timón, para cortarle la hemorragia y vendarle el tajo del antebrazo.

—¡Paco! ¡Ven aquí y ayuda!

—Yo a los mulos —respondió el arriero—, tú al timón, ¡y que llueva!

—Detén los mulos o estrello tu barca contra la margen... ¡Calzonazos! ¡Mal hombre!

Tomasa, empapada en la sangre del zagal, le tomó la cara con las manos.

—Pero ¿qué has hecho, desgraciado? ¿Crees tú que hay proporción entre una cosa y otra? ¿Pensabas hacer lo que Basilio, que se ahorcó de un árbol porque el lobo le mató dos ovejas? ¿O lo del hijo de mi prima, que se tiró al paso del tren porque le regañó el maestro en la escuela cuando le faltó un lápiz a un compañero? Pero ¿de qué pasta sois todos? ¿De alfeñique?

—Por arriba o por abajo —sentenció misteriosamente el de la frente a dos colores—, la desproporción es ley.

Quiso con esto decir que Colás era de la pasta de los que lucharon con Cortés en Tlascala, frenaron al Turco en la Mahometa y pusieron banderillas a Bonaparte, lo que, dicho sea por decir, también era desproporcionado. Pero, claro, ninguno le entendió. Ni por supuesto Perico, que, al ver reducido a su amigo Colás a semejante estado de aflicción, sintió trocarse la simpatía inicial por los guardias en irresistible aversión. De otra parte, Bienvenido, el más joven de los civiles, posaba de cuando en cuando sus ojos sobre Perico mirándole de un modo tan singular que éste barruntó que una nueva desgracia iba a abatirse sobre la barca. Presentía un riesgo sin poder imaginar cuál y todo su ánimo se erizaba aprestándose a la defensa.

Tuvieron que atar al pastor —como hace el autócrata con el pueblo— para defenderle de sí mismo.

—Arre los mulos —gritó la mujer, apenas hubo vendado a Colás—. ¡Ahora ya podéis seguir todos! ¡Arre, *Canelo*! ¡A ti te digo y al que te monta!

Agarró Tomasa el timón. El zagal lloraba ahora mansamente.

—Oiga usted, señor guardia: con la necesidad que tienen los militares de hombres fuertes y sanos como el Colás, no le tendrán mucho tiempo en chirona. ¿Verdad que digo bien?

—Eso no es cosa nuestra, señora. Pero si no sale esto de aquí... digo, que pienso igual que usted.

—¿No has oído, Colás? ¿Por qué lloras, pues? ¿No es por eso? ¿Te da miedo la guerra?

—Eso debe de ser —comentó Bienvenido.

—¡No es eso, señor civil, no es eso! —se lamentó Colás con pundonor—. Lo que me quema la sangre son otros López...

—Pues suéltalos ya. Que al que vomita, se le van las náuseas.

—¡Lo que no pue sufrir un hombre es que le lleven las manos atás con una cadena por la carretera alante! ¡Eso es lo que un hombre no pue sufrir! —explicó a gritos Colás ante el estupor general.

—Pero ¿quién te ha dicho a ti que te van a atar con una cadena...? ¡Esto es la remonda! ¡Hay gentes que no creen en Dios y creen a la B. B. C...!

Tomasa dulcificó la voz.

—Lo que tú necesitas es...

Colás la interrumpió, muy excitado.

—Y por eso se ahorcó el Basilio, y por eso se tiró al tren el hijo de la Policarpa. ¡Y por eso me quiero morir!

—Lo que tú necesitas, ya te lo dije antes, es lo que los potros de primer bocado: una yegua, que te amanse y te enseñe a vivir y a saber lo que vale y lo que no vale, ¡que tienes menos letras que una hoja en blanco, caray! Y otra cosa más te digo. Que con lo buen mozo y bien plantado que estarás de uniforme te llevarás las chicas de calle. ¡Como pulgas el perro te las llevarás!

Tantas y tales razones ensartó la buena mujer para consolarle, que casi lo consiguió. Aplacados los ánimos, escampada la congoja, Bienvenido se acercó a su compañero.

—Pues ahora que ha amainado la tormenta... voy a decirte algo que te va a pasmar.

—Hijo, ya voy para viejo y pocas cosas me pasman. ¿Qué es ello?

Bienvenido no apartaba de sus labios una sonrisa maliciosa.

—Dame tabaco, y siéntate.

—Mucho teatro le estás echando. ¡Desembucha, hombre!

—Te he dicho que te va a pasmar. Mira, mientras lío el cigarrillo, hazme el favor de sacar tu libreta.

(Perico, de lejos, los miraba anhelante.)

Sacó el otro el cuadernillo de hule de la guerrera y lo acercó a los ojos de su pareja, abierta por la página que llevaba garabateados los datos de Colás.

—No. No es ésa la página que quiero que leas. Es otra antes que ésa.

Mojó el hombre en saliva la yema de su pulgar y fue pasando páginas y páginas.

—Pasa más hojas, hombre...

—¿Más?

—Déjame que me ponga los lentes. ¡Cuidado que le echas teatro a las cosas! Vamos a ver. Aquí dice... José Heredia, alias

«Navajitas»...

—La siguiente a ésa. Lee la siguiente.

Volvió la página, y en efecto, tal como estaba anunciado, se quedó de una pieza. Alzó la cabeza hacia su compañero y lanzó un silbido prolongado. Instintivamente los dos hombres volvieron sus ojos hacia Mariuca.

—Ten cuidado, que el chico está mirando. Lee bajo, no te vaya a oír...

—«Atiende por Mariuca... 7 años... Pelo tal y tal... Ojos, tal y tal... Desapareció el 10 de octubre en el Puerto de Aliva... junto con un chico de pocos años que...» ¡Me acuerdo muy bien! Cursaron la denuncia desde Santander y comentamos que este caso no podía ir con nosotros. ¡Cómo pensar que iban a llegar hasta aquí! Espera... déjame que me lo lea bien, no vaya a ser que nos obcequemos y no sea lo que tú piensas.

(Perico, el corazón en los ojos, pensó por dónde huir.)

—No hay duda, no hay duda. Mira, lee aquí: «Al desaparecer, vestía...»

Tomasa, agarrada al timón, cabeceaba. Colás dormía o fingía dormir. Mariuca, de espaldas, miraba correr el agua. Perico, pendiente de cada gesto de los guardias, tenía el aire hosco y el instinto alerta. Al ver cómo Bienvenido y su compañero cuchicheaban mirando a Mariuca, sintió parársele el corazón.

—Oye, Mariuca... —habló Bienvenido—, cuando duermes a cielo raso, ¿no pasas frío en las orejas?

La niña, para demostrar su industria contra las inclemencias del tiempo, comenzó a hurgar en su hatillo para enseñarles el pasamontañas. Perico, inocente, atribuyó a esta prueba su perdición. Si le quitaban a Mariuca, se moriría. Ya se sentía morir.

—Mariuca —gritó queriendo distraerla—. Mariuca... ¿sabes lo que te voy a regalar? ¡Unos pendientes!

—Anda, bonita —insistió el guardia—, enséñame con qué te cubres para no pasar frío...

—Mariuca... —balbució Perico—. Unos pendientes muy grandes. ¡Como castañas, pero todos de oro!

—¿Como castañas, Pericu?

—Sí. ¡Como castañas!

—Vamos, pequeña, no te distraigas. Enséñame tu pasamontañas...

La niña miraba alternativamente a sus dos interlocutores.

—Mira, Mariuca, mira hacia aquí —gritó Perico con la voz quebrada—. ¡Un águila se quiere comer a las ovejas!

—¿A que sé de qué color es tu pasamontañas, bonita?

Perico corrió al lado de Mariuca.

—No enseñes nada, tonta... ¿No ves que todo lo nuestro es un secreto?

—¡Me ponu esto y ya no jace frío! —dijo ella exhibiendo triunfante sus orejeras color cereza.

—Tráemelo aquí, preciosa. Enséñamelo. ¿Quién te lo ha hecho?

—Mira el águila, Mariuca. Mira qué grande es... ¡Tonta! ¡Ven conmigo! ¡Tonta!

Mariuca se acercó a Bienvenido.

—Me lo jizo una agüela que yo tenía.

La mirada del guardia quedó enganchada en la de Perico. Se le heló en los labios lo que iba a decir. Nunca, antes de ahora, había visto odio en los ojos de un niño.

T

> «Tren de mis vacaciones: en tus redes
> yo me dejé olvidada una cometa...»

EL TREN PERFORÓ LA NOCHE y entró jadeando, escupiendo hollín y vapor, entre los andenes. Era un sucio reptil de respiración fatigada, enfermo de disnea, que resollaba como si estuviese vivo. Jesús Mendo, el jefe de estación, saludó al maquinista llevándose un dedo a la visera. De la sombra surgieron dos guardias civiles. Uno de ellos llevaba una niña en brazos.

—¿Va enferma? —preguntó el ferroviario.

—Va dormida —respondió el civil.

Antes de subir al vagón, Bienvenido se volvió hacia el banco, medio en sombras, en el que habían esperado horas y horas la llegada del correo. Eran los únicos viajeros en la estación.

—¿Se dejan algo?

Bienvenido tardó en responder.

—No.

—¡Pues andando!

Un crujido seguido de cien crujidos. Y el pitido ululante al ganar velocidad.

Jesús Mendo se desabrochó la guerrera. Bostezó: «¡A casa, que mañana libro!» En el suelo, junto al banco en que dormitaron los civiles, descubrió un bultejo. «¡Zape! ¿No me dijeron los muy vainas que no se dejaban nada?» Se acercó a ver qué era. El rapaz, hundida la cabeza entre las piernas y abrazadas las rodillas con los brazos, dormía profundamente.

Jesús Mendo se rascó el nacimiento del pelo por debajo de

la visera. ¿Qué le iba a él de todo esto? Si se metía a hacer averiguaciones, le echarían a perder su día de asueto. «El que pregunta, se queda de cuadra.»

—¡Eh, tú, chaval, que aquí no te puedes quedar! ¡Lárgate!

Perico desencajó la cabeza de entre las rodillas. Prendido aún por las ataduras del sueño, le miró interrogante.

—¿No me has oído?

No le había oído, no. Miraba en torno suyo nerviosamente, con la angustia en los ojos. ¿Dónde estaba Mariuca?

Como un muelle encogido que se distiende, saltó del suelo y se acercó a las vías. A lo lejos, el tren despeinaba a la noche con vaharadas de fuego.

El hombre sintió un adarme de compasión.

—Si ibas con ellos, dímelo y te llevo al cuartelillo de los civiles para que se ocupen de ti hasta que te reclamen. Pero ¿eres mudo o qué?

Mudo y sordo y ciego, Perico al borde del andén sintió una congoja tan dura y penetrante que perdió el habla, la razón y hasta las lágrimas.

—Mariuca...

Mendo se acarició la barba. Si se lo llevaba de ahí tendría que ocuparse de él. Si lo dejaba, violaba las Ordenanzas. Optó por lo segundo. Antes de marcharse el jefe de estación vio a un perro diminuto que surgió de no sabía dónde y se restregó contra las piernas del pequeño mendigo.

Mediado ya el tercer día, una campesina se acercó al jefe de estación.

—¿Quién es ese niño? —le preguntó.

Al descubrirle creyó el ferroviario encontrarse en el paraíso de los bobos viendo visiones en una torre de viento.

Perico sintió una mano zarandeándole. Apretó los ojos y hundió fuertemente la cabeza entre las rodillas. Oyó una voz de mujer.

—Ayer me fijé en él y le eché unas monedas. No se ha movido. No ha recogido el dinero... ¿Quién es?

Y la voz del hombre:

—No ayer, que fue mi día de asueto, sino anteayer, le vi yo. ¡Ahí mismo donde usted le ve!

Sintió la mano de la campesina sobre su rostro.

—¡Pobre ángel! ¿Estará enfermo? ¿Estás enfermo, criatura?

Perico abrió los ojos y desvió la mirada. No respondió.
—¿Estás solo? ¿Tienes hambre?
Se encogió de hombros.
—Tiene hambre. Mire usted qué ojos. Tiene más ojos que piel: ojos y huesos. ¿Por qué no has recogido el dinero que te eché ayer?
—Es un niño mudo y tonto, ¡déjele!
—Debe usted avisar a Auxilio Social. Si no temiera perder el tren, yo misma me ocuparía.
—Pues si no se da prisa lo pierde... Apúrese, que voy a dar la salida...
La mujer corrió tras el hombre.
—Si nadie lo reclama, yo... Usted conoce a mi marido, avíseme...
Volvió precipitadamente sobre sus pasos. Vació todas sus monedas y billetes de a peseta en las manos del niño. Le cogió los dedos y los apretó sobre el dinero.
Cuando el tren hubo salido, Jesús Mendo se acercó a Perico. Le habló brutal:
—Si esta noche te veo por aquí, te meto en un saco y te echo a la vía.
Le hurgó con el pie en el costado.
—Si no hubiese gente te molía las costillas a patadas. Voy a avisar a la Guardia Civil.
Perico, al oír esto, se incorporó. Sintió un vahído al ponerse en pie. Tuvo que apoyarse en la pared para no caer.
—Vete, Perico, vete o te encerrarán —gruñó *Trespatas*.
Y una vez fuera:
—Ahora come, Perico. Come algo. Mírame a mí. Yo también tengo una pena perra. Y no he dejado de comer ni un día. ¿No ves? Ahí hay una tienda. Entra y compra... Tienes dinero... Come algo. Come, Perico...
Como un sonámbulo, secos los ojos y el pie inseguro, Perico pasó sin detenerse junto a la tienda. El sol de mediodía le acarició la frente y le dio una pizca de alimento con el invisible maná de sus rayos.
—¿Te sientes mejor, Perico? ¿Verdad que es rico el sol?
El Duero, el ancho Duero, tenía prisa de entrar en Portugal. Se inclinó Perico sobre el pretil y *Trespatas* saltó alegremente

para mirar el agua. Venía oscura de tanto morder los márgenes, y con tanta impaciencia de hacerse portugués que a veces se pasaba de rosca, y en roscas se convertía, engullendo las hojas secas —hojas con afán de navegar—, que se aventuraban en la corriente.

—Querías mucho a Mariuca, ¿verdad, Perico? ¿Por qué no hablas? ¿Porque estás solo? Eso es mentira... ¡mentira! ¿Sólo tú? Y yo... ¿quién soy yo? ¿No soy «alguien» yo?

¡Qué bien se veía desde las viejas murallas la sábana de Castilla! Concluida la siega, los rebaños pacían libres en los rastrojos rematando lo que olvidó la guadaña. Los chopos y los álamos se disputaban las orillas del río, de las acequias y los caminos. Una vieja olma corpulenta clavaba sus raíces en el légamo del Duero.

—¡Eh, vosotros! —les dijo—. ¿Qué es lo que miráis embobados? ¿El puente de los siete ojos?

La olma agitó las ramas.

—Una muchacha era yo cuando pasó sobre el puente la Reina Loca con el cortejo fúnebre del rey Felipe. Era noche cerrada. Los hachones encendidos se veían dentro del río como estrellas ahogadas.

Perico y *Trespatas* oyeron sus voces, mas no entendieron sus palabras.

—¿Has visto, Perico, qué puente más raro? —comentó *Trespatas*—. Es un puente en cuesta como el de Carrión de los Condes. Aquí, como todo es llano, tienen que inventarse las cuestas como pueden. ¡No estés triste, macho! Sube por aquí. Ahí arriba hay un convento y las ruinas de un palacio, ¡vamos a ver cómo es!

Un golfillo se deslizaba a través del hueco por donde Juana la Loca vio llegar a Carlos, su hijo, el futuro emperador. Saltó la moldura plateresca que enmarcaba la ventana y con el peso de un pie, melló una de las flechas del escudo de los Reyes Católicos. El escalador corrió a juntarse con una veintena de chiquillos que jugaban a dola.

—¡Sopla tú! Mira ese niño que va hablando solo!
—¿Pues no parece que habla con el perro?
—Menuda mierda de perro...
—Y el muy gilí parece que llora.
—Será marica —sentenció el más pequeño salomónica-

mente.

—¡Tírale una piedra!

Fingieron un tropezón.

—¡A ver si miras por donde andas, chalao!

—No le llames chalao, que es una nena, ¿no ves que va llorando?

—¿Por qué lloras tú, bonito?

—¿No te joroba el muy nenazas?

—¡Quita de en medio, que manchas! ¡Bien vestido!

Un golfo se puso a cuatro patas tras él y otro le empujó. Perico dio una torpe voltereta y cayó de espaldas. Las monelas rodaron de sus manos sobre el empedrado. Los grajos no hubieran caído más rápidos sobre granos de maíz que los golfantes sobre el dinero. Quedó tendido en el suelo, cubierta la nuca con las manos ensangrentadas, temblando empavorecido como una liebre herida cercada de podencos. Huyeron los salvajes perseguidos por *Trespatas* al que apedrearon sin compasión. También huyó Perico en dirección contraria, mas no llegó muy lejos, pues era cuesta arriba y las piernas y el fuelle se negaron a obedecerle. Sentóse medio escondido en el ángulo de una tapia. Ahora sí lloró, sin testigos, sin gritos, con todo el dolor del mundo traspasando su soledad. No pensó en Mariuca ni en su madre. No lloró pensando en nada. Como un cuenco que se desborda, se desbordó su tristeza. Y no hubo más. Oyó la voz de Martín Pescador.

—Pero ¿es posible, chiquillo, que tú quisieses morirte? ¡Díceme tú por qué! ¡Dícemelo si pue saberse...!

—No sé, no sé...

Y lloró, lloró hasta que una voz muy cerca de él cortó en seco su llanto.

—Ave María Purísima.

—Sin pecado sea, hermana. Aquí está la cesta.

Abrió el niño los ojos, pues su curiosidad fue por unos minutos mayor que su desesperanza. Una mujeruca toda vestida de negro estaba enzarzada en la más pintoresca conversación que cabe imaginar con un fantasma, pues la ventanuca ante la que hablaba estaba cerrada a cal y canto. De cuando en cuando gesticulaba, reía, asentía con la cabeza respondiendo a una voz misteriosa y endiabladamente bella (si es que este vocablo puede aplicarse a los ángeles) que no se sabía de dónde podía salir. Al fin la mujer visible alzó la cesta a la altura de la ventana y ésta giró, como si hubiese adivinado su gesto, engullendo el capacho con todo su contenido y devolviendo a cambio un puñado de monedas.

—¿Está bien la cuenta? —dijo la pared.
—Está bien, hermana.
El lunes vuelva por aquí.
—Quede con Dios.
—Que él la acompañe.

Impulsado por la curiosidad, y apenas la mujer se hubo retirado, Perico se acercó sigiloso a la misteriosa ventana parlante.

—¡Hola! —dijo.
Esta vez, la ventana no respondió.

Se puso de puntillas. Sobre la tabla del torno había quedado abandonada una punta de zanahoria que cayó de la cesta. Se la llevó a los dientes y la masticó. ¡Qué rica estaba! Elevó la mano y palpó la superficie por si había más. Al impulso de sus dedos el torno, suavemente, dio un cuarto de vuelta. Era como un cajón giratorio, que tan pronto daba la cara como la espalda según se le empujara. Repitió varias veces la maniobra por si en una de estas vueltas apareciese otra punta de zanahoria. El milagro no se produjo. Súbitamente, sin razón alguna (o con la razón de la sinrazón, que es la única razón de los niños) Perico trepó sobre los salientes de piedra de la pared y se instaló, sentado y encogidas las piernas, en el torno. Empujó con las manos en la pared y giró. ¡Qué maravilla! Era un juego prodigioso y emocionante. Dos segundos de total oscuridad y de nuevo la luz. Ahora se encontraba en una habitación encalada. Ahora se apretaba así, crujían mágicamente las bisagras y de nuevo en el atrio, a la luz del sol. Ahora, de prisa. Despacio ahora. Luz, oscuridad, penumbra: la calle, el túnel, el cuarto. Dejó de jugar. La cabeza le daba vueltas. Sintió la contracción de varias arcadas. Quería vomitar. Se deslizó de su cubil. Las piernas apenas le sostenían. Tuvo que sentarse en el suelo, pues más valía hacerlo de grado que no por fuerza. Cuando se repuso, echó a andar. No le importaba sentirse enfermo. La emoción de haber cometido un acto prohibido como era penetrar en una casa por un agujero giratorio y la curiosidad de saber qué había más allá de la primera puerta, le embargaban el ánimo. Poco después cruzó bajo un arco cuyo umbral no había sido pisado por nadie de su mismo sexo desde hacía seis siglos y se adentraba en la clausura de las hijas de Santa Clara. Atravesó sigilosamente el claustro mudéjar tallado para Alfonso XI en 1341 por los alarifes musulmanes cogidos prisioneros en la Batalla del Salado y penetró en el Salón del Trono bajo el artesonado de cedro que las hijas bastardas de Pedro I y María de Padilla mandaron construir cuando transformaron el Palacio del Rey en convento de Clarisas.

Aquellas piedras destilaban historia. Para Perico, sólo misterio. Excitada al consuno su fantasía por la extrema debilidad de su cuerpo y la visión de aquella extraña arquitectura, Perico se dejó llevar en manos de sus fantasmas con una entrega sólo comparable a la de don Quijote al bajar a la cueva de Montesinos. Una vez, estando Perico convaleciente de una operación de apendicitis, su hermano Santiago le prestó un libro lleno de mágicas ilustraciones: *Las Mil y Una Noches*. Había un palacio con un claustro (parecido al mudéjar del antiguo alcázar de Alfonso XI en el que ahora se encontraba) y creyó —a causa de la fiebre— haber penetrado mágicamente, por ósmosis, de la realidad, al dibujo. En aquella ocasión se había entretenido en imaginar que él subía junto a Simbad el Marino las escaleras pintadas del imaginario alcázar. Pues bien, el tiempo se había vuelto atrás, y aquí estaba él, reducido, moviéndose por las estampas dibujadas, caminando bajo los techos artesonados, de las ilustraciones del cuento. De un momento a otro se inclinaría sobre él la inmensa cabeza de su hermano Santiago. ¡Qué descorazonador sería volver de la fantasía a la realidad! Comprobaría entonces que no estaba dentro de los dibujos como Simbad, Aladino o Alí-Babá, sino fuera de ellos, en la cama y enfermo. Su madre no tardaría en aparecer con agua de azahar, azúcar y un termómetro. Le pondría la mano en la frente.

—Tienes fiebre. Todavía tienes fiebre...

Instintivamente se llevó las manos a la cabeza. ¿Tendría hoy fiebre como aquel día? La piel le ardía como entonces. ¿Dónde estaba? Sintió inclinarse el suelo como el puente de un navío. Oyó a una mujer hablar cerca de él. Era un murmullo gratísimo: como un rumor de agua. Avanzó cautamente hacia la galería de donde venía la voz. Dobló el recodo de la nave. El sol entraba a chorros a sus espaldas por tres ventanales como tres cascadas de oro puro. Quince monjas sentadas en sillas adosadas a la pared se ocupaban en los más diversos menesteres. Sólo una estaba en pie. Alzada en un pequeño estrado, leía en alta voz. Perico dejó resbalar su mirada sobre las que bordaban, cosían ropa blanca o dibujaban, y la fijó sobre dos hermanas afanadas en un trabajo realmente singular: pelar castañas y desgranar maíz. Los granos de la mazorca llenaban una inmensa cuba. Sería estupendo saltar dentro de la vasija (una alfabia grande como aquella en que se escondió Aladino) y sumergirse entre aquellas perlas tan luminosas y transparentes que se diría que encerraban dentro pequeños hijos del sol.

La Madre Abadesa tendría que dejar muy pronto y para siempre de bordar. Sus ojos se cansaban y sólo con mucha claridad se atrevía a reanudar un trabajo que quizá fuera el último. Incluso días como hoy, en que el Cielo bendecía a la Tierra con la mejor luz de Castilla, tenía que retirar constantemente los ojos de la labor de sus manos. Alzaba entonces la mirada y la posaba sobre los haces esplendentes que penetraban por los ventanales. La zona inundada por el sol estaba llena de ínfimos puntitos blancos que flotaban y se desplazaban: Vías Lácteas que cabían entre aquellas paredes. Reanudó su trabajo. Sor Remedios leía entonces un pasaje que la llenaba de infinita ternura: aquel en que el Niño Dios se aparecía vestido de mendigo a la Madre Fundadora Santa Clara para probar su caridad y consolarla en la Fe. Alzó la Abadesa los ojos y vio nimbado de luz, fulgente en medio del fulgor, transparente la piel, ensangrentadas las manos por las benditas llagas al más bello niño que vieran sus ojos. Su primer pensamiento fue que Dios quería bendecir su vista antes de cegarla para siempre, pero al punto le flaqueó la fe, e imaginó que un golfillo de los muchos que atronaban la calle y turbaban la paz del convento había conseguido introducirse en la clausura. Rechazó esta idea como imposible y se debatía en la duda cuando otra hermana, viendo reflejados en el rostro de la Abadesa la perplejidad, el espanto o el gozo, volvió los ojos a donde ella, ahogó al punto un grito en el pecho y cayó de rodillas provocando un revuelo terrible y conmovedor. Sor Remedios soltó el volumen de las manos. El libro se abatió como un pájaro herido sobre el estrado. Varias madres y hermanas se pusieron de pie rechazando la visión como inspiración del diablo. Otras cayeron de rodillas. Alzaban los brazos hacia el niño sin poder contener un gozoso llanto ante su presencia.

Perico, que vio el revuelo producido por su llegada, sonrió como él solo sabía hacerlo a quienes con tantas y tan desoladas muestras de afecto le saludaban. Aquí estuvieron a punto de disiparse las dudas de la Abadesa, pues aquella sonrisa mucho más que angelical era simplemente divina. Sintió un dulcísimo clamor dentro de sí e iba ya a postrarse en adoración cuando el Santo Espíritu, cuidando por la prudencia y discreción que convenía a su autoridad harto mejor de lo que ella misma se cuidaba, dispuso las cosas de otro modo. Y he aquí que el niño se dobló sobre sí mismo, como ropa tendida que se desprende del secadero, y cayó, sin hacer ruido, perdido el conocimiento, sobre la gran mancha que el sol dibujaba en las losas.

U

> «Cuando rasgan el yeso de la celda
> con su luz viva, las apariciones.»

EL DIAGNÓSTICO FUE TERRIBLE. La decisión, prudente. La realidad, implacable. Corrió el primero a cargo de la hermana enfermera: «hambre». La decisión, a cargo de la Abadesa: llamar al médico y consultar al capellán. La realidad, a cargo de la guerra: una peligrosa brecha abierta por el enemigo; tropas transportadas de uno a otro frente bloqueando estaciones y carreteras; hospitales de la retaguardia, repletos; médicos, insuficientes; camas sobrantes —y aun no sobrantes— requisadas en pueblos y ciudades.

—Javier tuvo la mano cansada de bautizar infieles. Yo, de absolver moribundos —les dijo el capellán—. No puedo llevarme al niño. En estas circunstancias nadie en el pueblo se haría cargo de él. Procuraré comunicarme con el señor Obispo para que resuelva tan delicado caso de conciencia..., pero todas las líneas telefónicas están tomadas. ¡Quizá Dios haya querido permitir a este convento anteponer el gozo de la caridad a la severidad de la Regla!

Cuando la Abadesa, llena de escrúpulos, comunicó a sus hijas en religión las inquietudes y confusas palabras del capellán, la hermana Micaela exclamó:

—¡Bendito sea Dios!

—¿Por qué lo dice, hermana?

Micaela enrojeció. Abajó la mirada.

—Quizá no haya entendido yo bien las palabras de Vuestra Reverencia.

—Don Anselmo me dijo —quiso precisar la Abadesa— que quizá Dios haya querido permitir a este convento...

—«anteponer el gozo de la caridad a la severidad de la Regla» —concluyó Sor Micaela.

Se llevó las manos al rostro. Estaba profundamente turbada... Dudaba en continuar...

—Es que esas mismas palabras...

—Siga, hermana.

—No sé si debo.

—Siga. Termine lo que iba a decir.

Habló con ardor:

—Esas mismas palabras (¡las mismas!) han sido mi oración continuada desde ayer. Cuando la hermana Rosario diagnosticó «hambre» y añadió que el niño podía morir esta noche última... y todas vimos que rechazó el agua azucarada que le quisimos dar y Vuestra Reverencia —había un indefinible reproche en sus palabras— se preguntó en voz alta si la Santa Regla nos permitía retener al niño aquí entre nosotras... yo pronuncié en mi interior esas mismas palabras que he repetido incesantemente desde entonces.

Hubo un silencio embarazoso.

—Muy milagreras están todas desde ayer, hijas mías... —dijo riendo la Abadesa.

Después, con voz muy sosegada, añadió:

—¿Qué tiene de prodigioso que unas mismas ideas se expresen con palabras muy parecidas? Ayer el Señor castigó blandamente, con mano de amigo, nuestra soberbia, pues soberbia fue, y de la más torpe y fea, pensar que nosotras, pobres pecadoras, merecíamos el prodigio de una visita como en el que algunas creyeron. Estando tan cerca la lección, ¿seremos tan ciegas de imaginar hoy algo más que mera coincidencia entre las palabras del padre capellán y nuestra hermana Micaela? ¡Vamos, vamos! Menos delirios, menos fantasía y más humildad es lo que pido al Señor para vosotras y para mí.

Hizo una larga pausa. Sonrió.

—En cuanto a esa colisión que algunas suponen entre la caridad y nuestra Santa Regla... ¡Dios nos valga! Esto no debe turbaros, hijas. Es una prueba con que el Señor ha querido medir mi cortedad privándome del consejo que he pedido cuando más he menester de él. Pero es una prueba para mí sola, puesto que soy yo quien ha de decidir qué hemos de hacer con esta criatura que el Señor ha permitido llegue hasta nosotras moribundo y en circunstancias que, en nuestra torpeza, aún no hemos sabido explicarnos.

—Madre, tengo un escrúpulo...

—Si alguna hermana tiene escrúpulos, debe comunicarlos conmigo, a solas. En cuanto a Sor Micaela, el Señor me pide para ella probarla en la misma materia sobre la que recaen los suyos, respecto a... esos inexistentes conflictos (inexistentes, hijas) entre la caridad y la obediencia. Así, pues, le ordeno en obediencia (mientras el señor Obispo no pueda comunicarse conmigo) sea ella quien atienda directamente al cuidado y las necesidades del enfermo.

Sor Micaela no pudo ocultar su gozo ni su sorpresa. Alzó los ojos con tanto júbilo que la superiora juzgó prudente precisar:

—No crea, hija, que es suave la penitencia. Le dará más quebraderos de lo que piensa.

Y se los dio.

—Yo no estoy malo. Quiero vestirme.

—Estás muy malito.

—¿Qué tengo?

—Escrofulismo, desnutrición, depauperación, avitaminosis.

—¿Todo eso?

—Todo eso.

—¿Y me voy a morir?

—No.

—Entonces quiero vestirme.

—No puede ser, tesoro.

—¿Por qué?

—No puedes levantarte, porque lo ha dicho la hermana enfermera. Y no puedes vestirte... porque no tienes ropa.

—Y mi ropa, ¿dónde está?

¡La ropa de Perico! De cuantas partes se componía su vestido y calzado sólo se salvaron, después de un paciente expurgo, las polainas que le regalaron los guerrilleros. El resto de la indumentaria fue condenada, sin apelación, a muerte de fuego. Así perecieron la chaqueta milagrosa de Martín Pescador; el pasamontañas y los calcetines que le tejió la guardesa; el bañador, el pantalón de pana y camisa, que extrajo del armario de Anselma, entre las ruinas de su casa; amén de los trapos, sacos, bramantes, cartones y otras prendas del mismo jaez que había ido agregando, sin concierto, a lo largo de los días a su miserable ajuar.

Un camisón semejante al que las monjas imaginaban que vestían los ángeles, sustituyó provisionalmente a todo lo anterior.

En la primera ocasión que se vio solo Perico se fugó de la cama. Como el pecado lleva consigo la penitencia, muy pronto se arrepintió. Los peldaños que bajó con harta facilidad, no pudo después subirlos. Carecía de fuerzas. Sus piernas y rodillas dijeron «no» inapelablemente. Y esta experiencia fue más eficaz que la más severa reprimenda o la más razonable apelación al sentido común. Perico se alarmó. Jadeante, atemorizado, el pulso descompuesto y la mirada salpicada de latidos, se acurrucó en un escaño y esperó a que Sor Micaela —acongojada hasta el paroxismo— le condujese a la cama. Días después llegó a un acuerdo con su tutora. Nunca más saltaría del lecho sin permiso. A cambio de esta promesa, cada mediodía, a las horas de menos frío, darían los dos un corto paseo de la mano por las naves y galerías. Si la recuperación seguía su curso, se añadirían paulatinamente unos minutos a la parca ración de caminar.

Las tertulias que siguieron a estos paseos —envuelto en toquillas, chales y bufandas—, alimentaban la fantasía de Perico para el resto del día.

—¿Qué quiere decir «antiguo», Sor Micaela?
—Que existe desde hace mucho.
—Entonces Dios es antiguo, ¿verdad?
Sor Micaela, que sabía responder a casi todo, no supo contestar.

—Mira: para que veas lo antiguo que es este palacio. Un día llegaron a Tordesillas unos comerciantes. El rey Alfonso XI los recibió en el Salón del Trono.

—¿Ése del techo tan bonito que parece un mantel bordado pero un poco sucio?

—Ese mismo. El Rey preguntó a los comerciantes: «¿De dónde venís?» Y éstos respondieron: «De Venecia». «Y ¿qué queréis?» Los comerciantes abrieron sus arcas y enseñaron al Rey unas telas tan finas y transparentes que parecían hechas con rayos de luna. ¿Sabes lo que era? ¡Seda! La primera seda conocida en Occidente. La acababa de traer de China un joven navegante que se llamaba Marco Polo.

—¿Y Marco Polo es muy antiguo?

—Muy antiguo, cariño.

—¿Y qué más?

—Otra vez, un fraile predicador exhortó a las religiosas desde el púlpito a que hiciesen mucha penitencia. Una muy grande tragedia se abatía sobre la Cristiandad. Una raza de infieles llamados turcos había profanado Santa Sofía (la Basílica erigida a la Sabiduría de Dios) y conquistado Constantinopla, la ciudad fundada por el hijo de Santa Elena. Fíjate si será antiguo nuestro convento, que el día que terminó la Edad Media y empezó la Moderna, ya existían sus paredes.

—Pues si es moderna, no es antigua —comentó Perico, que de esta última historia no había entendido la mitad de la mitad.

—Vamos a ver qué puedo yo contarte, tesoro mío, para que tú entiendas lo viejo que es este convento. ¿Tú sabes quién descubrió América?

Perico se incorporó en la cama y comenzó a palmotear entusiasmado.

> —¡Colón fue un gran hombre!
> Adquirió gran renombre.
> Descubrió un mundo nuevo.
> ¡Y fue el primer hombre...
> que puso un huevo...!

—Pero ¿qué dices, Perico? ¿Que Colón puso un huevo?

—¡De pie! —rió el niño escandalosamente, coreado en la risa (y en el escándalo de la risa) por Micaela.

—Pues a lo que iba, tesoro. ¿Tú, qué crees: que hace mucho o hace poco que Colón descubrió América?

—¡Muchíííí...simo! Porque los hombres se dejaban entonces el pelo largo igual que las mujeres. ¡Y llevaban faldas!

—Pero ¿cómo sabes tú todo eso, Perico?

—Pues lo sabo, porque una vez había una Guía Telefónica en mi casa. Y había un señor pintado en la tapa que llevaba faldas y tenía el pelo largo. Estaba de rodillas, con una cruz y una bandera y muchos indios desnudos con plumas. Y entonces yo pregunté quién era. Y entonces me dijeron: «Colón». Y entonces yo pregunté si Colón era un señor o una señora. Y entonces, todos se rieron. Y me enseñaron lo de «Colón fue un gran hombre».

También se rió Micaela hasta las lágrimas con esta explicación de Perico, demostrativa de la venerable antigüedad del Descubrimiento.

—Pues a lo que iba, a lo que iba, que ya casi me he perdido. ¿Qué iba yo a contarte? ¡Ya me acuerdo! Te iba a decir que aquí profesaron unas monjitas hijas de un tal Yáñez Pinzón, que aseguraban que la Tierra era redonda, porque su padre había viajado con Colón en su primer viaje, y...

—¿Y no se creían que la tierra era redonda? —preguntó extrañadísimo Perico—. ¡Qué tontas!

—¿Por qué, Perico?

—Porque la Tierra es como la Luna, sólo que más grande. Y si miras a la Luna se ve que es redonda.

—Tienes toda la razón. Pero no me interrumpas más. El año que profesaron aquellas monjitas se hicieron grandes reparaciones en este edificio. ¡Fíjate, pues, si será antiguo que cuando América fue descubierta ya se derruía de puro viejo!

Esto lo comprendió muy bien Perico, pero precisamente por comprenderlo, no se lo creyó. Y como sus ideas se reflejaban en su rostro con más celeridad que en sus palabras, la hermana —que tenía la risa fácil—, al ver su gesto de incredulidad, y los ojillos picarones, de quien ha cogido a otro en falta, rompió a reír aun antes de que Perico, tanteando prudente el terreno, se atreviera a preguntar:

—Oye, Micaela. Mentir... ¿es pecado?

Tal fue la algarada de gritos y exclamaciones de Sor Micaela al soltar el trapo de la risa, que fue severamente llamada a capítulo, aquella misma noche, por la Madre.

—Si yo miento sí es pecado, tesoro, pero si mientes tú, no.

¡Menuda suerte!, pensó Perico. ¿Cómo era eso posible? Micaela se explicó:

—Porque los ángeles no pecan.

Le tomó la cara entre las manos. Estaba enternecida.

—No pecan, ¡no pueden pecar!

Y le besó con tal amor, que Perico consideró si no sería conveniente tirar por el retrete toda la comida que le dieran, para no curarse nunca y seguir, para siempre, cuidado por Micaela, entre aquellas paredes tan «antiguas».

Una de las historias que más le impresionaron fue la de la profesión en aquel convento de una de las trescientas hijas cristianizadas de Moctezuma, el divino emperador de los aztecas. Ingresaron con ella ocho indias adolescentes que un día habían sido sus esclavas. Sus teces de harina tostada destacaban en el coro de las de sus hermanas en religión como las teclas oscuras resaltan de las pálidas en el clavicordio.

—¿Qué es clavicordio, Micaela?

—Un piano pequeño.

—Yo no he visto ninguno.

—Pues yo te enseñaré uno que hay en un cuarto misterioso que es una verdadera joya.

—Enséñamelo ahora.

—Ahora no, bonito. Ahora me llama la Madre.

—¿Cuál Madre? ¡Hay muchas!

—No, hijo. Hay una «Madre Vicaria», una «Madre Maestra», así hasta las cinco que forman el Consejo. Pero, Madre, a secas, no hay más que una: la Abadesa.

—Y tú ¿por qué eres Sor y no Madre?

—Fui Madre cuando fui Vicaria. Y cuando dejé de serlo... volvieron a llamarme Sor.

—¡Pues no hay derecho a eso! —comentó Perico, que hubiese deseado al menos, al menos, verla de papisa en Roma.

Contenía la risa Sor Micaela por ver a Perico tan preocupado por las jerarquías, sin imaginar los tortuosos caminos de su pensamiento.

—¿Y cuál es la Madre «a secas»? ¿Esa tan viejecita?

—Sí.

—¿Y es buena la Madre Abadesa?

—Muy buena.

—Y si es tan buena... ¿por qué no quiere que tú me quieras?

Micaela se demudó al oír esto.

—¿Quién te ha dicho tal cosa?

—Nadie.

—Entonces ¿por qué me dices eso?

Perico hundió la mirada sobre las sábanas.

—Porque yo lo sé.

Sor Micaela profesó religiosa ya talludita. «Vas a quedarte a vestir santos», le anunciaba su madre ante su prolongada soltería. Y para vestir santos se quedó. Toda su vida fue una pura perplejidad ante la tozudez con que el Señor le indicaba su Divina Voluntad. Sor Micaela tenía mal carácter. Su delicadeza de espíritu y agudísima sensibilidad estaba protegida por corazas de aparente acritud, hosquedad y alejamiento. El trato con las gentes del mundo e incluso con las de su familia era un puro tormento: eslabones engarzados en continuas decepciones. Tenía la sensación de que los demás no la apreciaban. «No es que sean duros contigo. Te sacan las uñas porque te ven con las uñas fuera», le decía su madre. Y era verdad. Aun antes de traducir sus disposiciones de ánimo como aldabonazos de su peculiar vocación, no sentía gusto, ni alegría, ni sosiego más que en la oración. «¡Tú no tienes vocación de monja, sino de ermitaña!», le espetó su único hermano cuando supo que iba a entrar en religión. «¡Así como has amargado la vida a tu familia, se la amargarás a tu Comunidad!» Ella sufría al oír esto. Su hermano tenía razón. No le gustaban las gentes. No se hallaba a gusto con ellas. Las quería en Cristo y por Cristo. Mas no por sí mismas. Cristo era su único amigo y su único consuelo. Y para Él fueron las ternezas, los requiebros y la entrega de una alma en cuyos pliegues se alojaban calidades que no eran del mundo ni para el mundo.

Su vida en comunidad fue tan dura cual le anunció su hermano. Mas no porque careciese de fuerzas para soportar la aspereza de la regla, los trabajos manuales, los ayunos o las penitencias, sino por el trato con sus hermanas de comunidad. Si su gusto estaba en la oración, su afán lo puso en macerar su espíritu, obedecer, sonreír, atender al prójimo, limar sus naturales acritudes, pero era tal el esfuerzo de su voluntad, que sus reacciones carecían de naturalidad, espontaneidad, gracia. Se traducía su disgusto. Se le notaba la violencia. Las demás monjas la consideraban soberbia. Las horas más duras de sufrir para Sor Micaela eran las del recreo. Las más dulces, sus mano a mano con el Señor.

De aquí la sorpresa que produjo en todas las mutación tan radical de su carácter producida por la presencia de Perico. Sus sonrisas eran ahora sonrisas y no contracción, dictada por el deber, de los músculos faciales. Sus palabras se hilaban ahora en conversaciones y no en pura articulación de sonidos. Contaba en comunidad las peripecias del chico y escuchaba complacida lo que las demás contaban de él.

—Sor Micaela...
—Mándeme, Madre.

La Abadesa sonreía beatíficamente. Sus ojillos se arrugaban por los bordes como una pasilla reseca.

—Venga a ver lo que ha hecho Sor Remedios.

Frente al júbilo y la admiración de las demás religiosas, Sor Micaela puso cara de palo. No se atrevió a separar sus ojos del trajecito de marinero azul marino, con sus bordes de terciopelo y su corbata de raso, que Sor Remedios había pacientemente confeccionado para Perico. Le parecía un atentado contra el buen gusto y contra la realidad. Una invitación al suicidio. Si forzaba la sonrisa, como mandaba la caridad y hasta la buena educación, ¿no equivaldría dar su beneplácito a lo que a todas luces era rizar el rizo del desacierto?

—Ha herido usted a Sor Remedios. Ha sido dura con ella. Su mirada fue tan cruel como su silencio... —le dijo minutos más tarde la Abadesa—. Vaya a buscarla y humíllese ante ella.

Cuando Perico vio lo que habían confeccionado para él, rompió a llorar. Cuando quisieron vestirle, se resistió como un venático furioso ante la camisa de fuerza. Cuando se lo pusieron, decidió trazar cuanto antes un plan para deshacerse de él.

—Así pareces un niño bueno —dijo beatíficamente Sor Remedios.

Y Perico la miró con odio, pues eso era precisamente lo que él no quería parecer.

—Si te comportas bien —prometió Micaela—, te enseñaré el clavicordio.

Perico decidió, al oír esto, aplazar el trajicidio para mejor ocasión. Sor Micaela le llevó escalera abajo a unas dependencias misteriosas. No sabía qué hacer para distraerle.

—Escucha bien esto, Perico. Hace quinientos noventa y seis años que ningún hombre ha recorrido estos pasillos. Los muebles que vas a ver son de un palacio que había cerca de aquí: el palacio de Juan II, el padre de Isabel la Católica.

—¿Era bueno?

—¿Quién?

—Ese señor.

—¿Juan II? ¡Regular... regular! Y su esposa, la reina, ¿sabes?, estaba un poco chaveta. ¿Tú sabes lo que es un emparedado? Pues Isabel la Católica era un emparedado entre dos locas: su madre y su hija.

—¿Y se reía mucho?

—¿Quién?

—Esa señora. Porque si su madre y su hija estaban chavetas, ¡tenía que ser muy divertido jugar con ellas!

Abrieron la puerta. Por una poterna abierta en la piedra penetraba, muy tenue, la luz. En lugar de cristal o vidriera, una pieza de amarillento alabastro, color de pergamino antiguo, cubría el vano. Las telarañas desflecaban sus hilos en los ángulos de muebles y paredes.

—¿Ves, Perico? Esto es un clavicordio.

El chico no tardó un segundo en aporrear las teclas. Unas lengüetas como minúsculos zapatos se elevaban y golpeaban las cuerdas que eran visibles como las de un piano de cola. El sonido no era más armónico que el de los muelles de una cama sobre los que saltara un simio.

—Suena muy bajito —comentó Perico decepcionado.

—Se lo regaló Carlos V, el emperador, a su madre Juana la Loca —precisó la monja.

—¿También estaba chaveta la madre de ese señor?

—También.

—¿Y esto otro qué es?

—Esto es un claviórgano.

Perico no se hizo esperar, y a puño cerrado descargó un manotazo sobre el pajizo teclado. Pero el instrumento no acusó el golpe. Volvió Perico a fustigar las teclas con más fuerza. ¡Nada! Y por mucho que le zurrase la badana, el claviórgano permanecía silencioso.

—Espera, espera. ¿No ves ese fuelle? Déjame que le saque el aire.

El fuelle era semejante al que se usa para avivar el fuego en una cocina, sólo que cien veces mayor. Sor Micaela comenzó a moverlo con grandes esfuerzos. Al punto unos chillidos desafinados, unos lamentos discordantes, como de una legión de gatos a los que pisasen las colas, surgieron de los tubos. Perico

ante esto se sintió definitivamente feliz.
—Sigue, sigue... ¡no pares!
—No puedo más, tesoro...
—¡Sigue, por favor!
Sor Micaela se agachaba y estiraba para unir y separar los dos extremos del fuelle, y no dejar de dar aire a aquellas flautas monstruosas. Nunca está de más comprobar los caminos a los que nos llama el Señor. Y estaba probado que Dios no llamaba a Perico por el camino de la música. Pero no lo consideraba así el interesado si se juzga por el entusiasmo que ponía para tundir, descrismar, vapulear aquella siniestra fábrica de estruendos.

Agotada, sudorosa, rotos los tímpanos y las bisagras, Sor Micaela renunció a seguir siendo cómplice de aquel atentado contra la armonía.
—¡Déjame que me siente!
—¿Te ha gustado?
—¡Mucho!
—Pues es una canción que he inventado yo. ¡Y la he inventado ahora mismo!
—¡Nadie lo diría!
Perico guardó un largo silencio que ella aprovechó para recuperar el fuelle que por el fuelle perdió.
—¿En qué piensas, Perico?
—En que estas teclas parecen dientes.
—¿Dientes? ¡Pues es verdad!
—Pero están amarillos. Hay que limpiarlos con «Perborol».
—No tengo fuerzas para reírme —comentó la hermana.
Perico, en cambio, sí las tenía. Quiso encerrarse dentro de la armadura de Juan II, subirse al altar portátil que Carlos V llevó a la batalla de Pavía, y saber qué era cada cosa y para qué servía.
—Y esto otro... ¿qué es?
—Es una arca de cordobán. Dentro de ella estuvo encerrada tres días una dama de la reina que se llamaba Beatriz o Constanza, no lo recuerdo bien.
—¿Y por qué?
—La reina la encerró.
—¿Y por qué?
—Pues... ya te dije antes que Juan II era bastante regu-

lar... y Beatriz una mujerona muy guapa... y un día la reina... pues se enfadó con el rey y encerró dentro de esa arca a Beatriz.

—¿Se enfadó con el rey y encerró a Beatriz? ¡Qué raro! Debía haber encerrado al rey. ¿Y por qué la encerró?

—¡Ay, hijo! Preguntas mucho.

—Es que yo quiero saber por qué la encerró.

—Pues porque era muy guapa y no le gustaba que el rey la mirase.

—¡Qué tontería más grande! Tú también eres muy guapa y a mí no me importa que te mire ningún rey.

—¡No digas sandeces, Perico!

—Pues sí, señor. Eres muy guapa. Se lo voy a preguntar a la Madre Abadesa, a ver qué dice ella.

Pero estas palabras despertaron en Perico una terrible sospecha. Ya tenía la clave de por qué la anciana no miraba con buenos ojos la amistad de Micaela con él.

—¡Ahora lo comprendo!

—¿Qué es lo que comprendes tú?

Perico puso cara de ratón sabihondo.

—Ya sé por qué la Abadesa no quiere que tú me quieras. Es porque eres muy guapa y no quiere que yo te mire. Igual que la reina esa que estaba chaveta. Y a lo mejor va un día y te encierran en esa arca. Y no te dejan salir.

—Nunca he oído decir tantas tontainas seguidas. Anda, vámonos de aquí, que se te ha subido la música a la cabeza.

Al llegar a la escalera Micaela comprobó la recuperación de Perico por la rapidez de la ascensión.

—¿Por qué estás enfadada?

—Porque hablas mucho.

—¿Y es malo hablar mucho?

—A veces sí.

—Pues tú también hablas mucho.

—Yo también, Perico. Los dos hablamos demasiado.

El chico «hilaba mucho y por lo fino», como diría la abuela de Mariuca.

Las olas de lo que habría de ser tempestad comenzaban a agitar el ánimo de Sor Micaela. Una infinita zozobra, una mordiente desazón, turbaba su serenidad, distraía su pensamiento, batía su entereza. Apenas se veía sola, los escrúpulos maceraban su espíritu y el llanto tan reacio en ella acongojaba todo su ser. ¿De qué naturaleza era esta inquietud, nunca sentida? ¿Qué ingredientes —angustia, tristeza, alegría, ternura, celos— componían el amasijo de sentimientos que embebían su atención y daban una nueva luz a su existencia? ¿Habría un nombre que los abarcara a todos? Estos desvelos, este afán ¿no serían lo que en el mundo se llamaba amor?

Era el más puro, generoso y limpio de los afectos. Pero ¿era amor? Todo cuanto no fuera estar con Perico representaba una tortura. Las Vísperas y otras oraciones en comunidad, una lucha inútil por retener y encauzar su pensamiento. Sus diálogos a solas, frente al Sagrario, una sola pregunta incontestada. ¿Pecaba por amar al niño, por desear perpetuamente su compañía, por alegrársele los ojos al verle, por no poder sufrir la idea de una separación, por sentirse herida y revolverse si alguien pretendía usurpar su puesto cerca de él, y más que nada por fundirse como hierro al fuego, entontecerse, desleírse, ante una sonrisa, una voz, un gesto, del ínfimo conquistador?

Y estos sentimientos suyos, ¿habrían sido advertidos por la Abadesa? ¿Qué finísima perspicacia, qué instinto de autodefensa habían inspirado al chiquillo la sospecha de que la Madre «no quiere que tú me quieras»?

Algunas palabras pronunciadas por ella misma la llenaban de escrúpulos, como si estuviese sumida en la más abyecta perversión.

—¿Qué hacías en las cocinas, Perico? ¿Rompiendo corazones?

Y Perico «rompecorazones» la miraba malicioso.

—¡Sí! —confesaba.

El chico, en efecto, «hilaba mucho y por lo fino».

El recelo con que la Madre Abadesa asistía a la transformación de Micaela, no le había pasado inadvertido. Y pocos días más tarde los temores del chiquillo tuvieron plena confirmación. Su cuidadora fue severamente reprendida. Sus risas eran motivo de escándalo para las demás madres, su modo de correr y saltar con el niño, poco conformes con la dignidad de su estado; muy poco edificante, en fin, el estrépito de órgano con el que se dedicaban a alarmar cada mañana no sólo al convento sino a la entera ciudad. A partir de hoy se haría cargo del niño Sor Remedios. La Abadesa contaba de antemano con la sumisión de Micaela, mas no tuvo en cuenta un pequeño detalle. Y este pequeño detalle tenía un nombre: Perico. Cuando el chiquillo se enteró del cambio, declaró la huelga del hambre.

—¡Pos ahora ya no como más y me muero «otra vez»! —anunció rebelándose.

Y se llevó no una, sino ambas manos a la altura del corazón, para demostrar al mundo que decía verdad.

Aquello fue una formal declaración de guerra. Se dedicó a sabotear las órdenes, los juegos, las comidas, los rezos y hasta el descanso de las pobres religiosas. Sor Remedios lloraba públicamente, confesándose incapaz de domar aquel potro de sangre. Y Sor Micaela pedía a Dios que cesase pronto aquel vendaval que se abatía sobre su conciencia, pues no podía evitar una cierta, íntima, inconfesable, satisfacción ante la admirable lealtad de Perico.

Sus oraciones fueron atendidas. El señor Obispo se dignó al fin contestar a los reiterados, casi impertinentes escritos y recados de la Abadesa. El niño debía ser inmediatamente entregado al padre capellán, quien lo pondría en manos de la Junta Provincial Tutelar de Menores de Valladolid. El capellán anunció con un propio que se presentaría dos horas más tarde para recoger al vagabundo. Mas... cuando las buenas madres se disponían a cumplir las órdenes de Su Ilustrísima, comprobaron que el niño había desaparecido.

Sor Remedios lo buscó por los desvanes, el huerto, las sacristías. Con toda humildad acudió a Sor Micaela, para que le brindara alguna idea.

—¿Ha mirado, hermana, en las tinajas de maíz, en el pozo negro del patio, en la trampa del artesonado, en el arca de cuero del desván de muebles antiguos?

Cuando Sor Remedios lo encontró en el último de los escondrijos sugeridos por la perspicacia de Micaela, creyó caer fulminada por un rayo vengador. Agitadísima, demudada, volvió a cerrar la tapa del arca de cordobán del rey don Juan II, a quien Dios haya. Se santiguó repetidas veces y corrió en busca de la Reverenda Madre perseguida por muy encontrados pensamientos. Dos eran las causas de su turbación. Allí mismo, donde los celos de la reina tuvieron encerrada a la amante de Su Majestad, Sor Remedios descubrió reducido a minúsculos trozos —¡briznas no mayores que pedazos de pan!— el preciosísimo traje de marinero que tan pacientemente había diseñado, cortado, confeccionado y cosido ella misma para Perico. Y al lado de aquellos despojos, el niño en cueros vivos, con todas sus vergüenzas al aire y plácidamente dormido. En las manos tenía agarradas unas inmensas tijeras de podar plantas, instrumento del delito.

Sor Remedios suplicó a la Abadesa que fuese ella misma quien acudiese a despertar al pequeño y liberarle de su encierro. La santa mujer insistía en que fuese la Abadesa y no otra. Y no sólo en razón de su edad, sino en razón de su miopía.

La proveedora de verduras, enterada por la hermana tornera del conflicto en que se hallaban las religiosas, se brindó a adquirir un traje para el muchacho. Había uno precioso de explorador que le vendría al pelo. Las buenas madres, prudentes, no aceptaron la idea sin consultar primero al propio interesado. La sugestión fue rechazada de plano.

—¡¡Nooo!!

Se acordaba de lo que sufrió su hermano, vestido de explorador, con los golfillos pisándole los talones y cantando:

> *Exploradores, niños mocosos,*
> *con esos palos parecéis osos.*
> *Con cantimplora y con correaje*
> *Parecéis mulos que van de viaje...*

Sor Micaela se permitió sugerir una opinión.

—Vamos a preguntarle qué le parece —propuso la Abadesa al conocer el criterio de aquélla.

—No hace falta, Madre, créame.

Y no hizo falta, en efecto. La proveedora de verduras adquirió en «Flechas y Pelayos, Confecciones Infantiles», unas abarcas estilo navarro de suela claveteada, unos pantalones caquis abombachados en el tobillo, unas medias de lana blancas para doblarlas sobre el cuello de la bota, una camisa de requeté, una cazadora de cremallera, un capote militar y un gorrillo de legionario. El éxito fue rotundo. Perico, apenas se vio así vestido, quería salir a la calle sin perder un solo minuto. Las buenas religiosas no acababan de comprender cómo a tan tierna edad podía sentirse tal preferencia por el ejército de Tierra, contra la por tantas razones gloriosa Marina.

La operación de vestirse, calzarse, colocarse el gorro se celebró en público con liturgia semejante a la de los toreros antes de salir de la fonda del pueblo camino de la plaza. Llegado el momento de las despedidas, Sor Micaela, sigilosamente, sin ser advertida, se retiró. Tenía el corazón partido, y los escrúpulos la atormentaban. Durante largos minutos estuvo en su celda, apoyada la frente en la celosía, esperando el momento de ver a Perico salir a la calle, acompañado del señor capellán. Mas he aquí que el sacerdote, que estuvo puntual mientras el niño dormitaba en el arca del augusto señor don Juan II, cansado de esperar, anunció malhumorado que regresaría más tarde. Y ésta era la hora en que aún no había llegado.

La Comunidad casi en pleno se encontraba reunida junto al torno esperando la llegada del comisionado del señor Obispo, y Perico reveló a las madres, escandalizadas, el procedimiento que había utilizado para entrar. Después de muchas súplicas, la Madre Abadesa accedió a permitirle salir por el torno para explicarles cómo se hacía y tranquilizar a más de una que dejó deslizar su temor de que por donde cabía Perico quizá cupiera también un hombre pequeñito...

Varias veces salió Perico al exterior, impulsado por la rotación del torno, y otras tantas volvió a sumergirse en la penumbra del claustro. A cuantas preguntas le hacían, respondía la verdad: por la cuesta no subía ningún clérigo. Pero en una de éstas se le antojó a Perico no volver a entrar más. Sor Micaela observó enternecida desde su atalaya la figura del microsoldado mirando receloso a una y otra parte. Intuyó la tentación en el ademán, la decisión en los primeros pasos... Cuando oyó las voces de Sor Remedios desde el otro lado del torno, preguntándole si seguía ahí y si llegaba ya por la cuesta el sacerdote, Sor Micaela conocía la respuesta de antemano:

—¡Aquí está el cura! ¡Aquí está! ¡Adiós! ¡Adiós! —gritó el tunante mintiendo por toda la barba. La monja sintióse un poco responsable de haberle afirmado un día con tanta seguridad que, para él, mentir... no era pecado.

Cuando Perico, armado de su caja de madera, dobló el recodo, la hermana cerró los ojos y pidió al Señor, para él, lo mejor.

—Cuídamelo... —murmuró.

No dijo a nadie lo que había visto, sino muchas horas después, cuando se lo preguntaron. Pero a esas alturas ya estaba Perico camino de Madrid.

V

> «Porque somos hermanos en nostalgias
> ¡nosotros sí, nos hemos comprendido!»

CATALINO RIOPÉREZ-PÉREZ era el más útil, listo y alegre de los hombres. Lo mismo sabía organizar, cuando la gente andaba de ánimo caído, un festejo flamenco en una trinchera que —si el día amenazaba hambre— desplumar y asar una gallina (después de haber limpiamente desplumado de la misma a su legítimo dueño), que teclear la Marcha de Infantes con el disparador de una automática. Y mil lindezas más. Estaba impregnado de veteranía. Catalino Riopérez-Pérez se las sabía todas.

No era un pillo, ni un vivales, ni un mandria —aunque algo de todo esto colaboraba a configurar su personalidad—; era, simplemente, un estupendo, fabuloso, insensato. Estaba en guerra desde que alcanzó el uso de razón. Guerra muy particular en la que él era el único contendiente de uno de los bandos. Sus primeras escaramuzas fueron contra su padrastro, desde el día mismo que su madre tuvo la ventolera de contraer segundas nupcias. Catalino inició los sabotajes a las seis horas de la boda, encendiendo la calefacción de su casa con la totalidad de la ropa, recién instalada en cómodas y armarios, del intruso. Una vez rotas las hostilidades, la guerra no tuvo cuartel. Catalino aguantaba las palizas —prolongadas, sañudas, vengativas— con estoicismo oriental. Pero a las «operaciones de castigo» seguían siempre «golpes de sorpresa» de sin igual audacia. Un día, era la cama que se desplomaba al recibir el peso del padrastro, pues Catalino había aserrado las patas; otro era una rata muerta que surgía bajo la servilleta —al desplegarse— del usurpador; otro, eran las paredes que aparecían plagadas de la mejor literatura, escrita con carbón: «¡Cerdo, vete! ¡Revienta, sapo!» La fortuna de las distintas acciones no le fue siempre favorable. Pero él se había propuesto liberar a su madre de las sucias pezuñas del intruso y toda su actividad, ingenio, habilidad no tendía a otro fin. Serpiente que se cazaba, polvos matarratas que descubría, sabor repugnante, olor fétido, iban a parar a las sábanas, la brocha de afeitar o la ropa de su «víctima y verdugo», pues de ambas condiciones participaba el hombre.

A partir de los doce años, tuvo que batirse en dos flancos: el del padrastro —objetivo principal— y el de los Padres Franciscanos del Correccional de Santa Rita. Pero aun a distancia su acción fue implacable. Envuelto en caja floreada, papeles de seda, cintas de colores, su padrastro recibió por Navidad un muy orondo y bien depuesto excremento vacuno. A los catorce años fue juzgado por un Tribunal de Menores y condenado a lo mismo que venía padeciendo sin previa condena: encierro en un correccional. Alegó en su defensa que él no robaba para lucrarse, sino para financiar su guerra particular.

Su madre recibía de él cartas ternísimas, en las que la suponía una aliada en la lucha contra un enemigo común. Nunca faltaba una posdata encaminada a enriquecer un catálogo de agravios: «¿Te has sacudido ya de encima al baboso de tu marido?» «¿Subsiste aún el gran marrano?» «¡Hérniale!»

A los dieciséis años se fugó con tres camaradas más del correccional, regresó a Madrid, tomó al asalto la pescadería de la que era dueño su enemigo, destrozó los cristales, robó la caja y destruyó la mercancía. Después huyó con nombre supuesto al Marruecos francés. En este tiempo fue cartero, sacristán, cartujo (dos semanas), boxeador (un combate), otra vez cartero y, por último, traspunte de una medianeja compañía de zarzuelas que recorría el Norte de África y con la que penetró en zona española ocho días antes de iniciarse el Movimiento. En Melilla se alistó en el Tercio, y Catalino —el desarraigado, el rebelde, el disconforme Catalino— no tardó en advertir que la Legión estaba hecha a su medida o él a la medida de la Legión. Había encontrado la horma de su zapato, la agujilla imantada de su brújula, hasta entonces desnortada, el cauce admirable —¡ahí es nada!— de su admirable sensatez.

Catalino había participado en las más gloriosas acciones del Ejército del Sur. Cruzó el Estrecho en el buque que mandaba Manolo Mora; tomó al asalto Badajoz, después de oír al teniente coronel Yagüe la más peregrina arenga que haya sido dicha jamás: «Legionarios: los rojos dicen que sois frailes disfrazados. ¡Entrad en Badajoz a decir misa!» (1); liberó el Alcázar de Toledo, asaltó —calada la bayoneta— las fortificaciones rojas de la Ciudad Universitaria, fue el primero en entrar en el Hospital Clínico armado de una metralleta capturada al enemigo, y no tomó Madrid porque no le dejaron.

En la guerra era impermeable a las fatigas y los trabajos. Alardeaba de un cierto masoquismo y el hambre, el cansancio, la nieve, la vigilia —o todas estas gracias juntas— las sufría sin enterarse o enterándose y diciendo «a ver quién aguanta más», que para los resultados que aquí cuentan es lo mismo.

Si los buenos frailes de San Francisco hubiesen sabido (que no supieron) o siquiera intentado (que no intentaron) calar en los pliegues más finos y recónditos de su alma, se hubieran caído de espaldas al descubrir que Catalino no odiaba a nadie; ni siquiera a su padrastro. No le odiaba, como se odia al escarabajo a quien se pisa o al ratón a quien se aplasta. El padrastro era su enemigo por razones obvias. Y al enemigo se le combate, se le fustiga, se le destruye, sin tomarse la molestia de odiarle. Le atacaba donde estuviese, con la satisfacción de quien cumple un rito obligado, con el íntimo orgullo del servidor de un mortero que hace carne en la posición sitiada y con un fin práctico: liberar a su madre de tan nauseabunda presencia. Pero todo esto con cierto espíritu deportivo sin afectar para nada a sus glándulas biliares o al hígado, que es donde había oído decir que se alberga la mala uva. Por supuesto que nunca se detuvo a considerar si su madre era feliz o no con aquel hombre. Aquí se trata de perfilar con muy necesarias sutilezas a Catalino Riopérez-Pérez, mas no de restar, ni esto, al eje que sostenía su idiosincrasia como el trinquete a la vela: la insensatez.

En no despreciable proporción, la coincidencia de tener la madre en Madrid influyó en la amistad de Perico y Catalino. Esto los unía tanto como a otros ser de una misma Facultad, haber veraneado juntos de niños o ser contertulios de una mis-

---

(1) *N. del A.* Rafael García Serrano: *Diccionario para un macuto.*

ma timba. Era una especie de paisanaje moral. Muchas veces aludían en sus charlas al momento de la liberación y su reencuentro con ellas. Catalino había decidido que, para entonces, su madre sería viuda, que es lo que le iba bien. Y... si no ponía en duda la viudedad, quizá fuera porque en su subconsciente aleteaba la decisión de ayudarla algún día a adquirir tan beatífico estado civil.

Desde el instante mismo en que se conocieron, Catalino bautizó a Perico como «mi general» y el segundo al primero como «Cara de Cigüeña». Pero así como el chiquillo siguió siempre siendo para Catalino «mi general», «Cara de Cigüeña», en cambio, perdió muy pronto su apodo, porque el muchacho consideró que eso de llamarse Catalino Riopérez-Pérez era —por evidentes razones fonéticas— mucho más original.

El encuentro entre uno y otro tuvo lugar en la estación dos horas después de la fuga del convento de Clarisas.

¡Había que ver con qué bizarría bajó Perico Rompecorazones la cuesta que va del convento al atril del puente! Braceaba con marcialidad, pisaba el suelo con donaire, y un algo indefinible —en la cabeza airosa, el mentón levantado, la mirada firme— denotaba gallardía, guapeza y seguridad.

Los golfillos que un día le apedrearon cedíanle ahora el paso temerosos: tal es en Castilla desde tiempo inmemorial el prestigio del uniforme. *Trespatas*, admirado del atuendo, tuvo que olerle minuciosamente para cerciorarse de que no se lo habían cambiado.

—Estás más gordo —refunfuñó resentido—. Mientras yo te defendía de la canalla, tú pedías asilo en un convento de monjas. ¿A eso llaman ahora amistad?

Varió el tono.

—¿Qué te han dado de comer, bribón?

—Natillas, yemas, chinas, leche con miel, higos en dulce...

—¡Calla, calla, pajarito! Háblame de cosas de más enjundia. ¿Qué tal de carne?

—¿Carne? Sólo los sábados.

—¡Pfua! Para mí que los clérigos de uno u otro sexo no saben vivir.

Encaminaron sus pasos hacia la estación. Ardua tarea sería averiguar si quisieron llegar donde arribaron o llegaron donde no quisieron, como las algas a la playa arrastradas por la marea.

Y marea era en verdad la corriente humana que a paso lento se acercaba a la estación atraída como buena celtíbera por el bullicio. Los andenes —demasiado estrechos para tanto ajetreo— eran un puro delirio de voces, pues allí embarcaba un batallón de caloyos, recién salido de un centro de adiestramiento e instrucción, y el tren venía de lejos, lleno hasta los topes por números de tropa de otros cuerpos que regresaban de permiso o habían sido dados de alta en hospitales de la retaguardia. Por si esto fuera poco, una nutrida representación de mozas había acudido a los andenes para tontear con veteranos y bisoños. El tren no cabía entre tan cortos márgenes y se prolongaba por uno y otro polo del modesto apeadero. Ignorantes de la trampa que les tendía el Destino, Perico y *Trespatas* se adentraron en la bullanga.

Cazaron al azar retales de parloteos.

—Cuídate, hijo. El ser hombre no implica ser loco.

—Descuide usted, padre.

—Tú a obedecer. Pero nada más. ¿Me entiendes? ¡Nada más!

Perico se detuvo en seco, iluminado el rostro por el asombro.

—¡Mira, *Trespatas*! ¡Ese hombre tiene cara de cigüeña!

Y le señaló indiscretamente con el dedo.

Con la insolencia que le caracterizaba, se situó ante la ventanilla del tren en que estaba cómodamente adosado el causante de su admiración, y se puso a mirarle descaradamente. Se trataba de un legionario dotado por la naturaleza de rasgos realmente singulares. Era sumamente delgado, y su nariz larga y afilada, como pico de zancuda. Llevaba el gorrillo cuartelero más ladeado que nadie y la nuez se desplazaba por su larguísimo cuello como un ascensor por su hueco.

—¡A sus órdenes, mi general! —dijo de pronto el del tren.

Mas no había general alguno en toda la estación.

—¿Vas a la guerra o vienes?

Perico no podía imaginar que el de la ventanilla hablase con él, pero así era en efecto. El caso es que el legionario no miraba nunca de frente a sus interlocutores. Giraba continuamente la cabeza de un lado a otro sobre el eje que la sostenía, de modo que las más de las veces se quedaba de perfil como si observase atentamente por las orejas. De no ser por el pasmo que a Perico causaron rasgos y ademanes tan originales, el curso de su vida hubiera sido muy otro. Su conocimiento primero y su amistad después con Catalino Riopérez-Pérez serían decisivos en la trayectoria de su joven existencia. ¿Cómo imaginarlo al intuir que aquellas palabras eran pura guasa e iban por él?

—Yo no soy general —protestó Perico, apenas la intuición se trocó en evidencia—. ¡Soy un soldado! ¡Y voy a Madrid!

—¡Olé los machos! —dijo el legionario mirando a levante. Y volviendo el rostro a poniente, añadió—: Allí nos encontraremos.

—¿Tú también vas a Madrid?

—Eso parece.

—Y... ¿en este tren?

—Eso dicen.

Pensó que bromeaba y volvióle bruscamente la espalda. Se alejó de allí.

—¡Qué señor más raro! ¿Verdad, *Trespatas*?

Poco después los ojos del chico se engarzaron en los de un soldado lampiño de aspecto aniñado y montuno que paseaba con otro guiri y dos muchachas. Las llevaban del brazo y tan apretujados iban que se dirían unidos por pegamento.

—¡Cuidado que sois ansiosos! —bromeó un compañero.

Uno de los sorchis represados comentó filósofo a su interpelante:

—¿«Luego»? ¡Los soldados no tenemos «luego»!

Y volvió a amarrar a la chica adhiriéndose a ella como una lapa a la roca. El otro de los apretados tenía inquieto a Perico. ¿Quién era? ¿Dónde le había visto antes de ahora? Llevaba el gorrillo cuartelero encajado hasta las orejas con el mínimo de garbo que cabe imaginar. Más que un tocado militar parecía un vendaje. El uniforme le venía grande. Movía los pies con la poca soltura de quien los tiene planos o no está hecho a la suela dura. Para colmo llevaba puestos los guantes blancos de gala, que no se quitaba ni para acariciar a su pareja.

—¡*Trespatas*, *Trespatas*, es Colás! ¿No te acuerdas de él? ¡El pastor de la barca! ¡Oh, qué feo está vestido de militar!

Se acercó corriendo al grupo.

—¡Colás, Colás!

—¡Ajos! —zopilló el pastor despegándose de su prenda.

Y quedóse mirando a Perico y a su flamante traje de soldado como a una aparición.

—¿Y tu traje de cordero? ¿Te lo has quitado?

Azoróse el mílite como si le mentaran algo nefando. Volvióse a los demás.

—Menear las tabas vusotros, que voyme a echar un palique con este amigo.

—¿Y tu traje de cordero? —insistió el chaval.

—¡Epa con esos pingos! Me di acato qu'así no visten más que las bestias y vendílo.

—Pues era muy bonito.

Colás hinchó el pecho.

—¡Esto sí que es lujo! ¡Qué vida! ¡Josús, qué vida!

Balanceó los dedos. Después añadió confidencial:

—Ni chirona, ni nada, tú. Los civiles hablaron que cuando iban a por mí, yo ya me venía pa acá a presentarme. Y que el ganau que traía era pa la guarneción militar d'aquí. Y que por eso llegué a los anises, a la hora del burro, como quien dice.

—¿Y adónde te llevan ahora?

—¿Ahora? Pa Madrid vamos. ¡A tomarlo! ¡Nos han echau una arenga pa que lo tomemos! ¡Y toos hemos dicho que sí! ¡Epa, y qué arenga!

Perico sintió paralizársele la sangre. No. No le había engañado el legionario. Aquel tren iba realmente a Madrid. Si él se metía dentro, ¿irían sus padres a recibirle a la estación? ¿Habría teléfono en el tren para avisarles?

—¿Y... dónde se compran los billetes? —preguntó rojo de emoción, dilatadas las pupilas.

—Aquí no puedes subir tú, Perico, que este tren es sólo pa militares.

—Yo soy soldado, Colás. ¿No ves mi traje nuevo?

—¿Soldado tú? ¡Quita, quita, que no sabes lo que es eso! ¡Pos no hay que sudar el kilo! ¡Josús! ¡La de cosas que hay que aprender!

Colás miró impaciente a la otra mitad de la lapa. La moza golpeaba el suelo, molesta, con la punta de su alpargata. Y, al hacerlo, media nalga trepidaba con vibración de gelatina. Era gordezuela y coloradota, bien dotada de escaparate, no mal servida de ancas, paticorta, con melena a la Republicana, y, por supuesto, muy del gusto de Colás, según dedujo Perico con amargura de sus incoherentes explicaciones, de su rápida despedida y de las grandes zancadas con que volvió a su lado.

Quedóse Perico solo, pero encendida ya la chispa de su motor de explosión. ¡Ah, qué distinto el Perico de ahora, picardeado por la vida, fogueado por la experiencia, de aquel otro Perico ávido de apoyo, sediento de ayuda y de ternura que buscó en *La Pilonga* la mano amiga de Martín Pescador! Súbitamente llamaron a formar al batallón de los bisoños. No lo pensó dos veces, y al ver que los hombres se agrupaban por secciones y compañías en distintos bloques —obedeciendo muy cumplidamente el dicho que aconseja «en el país donde fueres, haz lo que vieres»—, se alineó también como un caloyo más.

«Cara de Cigüeña», desde su atalaya, contenía la risa. Como cundiera el ejemplo de aquel minisoldado, muy pronto el frente de batalla se convertiría en un jardín de la infancia. Se imaginó a Ríos Capapé repartiendo biberones por los blocaos y las trincheras.

—¡Que no das la talla, voluntario! —bromeó un guripa a quien Perico escuchó con oídos de mercader.

No le valió hacerse el sordo. Le echaron de la formación.

—¿Qué pasa ahí, sargento?

—Nada, mi alférez; que un niño se ha colado en la Sección por jugar y le he mandado a freír gárgaras.

—Esténse quietos y no se rían.

Perico no se amilanó por eso. Echó a correr buscando por donde subir. El legionario, desde lo alto de la ventanilla, le detuvo de una voz.

—¿Qué, «mi general», jugando a los soldaditos, eh?

Perico cerró los puños con rabia.

—¡Yo no juego a los soldaditos! ¡Soy un soldado! ¡Y voy a Madrid!

«Cara de cigüeña», que miraba hacia los vagones de cola, volvió la punta de la nariz hacia la máquina sin dejar de sonreír un punto y no dijo más. No obstante, Perico se quedó con la sensación de que seguía mirándole igual que los pájaros que ven con el ojo redondo y quieto, estando de perfil.

—¡Corre, *Trespatas*!

El perro escondió el rabo entre las piernas. No le gustaba aquel artefacto que devoró a Mariuca.

—Por ahí se va a Madrid. ¡A Madrid! ¿No lo has oído?

Lo dijo con el gesto magnífico de un Pizarro en la Isla del Gallo, ante los doce de la fama.

—¡A Madrid! ¿Comprendes?

El chucho no entendía la gracia de meterse dentro de aquel ofidio babeante y rugiente, ni las causas de la emoción de Perico, de su voz excitada, de su ademán imperioso, de su mirada anhelante.

Tras los vagones que transportaban tropas venían los de ganado. A través de los respiraderos se veían los mulos.

—¡Ahí no, Perico! Es peligroso. Con el movimiento del tren pueden aplastarte. Son mala gente, y apestan.

El último de los vagones no llevaba bestias, sino sacos de patatas y remolachas. Saltaron dentro, y casi al punto sonaron a lo lejos voces de mando, golpeó el badajo sobre el bronce cascado de la estación, pitó el tren, volearon los pañuelos y estremecióse Perico. En los andenes muchos corazones latieron al unísono del suyo. Recordó las palabras de Colás.

—¡Pa Madrid vamos! ¡Nos han echau una arenga pa que lo tomemos! ¡Y toos hemos dicho que sí!

En Ávila, donde llegaron al anochecer, Perico sufrió una agudísima decepción. El tren no seguía más adelante. Se consoló pensando la pifia que hubiera supuesto telefonear a sus padres anunciándoles su llegada, y como «duelos con pan, son menos», se las ingenió para participar en los beneficios de un rancho frío —un taco de pan y chorizo— que fue distribuido a las tropas en la estación. Estaba dándole al diente cuando descubrió en los andenes a «Cara de Cigüeña». De cuerpo entero, la semejanza con las zancudas era aún mayor, pues sus larguísimas patas se correspondían admirablemente con la extensión de su cuello y la impertinencia acerada de su nariz. Siguióle Perico con la mirada y le vio cuadrarse ante un oficial. Le dijo que regresaba de permiso y debía incorporarse al día siguiente a su unidad. Por este motivo pedía permiso para subirse a uno de los camiones del batallón. Respondióle el teniente que se las arreglase con los mecánicos por si hubiese sitio en el pescante de alguno, cosa que dudaba, pues nunca faltan voluntarios para viajar gratis. En cualquier caso, le aconsejó que se diese prisa, pues la tropa iba a embarcar en pocos minutos más. Oír esto Perico y salirse de la estación pisando los talones del legionario, fue todo uno. Viole primero parlotear con el conductor e instalarse después al lado de aquél en el asiento delantero. Ni corto ni perezoso, requirió a *Trespatas* y saltó a la trasera del mismo coche. Aún tuvo tiempo antes de que llegase la tropa de instalarse bajo uno de los bancos y adecentarse un colchón amontonando cuanto de servible o inservible cayó al alcance de su mano.

Cruzaron el Puerto de Gredos, con la primera nieve espolvoreando la calzada romana que baja hacia Mombeltrán; tuvieron hielo en Arenas de San Pedro y barro entre las encinas del Alberche y lluvia junto a las ancas de piedra —musgo en los lomos— de los Toros de Guisando. No es de extrañar que a lo largo del trayecto no fuera advertida su presencia, pues era de noche, iban hacinados como bestias, con las vueltas del capote levantadas hasta las cejas, y nadie tenía humor ni posibles para ocuparse de otra cosa que no fuera calentar sus propias narices o intentar echar una cabezada.

En Móstoles, el amanecer cruzó el cielo de rayas de sangre como tajos de cuchillo. Algo más lejos de Alcorcón la columna dejó de rodar, mas no de avanzar. Quiérese decir que los camiones fueron licenciados, mas no las piernas, ya que hay terrenos en que valen botas donde no sirven michelines.

Cuando Perico se despertó tenía los huesos doloridos. El incómodo enrejado de piernas en que estuvo enjaulado desde que se instalaron los soldados en los bancos, no existía ya. Desperezóse y saltó a tierra.

Es de día. La mañana es joven y fría. ¿Dónde está? Una niebla fina se despelucha entre las jaras. Hace frío, pero el sol las funde. Algunas hilachas se pegan al terreno, en las vaguadas. Zona de monte bajo: támaras, espinos, chaparros. De cuando en vez, encinas torturadas. En las lomas más altas, pinos. Perico avanza, observa y escucha. Está en la espalda de la vanguardia. En una zona que es a la primera línea lo que las cocinas, cuadras y dependencias a los cuarteles: lo que las «tripas» a los barcos. Observa unos soldados de mono azul tumbados bajo un camión blindado y junto a ellos, sobre una manta a cuadros, las herramientas. Observa una cabra lista para ser degollada para el rancho y unos peroles humeantes, donde sirven patatas. Hay chabolas hechas con latas, piedras y sacos terreros. Se apoyan en viejas ruinas o en un desnivel más pronunciado del terreno. Guripas de Sanidad espolvorean, sobre unos quintorros en cueros vivos, polvos insecticidas. Un moro se despioja lindamente, un legionario escribe una carta, otros dormitan tumbados, cosen ropa, afinan guitarras. Unos soldados se lavan en el mismo abrevadero en que beben las caballerías. Un viejo «paisa» de Tetuán ha montado su zoco particular sobre cajones vacíos de la casa González Byass. Vende huevos —güivos duros—, botones, papel de fumar, miel de caña y mágicas pomadas antivenéreas. Perico contempla sus inmensos zaragüelles —calzones de payaso, pozo y almacén de rapacerías—; su gorrillo de lana de franjas multicolores, su barba de apóstol.

Los hombres que trabajan junto a los camiones o se lavan en el abrevadero, o afinan la guitarra, levantan la cabeza, o se vuelven para mirar a los que llegan. Perico corre tras el Batallón de bisoños. Los alcanza y escucha la advertencia de que no asomen la jeta en el cambio de rasante, pues es terreno batido. La tropa de los recién llegados marcha en orden de bullicio. La cabeza penetra en el surco mal arado de una trinchera. Perico se rezaga. *Trespatas* se le ha perdido. Lo descubre, dándose un garbeíto, en la proximidad de las cocinas.

—Bruto, ¿por qué tiras piedras a *Trespatas*? ¿No ves que es mío?

—¡Pos dile que no meta los bocicos en los peroles de naide...!

Por una vaguadilla que hiende en dos un cerro bajan tres parejas de camilleros con heridos. Detrás, unos mulos con cadáveres. Perico los mira sin ninguna emoción, pues van lejos y cree que son sacos. Por breve tiempo, muy cerca, se oyen las toses metálicas de unas automáticas. Después, silencio.

Perico está cansado de andar. Tiene los huesos molidos del viaje en tren y del traslado en camión. Se sienta junto a unas jaras. No sabe dónde está. Ignora que esos pinos que le dan sombra son de la Casa de Campo, que sus copas se ven desde Madrid, y que veinte metros más lejos, desde el cambio de rasante de un cerrillo que le guarda la espalda, se puede mirar la meta definitiva de sus ambiciones, la última estación del itinerario de su gran aventura, la ciudad soñada por él cuando —con el diente entre algodones de una hermana muerta, la fotografía del desconocido novio de su criada, una estatuilla fosforescente de la Virgen y cuatro chucherías más— emprendió, diez meses antes, el camino de Madrid.

El legionario lo descubrió dormido entre las jaras, con el capote convertido en almohada y la mano prensada sobre la pata sana de su compañero el perro cojo, que también dormitaba. «¿Pero no es éste —se dijo— el gamberrillo que quiso colarse en la formación de los guripas?» Cómo pudo llegar hasta aquí y en tan breve tiempo le pareció a Catalino poco menos que milagroso. Si le llegan a jurar que el chico estaba ahí gracias a su involuntaria mediación y que no habían dejado de viajar juntos ni un solo minuto, ni lo hubiera podido creer. Y, sin embargo, así fue.

—Qué, mi general, echando un sueñecito... ¿eh?

Perico se incorporó malhumorado.

—Tonto, ¿por qué me despiertas?

—Pues te lo voy a decir.

Miró el reloj.

—Me quedan... dos horas de permiso: no pienso incorporarme hasta el último minuto, y estaba buscando alguien con quien matar el tiempo y hablar. De pronto te he visto y he dicho ¡ate, éste es mi hombre!

—Y... ¿de qué quieres que hablemos?

—De mil cosas. La primera: ¿cómo riñones has podido hacer tan buena carrera? ¡En el ejército no se aceptan enanos!

—Yo no soy un enano. Lo que pasa es que soy un poco bajo.

Catalino embromó al chico a cuenta de su atuendo militar y de su tozudez en unirse al Batallón. Pero en el fondo de las bromas latía una buena dosis de curiosidad por averiguar los motivos de tan prematura vocación militar. El chiquillo se dispuso a sincerarse.

—Es que... ayer te dije una mentira muy gordísima, ¿sabes?

Antes de confesarse, quiso tantear la penitencia.

—¿No me castigarás si te la digo?

—Desembucha, mi general, que me tienes en ascuas.

—Te dije que yo era soldado, pero no es verdad.

Catalino fingió escandalizarse mucho.

—¡Me has engañado, ladrón! De modo... que ¿no eres

general, como yo creía, ni siquiera un soldadito caloyo como los demás?
—Es que a mí nadie me ha echado una arenga preguntándome si quería tomar Madrid... y por eso no he podido decir ni que sí ni que no.
—Y si no eres militar... ¿cómo te atreves a venir a la guerra?

Perico bajó la voz para que nadie, salvo Catalino, pudiese oír su gran secreto.
—Es que... yo no voy a la guerra, ¿sabes? ¡Yo voy a Madrid!
—¡Eso es un contradiós! Todos queremos ir a Madrid, pero no nos dejan. Por eso hay guerra.
—¿Por eso hay guerra? —preguntó asombradísimo—. ¿Y quién no nos deja ir a Madrid?
—Los «bermellos», hermano.
—Y ¿quiénes son los «bermellos»?
—Los rojillos, que no son mancos. Pero vamos a ver... explícame bien por qué quieres tú ir a Madrid...

Con la mayor sencillez que cabe, Perico dijo la verdad: «su» verdad. Un día, en Santander, su casa se rompió. A él se lo llevaron unos hombres a dormir a otro sitio, porque su cuarto estaba sin techo, pero se escapó para contarle a su madre lo que había ocurrido. No pudo hablar con ella porque la puerta estaba llena de piedras y era imposible pasar. Al día siguiente fue a buscar a sus hermanos a la playa, pero éstos no estaban. Regresó a su casa y ya todos se habían marchado. ¡Como la casa estaba rota, todos se habían ido a Madrid... y como a él no le encontraron... pues se fueron sin él! Entonces acudió a buscar a un amigo suyo que se llamaba Martín Pescador para que le trajese, pero Martín Pescador le «trayó» sólo un poquito porque creía que no se podía ir en barca hasta Madrid. Pero sí se podía, por un río muy derecho que estaba lleno de ratas. A lo mejor, Martín tenía miedo de las ratas y por eso no le quiso llevar. Entonces, pues, él se vino solo...

El legionario le interrumpió.
—¿Desde dónde?
—Desde Santander...
—¿Andando?

—¡Andando todo el tiempo no! —aclaró Perico—. Un poquito en barca y otro poquito andando...

La nuez de «Cara de Cigüeña» subió y bajó varias veces distintos pisos por el hueco de ascensor de su larguísimo cuello.

—Y... y... ¿tú solo?

—¡Nooo! —exclamó Perico—. ¡Solo no! ¡Con *Trespatas*!

El legionario le miró muy excitado.

—Dime, mi general... Cuando llegaste aquí ¿te echaste a dormir en seguida?

—Sí.

—¿Y no te has paseado por estos andurriales?

—No.

Torció la cabeza, como solía, a pequeños giros de un engranaje dentado. Se puso en pie.

—Ven por aquí, mi general, te voy a enseñar algo bueno.

Subieron por una loma de tomillares. Los árboles que la coronaban estaban desmochados por la metralla. Las ramas parecían muñones de cien brazos mutilados y suplicantes. Antes de llegar al cambio de rasante, les dieron el alto.

Catalino conocía al cabo que guarnecía la posición.

—He traído a este mascota para que se asome a la ventanuca.

Penetraron por un túnel perforado en la ladera. El agujero desembocaba en una rotonda de cemento. Dentro de ella, media docena de soldados. Una abertura larga y estrecha —una boca que sonreía feroz— se abría en la concavidad circular. Dos ametralladoras —las llamaban «cigüeñas», igual que Perico a Catalino— estaban emplazadas, con el pico fuera. Ésta era la ventanuca a que se refería Catalino.

—Asómate, muchacho.

—¿Qué se ve? —preguntó Perico, intrigado, como si se tratara de esos lápices mágicos con un agujeruco en la base por donde se ve la Virgen de Lourdes o el Cañón del Colorado.

—Se ve Madrid, que es mi pueblo y el tuyo. Parece que está uno dentro.

Al alcance de un tiro de pistola, velado por el sol sesgado de la mañana, que doraba sus piedras y nimbaba sus volúmenes, increíblemente cerca, se veía la ciudad. Perico contempló a través de la aspillera el fin último de todas sus emociones, el motor de sus sueños, la razón de sus anhelos.

—¿Eso es Madriiiid? —preguntó incrédulo, alargando la última sílaba con toda la fuerza de su estupor.

Perico no conocía el globo a medio hinchar de la cúpula de San Francisco que se veía a la derecha, ni el azul pálido del Palacio Real con la alfombra verde del Parque del Moro, a sus pies, ni la bóveda de hierro de la estación del Norte, ni el parapeto picado de viruela por los disparos de las casas de Rosales, asomadas sobre el Parque del Oeste, ni las ruinas de ladrillos rosas de la Ciudad Universitaria. A sus pies —ocres, rojos, verdes— el Madrid pintado por Goya. A la izquierda, una ternísima sinfonía de azules, los horizontes que Velázquez pintó. Mas ¿qué sabía él de todo esto? Para él Madrid era una calle, y un portal, y unas escaleras y el vano de una puerta, y en el vano una voz. Por eso, de aquel primer golpe de vista Perico no asoció el perfil desconocido de la ciudad con el objetivo de sus afanes. La implacable realidad disparó por vez primera una flecha sutilísima contra el quebradizo ideal.

—¿Eso es Madrid?

Fueron unos segundos breves, pero terribles, de vacío y de incomprensión. Pero la decepción no duró más tiempo de lo que tardó en adaptarse la fortaleza de su fe a la nueva circunstancia. ¿Por cuál de esas calles se llegaría hasta su casa? Si gritaba muy fuerte, muy fuerte, ¿su madre le podría oír?

Perico no llegaría nunca a conocer la meditación de Foxá ante el mismo escenario:

«...aquella ciudad era inaccesible. Era más fácil llegar a Pekín o a Santiago de Chile que a aquellos edificios que veía con todo detalle. Estaban a diez minutos de tranvía de la Puerta del Sol; allí, al alcance de la mano, contemplaba a la ciudad más lejana del mundo.»

No fue ésa la conclusión a la que llegó Perico. Decir como «Cara de Cigüeña» que era imposible entrar en Madrid, porque los «bermellos» no dejaban pasar a nadie, le pareció una solemne necedad. No había más que echarse a andar por el campo, bajar una ladera, cruzar un río pequeñísimo y subir por la otra. Nada tan fácil. Al revés que a Foxá, que a Catalino Riopérez-Pérez y que al Estado Mayor del Ejército, Madrid le pareció a Perico la ciudad más fácil de llegar del mundo.

Cuando salieron de la fortificación, una intensa palidez desangelaba el rostro del niño. Miraba asustado las copas de los árboles, el movimiento de los soldados, las matas de tomillo. Mas no a causa de los disparos, que de tarde en tarde recordaban que aquello era escenario, mas no de comedia. La razón de su desasosiego era muy otra. Una idea terrible comenzó a rondarle hasta desgarrar su corazón.

—A lo mejor mi padre me regaña, por haber llegado tarde...

Lo dijo como si el retraso fuese llegar después del primer plato al almuerzo familiar. Pero fue tanta la aflicción que le produjo pensar que todos sus afanes no iban a tener otro premio que un rapapolvos colosal, que sus ojos se inundaron de lágrimas.

—No llores, mi general. No llores, hombre... —le dijo Catalino...

—¡Es que... me van a regañar mucho y yo no quiero que me regañen!

El legionario hizo girar la cabeza sobre su larguísimo eje y dejó resbalar, de pasada, sus ojos sobre el pequeño y sobre su perro. Cuando el niño hablaba, el chucho doblaba la cabeza y tensaba las orejas, como el de «La Voz de su Amo». Ahora que lloraba, le lamía las lágrimas con la devoción de una hembra que lavara a sus cachorros.

—Es que Santander está muy lejos... —oyó Perico decir a *Trespatas* para justificar el retraso.

—¡Santander está muy lejos! —repitió Perico como un eco—. ¡Eso le diré! Y también le diré que no tenía dinero y que el de las limosnas se lo di a Mariuca para unas pulseras... porque estaba muy sucia. Y además no había tren, ni había «nada». ¿Verdad, *Trespatas*, que no había «nada»?

—¡No había «nada»!

Pareció Perico consolarse con esta idea, pero la amargura de la primera engarzó con otra más amarga aún.

—Y mamá se habrá creído que yo me he muerto. Y habrá llorado todos los días... ¡todos!... ¡todos!

—Pero no llores tú más, Perico —le dijo Catalino. Y el perro añadió: «Tu madre no ha podido pensar que te has muerto. Un día me dijiste que los niños no se mueren».

—Eso le diré: que los niños no se mueren. Y además que ya estoy aquí.

Rompió Perico a reír sin transición.

—¡Que ya estoy aquí, mamá! ¡Que ya estoy aquí! ¡Que

soy yo, Perico!

Secóse las lágrimas. Quedóse embobado mirando al viento.

Su madre debía de estar situada en un lugar alto, el descansillo de una escalera, quizá; o un balcón, pues Perico miraba hacia arriba para dialogar con ella.

—¡Que no me han comido los lobos, ni los osos, ni los atunes!

Volvióse a Catalino riendo.

—¿Sabes entonces lo que me dicen? Me dicen: «¡Tú no eres Perico! ¡Eres un soldado!» Pero yo grito más fuerte que nadie que yo soy yo... y entonces... entonces... para que me crean les enseño la cicatriz de la tripa.

Se remangó Perico el capote, se sacó fuera los faldones de la camisa, se abajó los pantalones y enseñó a Catalino, y al aire mañanero y a las encinas ametralladas de la Casa de Campo, las huellas en su carne de la vieja operación de apendicitis...

Perico concluyó:

—Y entonces todos van... y me besan.

Con toda nitidez vio a su madre abriendo los brazos para recibirle en ellos e instintivamente los abrió él también para colgarse de su cuello. Algunos soldados que contemplaban la escena desde lejos, se doblaban de risa al ver aquella minúscula máscara de militar haciendo tanto teatro. Catalino le escuchó con imponente respeto. Su cabeza dejó de girar de la Cruz del Sur a la Estrella Polar y se mantuvo quieta por una vez, mirando de frente, sobre Perico. Y es que él también tenía a su madre en Madrid... y su madre —bueno ¿para qué hablar?—, su madre era mucha madre para que no entendiese en toda su sencilla grandeza el drama de aquel niño abandonado.

(Cuando reemprendieron la marcha, el chico se le había instalado, como en su casa, con perro y todo, dentro del corazón.)

X

> «... Yo te vi, Patria,
> con tus mozos tendidos con la boca ya seca
> bajo encinas con luna, y las manos cruzadas.»

Se acercaba ya la hora en que Catalino había de incorporarse a su Unidad cuando vieron, descompuesto y fuera de sí, correr hacia ellos a un soldado que Perico no tardó en identificar como Colás.

—¡Perico, rapaz, espérame!

Quedó admirado Catalino a partes iguales de la simplicidad del mozo y del ascendiente que Perico tenía sobre él. Pues no dejaba de ser peregrino que todo un hombretón acudiera a pedir ayuda a Perico, que era la imagen misma del desvalimiento. El caso es que el pastor en funciones de guerrero había perdido su batallón: singular extravío.

—¿No te has pasado por la Plana Mayor? —preguntóle Catalino.

—¿Y eso cómo se come?

—¡Ele! ¿No te han dado una papela?

—¿Y eso qué es?

Catalino se armó de paciencia.

—Dime, Sócrates: ¿dónde te separaste de los tuyos?

—Me aparté para hacer aguas y no me esperaron.

—¡Los hay desconsiderados, leñe! —murmuró el legionario.

Cuando, al fin, y no sin muchas dificultades, consiguió averiguar la Unidad a la que pertenecía le explicó el camino que había de tomar.

—Al llegar a la posición —bromeó guiñando un ojo a Perico—, cada uno se presenta al sargento y le dice: «Yo me apunto para ametralladora», o bien: «Yo me apunto para acemilero» o «para furriel», según las aptitudes. Y entonces el sargento le da a cada uno el puesto que cada uno desea. ¿Te has enterado?

Colás no sabía si le hablaban en serio o no.

—Yo me contento con lo que me echen. ¡Con tal de no palmarla!

El veterano le aleccionó.

—Pues si eres de los que no quieres que te echen el «requiescantimpace», le dices a tu sargento que te apuntas a superviviente. Pero no te olvides, que me pareces muy pasmao y si te equivocas... ¡fiambre que te tengo!

Perico tiró del capote al humorista.

—Y yo... ¿de qué me apunto?

El guasón le miró de abajo arriba antes de aconsejarle.

—Tú... ¡apúntate de mascota!

Y así fue.

(A lo largo de aquel invierno no hubo en todo el frente de Madrid mascota más popular que Perico. Tuvo que competir con un pájaro tucán, regalo de una madrina brasileira a una Bandera de Falange; con un carnero —barbudo y rizoso como un rey mago de opereta—; con un macho cabrío de aire adiablado digno de un aquelarre y con Mohamed ben Assem, un morito de diez años que la Segunda Bandera de la Legión había encontrado abandonado quién sabe dónde y que desde entonces ejercía de mascota, ni más ni menos que el tucán, el carnero, el propio Perico y el cabrón.

La figura garbosa del chiquillo y la desgarbada de su perro se hicieron famosas desde Usera a Garabitas, y no decimos que del Manzanares al Clínico, porque con gran desazón del «soldado más joven de España» —como le bautizó tiempo después un famoso cronista de guerra— le fue terminantemente prohibida durante mucho tiempo la entrada en el recinto de la Ciudad Universitaria.

Perro cojo y niño sano: tan pronto se veía a la dispar pareja por la Casa de Campo, acompañando a los acemileros que llevaban agua o correspondencia a las Unidades, como indicando a los sanitarios la zona donde debían evacuar unos heridos, como haciendo servicios de enlace y soldadograma entre dos posiciones distanciadas.)

Las líneas nacionales se ceñían sobre el Madrid rojo como unas tenazas de hierro preparadas para cerrarse... sin que pudieran cerrarse. Era un pico de águila real entreabierto sobre la presa, con la presa dentro, sin acabar de morderla. El borde oriental de la tenaza descansaba sobre la carretera de Valencia, cerca de Arganda, lejos de allí. El borde occidental, en cambio, no circunvalaba la ciudad, sino que estaba apoyado en la ciudad misma como un cascanueces sobre la cáscara. Un poco más de presión y aquel extremo de la pinza hubiera hecho saltar la nuez.

Sobre el terreno mismo de las operaciones, una tarde, Catalino Riopérez-Pérez describió a un Perico estremecido como un año atrás se había producido el asalto.

—¿Por dónde bajaban los tanques? ¡Dímelo!

¡Ah, los tanques! La primera oleada de tanques y carros blindados quedaron en el fango del río, patinando las cadenas y las ruedas sobre el légamo, despanzurrados sobre el agua, con sus sirvientes dentro. Fueron horas de indescriptible angustia; de zozobra infinita. Los carros precedían a la Infantería, y los infantes quedaron pegados a tierra sin poder avanzar y sin más protección que una jara, un tronco, una peña, o el cuerpo muerto de un compañero, viendo cómo fracasaban una y otra vez los intentos desesperados de sacar del fondo arenizo las llantas de los tanques o las ruedas de los blindados.

La artillería nacional —contaba Catalino— disparaba por encima de nuestras cabezas machacando las posiciones enemigas en el intento de silenciar las máquinas que hacían fuego directo sobre la zona del río que pretendíamos cruzar. A veces lo conseguían, y entonces un hormiguero de hombres surgían de los márgenes, empujaban los tanques y tiraban de los camiones hacia la orilla opuesta, mientras otra oleada de carros intentaba, sin éxito, alcanzar lo que no consiguieron los primeros. Así una y otra vez. Mas apenas emplazaban los rojos nuevas armas en los mismos puntos en que habían sido pulverizadas las primitivas, el río se volvía espeso con los cuerpos de nuestros muertos. Entretanto el sol, implacable, trazaba la curva para huir por occidente.

Catalino hablaba del sol con la exaltación de quien pierde

un aliado: porque era el tiempo inexorable que se les iba sin que el objetivo se cubriera.

—¿Y tú dónde estabas?

Así como la artillería propia intentaba pulverizar las posiciones rojas que dominaban sobre el río, los cañones enemigos mantenían una «cortina de fuego» sobre la primera línea atacante. Seis horas estuvo Catalino entre «los flecos» de la pavorosa cortina, sin otro parapeto para cubrirse que el tocón de una encina desventrada. Al cabo de este tiempo, un obús abrió un cráter quince metros ante él. Sintió la honda explosiva como un gran vacío que le succionara los ojos y los oídos. Apenas la nube de tierra se aclaró saltó al agujero providencial, se hizo un ovillo, se protegió la nuca con las manos y esperó. ¡Qué espera, Dios, mientras el sol se iba, nuestra aviación ganaba la batalla del aire —¡Él la bendiga!— y los rojos mantenían sus triunfos en el río! El capitán Contreras allá por el mil seiscientos y pico, describía una rociada artillera diciendo que la tierra se meneaba como enjuagadientes en la boca; Teodoro Palacios (años más tarde, embajador en el infierno) dice que los cañones machacaban la zona como mil docenas de martillos una mesa cuajada de avellanas; Catalino Riopérez-Pérez buscó un símil más jovial. El espacio —le dijo a Perico— en que yacía agazapada la infantería estaba más batido que el tambor de un tamborilero loco. Hasta que de pronto... (¡Dios! ¿Qué ventura era aquélla?) se hizo el silencio.

Bien, bien, lo del silencio es una manera de expresarse. Eufemismo se llama esa figura. Quiérese decir que las explosiones en vez de producirse ahora como el granizo sobre las propias cabezas, empezaron a rugir más atrás, hacia la retaguardia. Fueron unos minutos muy cortos de asombro ante el estupendo, incomprensible error de la artillería enemiga. El caso es que la nuestra hacía mucha carne sobre sus primeras posiciones, y como éstas las necesitaban para batir la zona que queríamos cruzar, alargó el tiro para dialogar de poder a poder con nuestros cañones y mandarlos callar.

—¿Y entonces qué hiciste?

—Apuré la cantimplora hasta la última gota de coñac.

—¿Y qué más?

—Asomé la jeta y miré a mi teniente, que estaba a mi izquierda entre dos peñas y una encina desmochada.

—¿Y él qué hacía?
—Beber coñac.
—¿Y qué más?
—Se puso en pie y comenzó a dar voces y agitar los brazos.

Desorbitados los ojos, Perico oía y veía lo que no oyeron y vieron los propios testigos y protagonistas de la aventura, porque Catalino unía, al narrar, sus propias experiencias personales con datos y elementos de juicio que no fueron conocidos por él hasta mucho tiempo después. El Coronel Barrón dio la orden: ¡por donde no pasaron los tanques, pasarán los hombres! Como un reguero de viento, corrió la consigna: ¡A Madrid! De entre los conos, los agujeros, las hendiduras de la tierra, salieron las voces —como rugidos— aun antes que los cuerpos. El teniente, de pie, la pistola en la diestra y la otra mano levantada, como quien da la salida de los cien metros lisos, gritó: ¡Legionarios, a Madrid! ¡Paso a la Legión!

Algunos cayeron allí mismo para no levantarse más. El salto fuera de las posiciones fue para ellos un brinco hasta las estrellas. Con el agua a la cintura, el fusil levantado sobre la cabeza, braceando, pateando, protegiéndose en los tanques y camiones abandonados (que crearon en aquel momento justo una impagable, imprevista, definitiva barrera de seguridad), Perico vio a Catalino, tal como él se describía, cruzar el río, morder la cinta de la granada de mano, lanzarla por encima del cambio de rasante de la vertiente opuesta, tumbarse al suelo, calar la bayoneta, morder otra granada, lanzarla... y brincar cuesta arriba de agujero en agujero, de brecha en brecha, de ruina en ruina. ¡Ah, quién hubiera podido detener la marcha del sol que se batía en retirada!

La narración de Catalino era aquí muy confusa. Él no sabía bien lo que había hecho. Como un mal sueño, creía recordar el horror de una cara enemiga, al verle caer del cielo, en picado, medio pájaro, medio buque, con la bayoneta por tajamar. Pero eso quedó pronto atrás. Se recordaba solo, o agrupado, mas siempre fuera de sí. Como ráfagas de memoria —episodios sueltos, película troceada— recordó la primera vez que vio la espalda al enemigo, hombres que huían, gateaban, buscando posiciones más seguras, y las granadas de mano del ejército rojo que él mismo utilizó quitándolas de la mano de los muertos, y una pared, una pared que le causaba horror, porque no podía llegar a ella, y le disparaban desde sus huecos y veía el rostro de los que disparaban, sin poder cubrirse, ni retroceder, sino sólo avanzar, avanzar, contra el fuego a él dirigido. Se recordaba en el interior de un edificio por inmensas galerías, con un fusil ametrallador que no era suyo, ni sabía dónde, ni cuándo, ni a quién lo había capturado. Disparaba contra los huecos, las esquinas, la escalera. A través de los ventanales, se divisaban calles, calles desiertas, calles no defendidas, de Madrid.

De pronto, la orden desoladora.

—Fortifíquense aquí.

—Déjenos seguir, mi teniente.

La súplica no era sólo suya, era la de los capitanes a los coroneles, de los coroneles a los generales.

—¡Dejadnos seguir! ¡Madrid es nuestro! ¡Dejadnos seguir!

La orden fue inexorable. Fortificarse, atrincherarse, pegarse al suelo.

Y es que los rayos del sol, sesgados, huían de las casas hacia las azoteas perseguidos por las sombras que lamían los paramentos, los balcones, las fachadas como una oscura lengua pegajosa. El asalto que interrumpió la noche no se volvería a repetir. Los prisioneros hechos al enemigo no hablaban español. Eran checos, alemanes, rusos, franceses. La llegada de la noche y las Brigadas Internacionales acabaron con el asalto a Madrid, y para muchos, con la esperanza de tomarlo.

—Y eso ¿cuándo fue?

—Hace un año, mi general. Un año hace ya... ¿Qué más quiere saber vuecencia?

—Y ¿ya nunca habéis tomado Madrid? —insistió Perico irritadísimo.

—Nunca, mi general.

Perico exclamó con aire de enfado:

—Pues el teniente ese que dijo: «¡Legionarios, a Madrid!», era un mentiroso. Y el que dijo: «¡Paso a la Legión!», también.

—Un optimista —comentó Catalino—. ¡Eso es lo que yo digo!

Los primeros meses de aquel semicerco fueron terribles. El Madrid rojo se sacudía con furia aquella lanza de la Ciudad

Universitaria clavada en su costado como una ballena herida por un arpón. Pero ni los asaltantes consiguieron su propósito ni los defensores el suyo. Con la acción de Brunete, los rojos estuvieron a punto de romper el cerco y sitiar a los sitiadores. Pero la intentona fue cara.

Tras la derrota y los ríos de sangre de aquella ofensiva roja que acabó en desbandada, el frente se estabilizó. Cinco meses habían transcurrido desde entonces.

A veces no se diría sino que de un lado y otro de las trincheras se había llegado al compromiso tácito de no hostigarse inútilmente. No obstante, un disparo aislado, un centinela que perdía los nervios organizaban lo que Catalino llamaba «un cacao de órdago a la grande»: ensalada de tiros, en la que a veces intervenía la artillería, pues los mandos llegaban a pensar si no se trataría de la preparación de un golpe de más envergadura. Era un frente extraño. Los contendientes habían renunciado a ganar un palmo más de terreno. En la Ciudad Universitaria se luchaba más en el subsuelo —minas y contraminas— que en la superficie. Las trincheras y parapetos exteriores ocupaban menos espacio que las galerías subterráneas, los túneles bajo las posiciones enemigas, o los almacenes, depósitos, puestos de mando y hasta equipos quirúrgicos a veinte metros bajo tierra. ¡Paisaje de topos, para guerra de hombres!

—¿Cuándo me llevarás a la Ciudad Universitaria?

El paso a las posiciones del otro lado del río estaba cerrado para Perico. Nunca le fue permitido cruzar el Manzanares ni siquiera acercarse al «puente de la muerte», batido por el enemigo, y que el chico sólo conocía de referencias. Con esto no podía ver a Catalino en su propia salsa, pues el legionario estaba allí destinado. Con esto, las charlas de los dos amigos sólo tenían lugar cuando «Cara de Cigüeña» le visitaba en la Casa de Campo.

—A tus órdenes, mi general. ¿Cómo va ese ánimo?

—Estoy jugando a las tabas con Colás.

—Ayer hubo un buen fregao artillero. ¿Pasaste miedo?

—Sí... —confesó Perico—, pero sólo un poquito...

El ex pastor comentó:

—¡Josús, qué cohetería! Parecía mi pueblo el día de la Patrona...

Desde que atardecía hasta que salía el sol, Perico convivía, mejor dicho, pernoctaba, con Colás, en las cuadras o junto a las cuadras de los mulos. El mozo fue destinado a limpiar y dar de comer a las bestias, con gran desesperación de *Trespatas*, que hubiera preferido que le encomendaran labores de cocina, por aquello de que la proximidad con el manduco engorda. Mas apenas amanecía, el chico escogía la libertad, y lo mismo con sol que con nieve, bajo la lluvia o entre la niebla, se dedicaba a los más diversos menesteres: recorrer las posiciones en que le era permitida la entrada; visitar a los heridos y enfermeras del Hospital de Griñón, o alimentar «radio macuto» cazando noticias de la guerra en las proximidades de los puestos de mando. Igual utilizaba Perico para sus desplazamientos los mulos de una compañía de máquinas que los coches de los Coroneles, y tanto a rasos como a jefes les hablaba de su gran ilusión: desfilar como mascota, con *Trespatas* pegado a sus tobillos, al frente de una bandera de legionarios, el día de la toma de Madrid. Sólo una duda le atormentaba. Cuando sus padres y hermanos, situados en el balcón de la casa, le vieran desfilar ¿sería capaz de no salirse de la formación y correr exhalado escalera arriba para caer en brazos de los suyos? *Trespatas* fue el único a quien expuso sus temores.

—A lo mejor me escapo... ¿sabes?

Pero el tiempo pasaba, desfallecía el invierno, apuntaba su próxima venida otra primavera, y ya nadie hablaba de la toma de Madrid.

Y

> «Otras ciudades ríen, en medio de sus rosas;
> mas tú estás con tu nieve, valiente en la frontera.»

—Mi Coronel, el General al habla...

El hombre se llevó la mano a los goznes de la espalda antes de desdoblar su enorme corpachón. En esta postura se mantuvo todavía unos instantes, los ojos fijos en el plano. Al fin se incorporó. El cansancio hollaba su rostro. Cruzó de parte a parte el puesto de mando.

—A tus órdenes, mi General... Sí, soy yo. Un tiroteo muy fuerte, eso es todo. No. No creo en esa posibilidad... Acuérdate cuando la ofensiva de Teruel. Lo único que pretendían es que no distrajéramos tropas de aquí para reforzar las guarniciones de allá... Descuida: si hay algo de nuevo te avisaré. A tus órdenes. Descuida... descuida... A tus órdenes.

Colgó el teléfono. Paseó la mirada sobre el zócalo de sacos terreros que revestían las paredes del sótano, como si allí estuviese escrita la solución al enigma de aquel extraño simulacro de ataque.

(—Es un «tío grande» —le había dicho Catalino a Perico refiriéndose al coronel.

Y, en verdad, que no era sólo «grande» en el sentido que decía el legionario, sino que lo era «además» en la más vulgar acepción del vocablo. El Coronel era inmenso; quizás el más alto, corpulento y fuerte de los militares profesionales de uno y otro bando. Tenía algo de desaforado y descomunal. Hombros, manos, mandíbulas, piernas, eran las de un ario moreno, las de un cíclope mediterráneo. Estaba quemado por el sol y el viento y el riesgo —que también el riesgo cuartea la piel— de todos los combates. Se contaban de él verdades como puños, y leyendas que merecían serlo, que aureolaban su personalidad de un prestigio mítico, mágico y popular. Era el Jefe de un ejército de topos, el capitán de un puñado de héroes que vivían como hormigas y luchaban como leones. Su lengua —decía Catalino— despedía venablos y su garganta truenos. Pero tanto aparato exterior tenía un flanco débil, un talón de Aquiles vulnerable, ajeno a la rudeza y a la dureza: sus ojos. Eran ojos grises moteados de verde con un algo infantil por su capacidad de asombro y que desertaban con frecuencia —como quien se pasa al enemigo— de la ferocidad que parecía exigir el resto de su contextura, sus ademanes o su voz.)

Aún mantuvo el Coronel por un instante apoyada la mano sobre el auricular que acababa de colgar. No creía haberse equivocado en el juicio que le dio al General. A pesar de la profundidad a que estaba situado el puesto de mando, en el último de los sótanos de la Escuela de Arquitectura, hasta allí llegaba, como un lejano, inacabable rumor, el estruendo de la fusilería, los morteros y las automáticas.

Se puso en pie.

—Voy a darme un garbeo por las posiciones. ¡Calzado, venga conmigo!

Por un laberinto de túneles, trincheras y galerías llegaron bajo la vertical del Clínico. A medida que afloraban a la superficie, el aire se hacía más respirable y se oía mejor el estruendo de las armas. El antiguo edificio era un puro delirio de formas abstractas: amalgama de cascotes, hierros retorcidos, cornisas troceadas. En las naves centrales algunos núcleos de pared permanecían en pie, como si quisieran señalar dónde crecían antes los orgullosos paramentos. Unas pocas vigas de hierro de la antigua estructura se mantenían milagrosamente en sus puestos, bien que no verticales, sino ladeadas, como despeinadas por un viento atroz. Parecían vergas de un navío escorado entre las peñas. Aquellas ruinas no tenían el aire melancólico de las antiguas demolidas por el tiempo. Eran ruinas en activo. El verbo que regía su transformación se conjugaba en presente de indicativo. Ruinas en acción de arruinarse que se están haciendo ruinas «hoy» y «aquí». A sus estructuras, el fuego de los combates no les daba tiempo de cubrirse de musgo. El Coronel recordó el texto reciente de Manuel Aznar:

«Reina aquí un grave silencio. Resuenan con largo eco nuestros pasos. Se diría que estamos solos. Los soldados que guarnecen el Hospital Clínico se esconden en sus parapetos o en sus refugios y, cuando nos ven cruzar, se mueven ligeramente como con una vaga y lejana curiosidad casi desasida de las cosas de este mundo. ¡Ancho silencio interminable!»

No era éste el caso de hoy. El estruendo de las armas llevaba la marca de fábrica de los peores días. Con esto y con todo, unos regulares soñolientos, de tardos y precisos ademanes, cocían agua en unas brasas, preparándose el té, como si aquel estrépito no fuese con ellos. Muy cerca de allí se abría, negra, la boca de una galería. El Coronel se introdujo en ella. La primavera se anunciaba, pugnaz, en la pelusa de unas pequeñas raíces que se desflecaban en el techo de tierra. Arriba en la superficie no había árboles, ni plantas. ni helechos, ni hierbas. Pero el mundo vegetal sobrevivía, como los hombres, en el subsuelo. Pocos metros más lejos, el túnel, alcanzando el nivel del terreno, se convertía en trinchera. El cielo se veía desde allí rabiosamente azul. En la vertical de las cabezas se oían unos mínimos, levísimos chasquidos, como de labios que se despegan, dedos que se rozan suaves y rápidos, o veloces insectos voladores. Eran las balas al pasar. La estridencia de los disparadores y el impacto de los proyectiles impresionaban menos que esta sinfonía de silbos sutilísimos. El Coronel se detuvo ante un soldado muy joven, casi un niño, que se cuadró ante él apenas le vio llegar. Las rodillas le bailaban como si tuviese hormigas en los talones.

—¿Qué te pasa, muchacho?

No supo responder. Temblaba como si estuviese enfermo.

—¿Eres nuevo por aquí?

—Sí, señor, mi Coronel.

—¿Cuándo te has incorporado?

—Hoy, mi Coronel.

—¿Estás enfermo? ¿Tienes fiebre?

—No, señor, mi Coronel.

—¿Tienes frío?

—No, señor, mi Coronel.

—¿Qué te pasa entonces?

Los ojos del muchacho se engarzaron en los del jefe. Tardó en contestar.

—Tengo miedo, mi Coronel.

El hombre posó sus manazas en los hombros del soldado. Le miró fijamente y por sus ojos cruzó fugaz la chispa de su vulnerabilidad.

—No te preocupes, hijo, yo también.

El soldado le miró perplejo. Pestañeó.

—Anda. Vete y dile al sargento de mi parte que te releve.

El soldado no se movió. Hundió la cabeza en el pecho.

—¿Qué te pasa ahora?

Con el ruido de las explosiones casi no se le oyó. Tan bajo hablaba. Tragó saliva.

—Tengo vergüenza de... tener miedo.

—Sólo tienen vergüenza los valientes. ¡Quédate!

Era en verdad una extraña manera de premiarle. También fue extraña —y del mismo corte— la redacción del telegrama que dirigió muchos años atrás, siendo un oficial muy joven, al Jefe de la Legión, que había sido herido por cuarta vez: «Felicítole por cuarta gloriosa herida. Espero impaciente la quinta». Y es que, para él, el riesgo era un privilegio. Y un premio, caer cara al enemigo.

Lo que más impresionó a Perico fueron los taconazos y chasquear de espuelas a medida que el Jefe se acercaba. ¿Cuál no sería el poder de aquel hombre cuando hasta los capitanes y comandantes se le cuadraban? Una voz había anunciado «¡Compañía! ¡El Coronel!». Y el capitán, que estaba en una de las casamatas de la tercera sección, bajó a grandes zancadas a dar la novedad. Al ver a Perico exclamó: «¡Esfúmate!», pero el chico no pudo obedecer, pues ignoraba la significación del vocablo.

La nave desde la que Perico presenció conmovido la llegada del Coronel era una pieza situada a diez metros bajo tierra y en la que cabían treinta hombres. Hacía las veces de dormitorio, almacén y museo; pues los legionarios la tenían muy pintorescamente decorada; de allí salían varios pasadizos. Unos ascendían hasta las fortificaciones a ras de tierra, donde estaban emplazadas las armas. Otros se comunicaban con las distintas secciones de la misma Compañía. Por uno de los primeros bajó el capitán seguido de un alférez. Por uno de los últimos llegó el Coronel, acompañado de su ayudante, del teniente Coronel Calzado y del comandante del batallón, de modo que la entrada de los oficiales y la arribada de los Jefes fue todo uno.

Con gran satisfacción escuchó el Coronel las explicaciones del capitán. Un cabo de su compañía creía haber descubierto la clave de aquel extraño simulacro de ataque que parecía no tener sentido.

Las defensas enemigas de una bocacalle de Madrid perpendicular a su posición habían sido reforzadas desde la víspera con sacos terreros. Tras ellos había creído ver alejándose del frente y en dirección hacia el centro de la ciudad la capota de un gran automóvil negro. Cuando vio el segundo ya no le cupo duda y pidió que avisaran al alférez. «Pues bien —precisó el capitán—, han pasado exactamente ocho grandes coches de lujo.» Si le permitían aventurar una suposición, él sugería la siguiente: la primera línea enemiga había sido visitada por ministros del Gobierno, embajadores extranjeros, delegados de la Sociedad de Naciones o algo así. Y el intenso fuego no tenía otra misión que tener a los nuestros pegados a tierra o distraer su atención hacia un punto distinto a aquel en que se encontraban los jerarcas de Rojilandia.

—Me parece una suposición muy acertada —dijo el Coronel—. Si eso es así, el tiroteo cesará de un momento a otro. ¡Hay que celebrarlo!

El Coronel se rascó la barbilla.

—Capitán, ¿tiene usted por aquí algo que sea más sabroso que agua de botijo?

—Tengo un vinillo de mi tierra que es gloria pura.

—¿De dónde es usted?

—De Logroño.

—¡No hablemos más! ¡Venga ese Rioja!

Bebieron en abundancia, comentando los incidentes del día. El Coronel gustaba de bromear mas no de que bromeasen con él. Se permitía confianzas con sus subordinados, que éstos le agradecían, pero se guardaban muy bien de tomarse ninguna con él. Respondían cuando él preguntaba, pero se abstenían de extenderse en otras consideraciones. El respeto no permitía acortar distancias Esto era la causa de que a veces se hicieran breves silencios, que era difícil rellenar. En uno de estos claros en que nadie hablaba, se oyó firme, diáfana, distinta a todas, una voz singular.

—¿Y tú por qué no has tomado «todavía» Madrid?

Al reconocer la de Perico al servicio de aquella impertinencia, el capitán estuvo a punto de desmayarse.

El haber resistido en aquellos agujeros las embestidas de un enemigo diez veces más numeroso, y que había echado toda la carne en el asador para expulsarlos de allí, era algo tan asombroso que hizo exclamar empavorecido al General francés Duval cuando visitó las posiciones nacionales de la Ciudad Universitaria: «*Je ne comprends plus rien!*».

Afortunadamente, y pasado el primer estupor que produjo al Coronel encontrar carne tan tierna, tan insolente... y en aquel lugar, rompió a reír de forma tan desaforada que los demás, por cortesía —y por el alivio que sintieron—, creyéronse obligados a corearle.

—¿Puedo saber, capitán —preguntó el Coronel apenas la risa se lo permitió—, quién es este cuarto de kilo de soldado?

Perico se anticipó a la respuesta del Jefe de la Compañía. Entre orgulloso de su importante personalidad y sorprendido de que alguien —aunque fuese el jefe máximo— le desconociese, respondió con énfasis:

—¡Soy mascota de la Legión!

Rió el Coronel.

—¡Vaya, hombre! Y ese perrito cojo ¿también es mascota?

—Este perrito cojo no es mascota —replicó como diciendo: «¡Todavía hay clases!»—. Este perrito cojo es mi asistente. Y se llama *Trespatas*.

Como era de rigor —de rigor y de justicia—, Perico cayó en gracia al Coronel.

—Acércate.

Ante aquel gigante, el niño era una miserable partícula de humanidad: una triza, una brizna, un corpúsculo de carne humana y uniformada.

El Coronel le acarició la cara.

—¿Cómo te llamas?

—Perico.

—Pues escucha, mascota Perico. En cuanto amaine un poco

el temporal, el capitán te pondrá en manos de un soldado para que te lleven al otro lado del río. Éste no es sitio para ti. ¿De acuerdo?

El chico sufrió un terrible golpe moral al oír esto. Había un cierto reproche, un indefinible matiz de censura, pero también de esperanza, en su voz, al replicar:

—¿Y tú... cuándo vas a tomar Madrid?
—Pues mira, hoy... «todavía» no.
—¿Nooo? —exclamó él decepcionado, pues había llegado a pensar que el intenso tiroteo de aquel día era el preludio inmediato de la entrada en la capital.
—No —respondió el Coronel con un dedo de vaga nostalgia.
—Y... ¿mañana tampoco?
—Mañana tampoco.

Se puso en pie, dando por terminada la visita.
—Capitán, el vinillo de su tierra estaba excelente. ¡Vámonos, Calzado!

Y con el mismo aparato de saludos, voces reglamentarias y taconazos que al entrar, el Coronel salió de allí.

A partir de la muerte de Colás, y a instancias del cabo Catalino, Perico fue adoptado por la Bandera. Ya existía el precedente del morito Mohamed ben Assem, pero este mascota era mucho más viejo, ya que contaba por lo menos diez años.

En la Ciudad Universitaria, Catalino Riopérez-Pérez se desvivía por distraer a Perico, haciendo en su honor... todo cuanto le habían prohibido que hiciera. Lo de llevarle con él a la casamata para que le viese disparar con la ametralladora, tecleando con el disparador la Marcha de Infantes, el Cara al Sol o el Himno de la Legión no era nada al lado de otras insignes barbaridades, como bajarle en un torno y con careta de oxígeno por uno de los pozos a una galería de contraminas o subirle a lo más alto de las ruinas de la Casa de Velázquez para que observara el movimiento de los rojos en las posiciones adversarias increíblemente próximas. En el pasadizo de la contramina Perico vio manejar un geófono para detectar los ruidos y él mismo escuchó el rítmico golpear de los mineros enemigos cavando una galería bajo la vertical en que se encontraban.

En las posiciones de superficie, en las trincheras, cara a la noche y a los luceros, donde le habían dicho que tenían un sitio de honor los que morían en el combate, Perico rememoraba a su amigo, el pastor. ¡Pobre Colás! Había sido comisionado para retirar con los mulos varios cadáveres de una posición muy castigada y las mismas bestias le trajeron muerto junto con la triste mercancía que había ido a recoger. Perico lo imaginaba vestido de oveja, con sus zahones y esclavina de lana, tocando la siringa, sentado sobre una estrella.

A medida que cesaban los disparos, los nervios de cuantos pensaron que aquello acabaría en un ataque en regla se relajaban. Los de Perico, en cambio, se desataban. Le regalaron para consolarle un magnífico macuto ruso cogido a un prisionero; lo llenaron de golosinas y metieron en él los restos tan mermados ya del primitivo contenido de su caja de madera.

—Cabo Riopérez, usted se trajo al niño, usted se lo lleva —le ordenaron.

Y por la galería subterránea, alumbrados por el débil claror de una linterna, acompañados del egregio insensato, salieron, para no volver más, el mascota Perico y *Trespatas,* su flamante asistente.

Al principio fue sólo una resistencia en la mano; después, a medida que avanzaban —curvado el cuerpo de Catalino como una L del revés, pues la mezquina altura del techo le impedía ir erguido— una lucha desesperada por escapar. ¡Nunca, desde que abandonó en Santander las ruinas de su casa, había Perico retrocedido un palmo en su avance hacia Madrid! ¿Iba acaso a hacer ahora lo que nunca hizo? ¿Iba a permitir que entre sus piernas, hechas a todas las andaduras, y los brazos de su madre, hechos a todas las ternezas, nadie pusiera tierra de por medio?

—¡Mi madre está allí! ¡Déjame ir con ella! ¡Déjame!

Catalino se volvió incrédulo hacia Perico. Le iluminó el rostro con la linterna. Habló a trompicones, muy excitado.

—Pero... ¿es posible, «mi general», que tú... un legionario... un mascota de la Legión... te quieras pasar a los rojos?

El niño pugnaba por desasirse. Por toda respuesta mordió a Catalino en una mano, y al sentirse libre de la presión de sus dedos, huyó en dirección contraria a la que llevaban.

El legionario perdió la linterna, mas no los ánimos. Fue una extraña persecución por un extraño escenario, a obscuras y a diez metros bajo tierra. Le alcanzó, quedaron medio abrazados, jadeantes y hostiles.

—¡Mi madre está allí! —repetía Perico una y otra vez. Y en su acento bullía todo el contrasentido que representaba alejarle, queriendo favorecerle, de su único refugio posible. Catalino estaba como borracho; tal era la confusión de sus ideas. «No se trata de pasarse al enemigo... ¡rediós!... sino de pasarse a la madre de uno, que no es lo mismo», pensó.

—¿Tú quieres que...? ¿Tú quieres que yo...?

Perico se colgó de su cuello. Había tal mensaje de angustia, tal petición de ayuda en el temblor de sus dedos, en la presión de sus manos, que Catalino concluyó lo que, de no ser por el S.O.S. de aquellos brazos, quizá no hubiera terminado nunca de expresar.

—No hables ahora. No preguntes nada. Ven por aquí.

Perico había oído contar más de una vez lo que eran las explosiones de las minas. El cono que abrían en la tierra era como un cráter de volcán, a cuya conquista se lanzaban sin pérdida de tiempo los supervivientes de la voladura, pues de su ocupación dependía que el enemigo no se les metiera en casa. Este género de combates producía consecuencias imprevisibles para uno u otro bando, pues al quedar pulverizadas las antiguas fortificaciones a veces resultaban comunicadas las del enemigo con las propias, de modo que había que abandonarlas, o cegarlas (provocando nuevas voladuras) o conquistar los nuevos pasadizos —¡mal pleito!— con el temor de meterse en la boca del lobo o de instalarse en un suelo que estuviese también minado. El caso es que los topógrafos del Estado Mayor las pasaban moradas para trazar sobre el plano la novísima situación y, a veces, cuando al amanecer terminaban su trabajo, ya no servía, pues durante la noche las posiciones habían cambiado su emplazamiento. Se llamaban vías muertas a las que no conducían a parte alguna, bien por estar segadas, bien por haber sido abandonada la fortificación a que antes conducían. En una de ellas penetraron sigilosamente, el corazón en un puño y el alma en vilo, Catalino y Perico, seguidos de *Trespatas*.

El techo del subterráneo estaba derruido en varios lugares. A través de aquellas gateras y en un cielo que se resistía a perder el último azul de la tarde, se veían las primeras estrellas. Hacía frío, a pesar de que la primavera llevaba varios días queriendo presentar su carta de visita. Caminaban en silencio. No obstante, Catalino no apartó el índice de los labios en todo el tiempo y ·Perico, extremando la prudencia, avanzaba como sobre un suelo cuajado de huevos. El último extremo del pasadizo estaba voluntariamente cegado por una explosión propia, pero el techo de la galería era un amasijo de vigas de madera destrozadas. Catalino aplicó los labios al oído de Perico y le ordenó que esperara. Después trepó hasta aquella altura y quedó agazapado, confundido con la tierra, y tan quieto, que el mismo Perico llegó a dudar cuál de las sombras que se proyectaban sobre la noche era su cuerpo. El mayor peligro no era el ser visto por el enemigo, sino por los centinelas propios, que hubiesen disparado fulminantemente sobre cualquier sombra sospechosa. Cuando se hizo totalmente de noche, Catalino extendió las manos para recibir a *Trespatas* y, una vez subido el perro, izó a pulso a Perico. Todos los movimientos llevaban la marca de una desesperante lentitud. Pegado el vientre a tierra, con el polvo en los labios y las estrellas en la nuca, presionando con las puntas de los dedos y del calzado, reptaron hasta encontrar la pendiente de un cráter. Bajaron por él, cabeza abajo, como los osos de las hayas. Al llegar al fondo se sentaron para dejar descansar el corazón. Un olor nauseabundo se extendía por doquier. El suelo estaba empapado de una masa viscosa y fétida. Un hilillo de agua sucia se deslizaba por una de las paredes del cráter, corría unos palmos y se encharcaba o lo sorbía la tierra. A media ladera, rota por la dinamita, la boca de una alcantarilla. Había sido castigada por las explosiones tanto como una trinchera, pues al igual que el pasadizo tenía el techo roto y tan pronto discurría bajo tierra como se iluminaba por la opaca luminosidad de la noche. Catalino, con el brazo extendido, señaló a Perico el camino a seguir. Se puso en cuclillas para abrazarle. Le quitó el gorro cuartelero y lo guardó consigo. Lo demás de su indumentaria lo mismo servía para uno y otro lado. Insignias no llevaba. Le estrechó contra sí, le palmoteó en el rostro, le tiró de las orejas. Aquellas efusiones mímicas, bajo el espeluznante silencio de la noche, con la sensación de riesgo mordiendo la piel y en tan inusitado lugar dejaron una **profunda huella en** el ánimo y en la memoria de Perico. Al fin, el legionario le empujó suavemente.

Sus labios se movieron. «¡Hala, mi general!», parecieron decirle. «¡Queda con Dios!»

Catalino vio alejarse la sombra de «mi general» y «su asistente» con infinita nostalgia. ¡Suertudo! A su edad él estaba en un correccional o haciendo oposiciones para el correccional, que es casi lo mismo. ¡Y el tío este a desayunarse con la madre! «¿Qué digo desayunarse? Si se da prisa llega a cenar...»

Esperó una hora al pie del cráter por si acontecía algún imprevisto y por no regresar antes de lo que correspondía a un viaje de ida y vuelta a la Casa de Campo. Aquella noche apenas pudo dormir. El gran insensato envidiaba a Perico. A estas horas, el muy tuno estaría en su casa con los suyos. ¡Qué recibimiento le habrían hecho! ¡Sábanas de hilo para «mi general», y antes de dormir un beso en la frente! ¡Suertudo! No estaría mal darse él también un garbeíto por los Madriles, vestido de legionario y todo, liberar a su madre —léase dejarla viuda— y regresar tan pimpante por donde había venido. Dio varias vueltas entre las mantas. ¡Caray con «mi general»! Los había con suerte. ¡Suertudo el tío! ¡Suertudo!

Z

«Con la brújula loca... ¡pero fija la Fe!»

La pura enumeración de los episodios vividos por Perico en el Madrid rojo podría inducir a error si nos limitáramos a describirlos sin analizarlos.

En un inventario de situaciones, en un muestrario de trances, tales episodios llevarían un marbete que dijera «tristes» por suponerlos causantes de un estado de ánimo henchido de melancolía. Pero tal suposición, aplicada a Perico, sería gratuita. La postura del ánimo está en el hombre y no en las cosas. Es patrimonio de su intimidad: no de su contorno. La literatura negra nace lastrada por el error de confundir al hombre con su clima exterior imaginándole fundido con sus situaciones. Pero por mucha carga escatológica que inyecte un escritor a un ambiente para envilecerlo; por mucho que deshoje un catálogo de bajezas, miserias e inmundicias para tornarlo más sombrío, si nada nos dice del hombre que en ese vapor se mueve, nada ha dicho. Y bien podría ocurrir que se le rebelara el personaje como a Pirandello y le gritase desde el fondo de las cuartillas: «¡Alto! ¿Por quién me tomas? Aquí donde me pintas soy más feliz que un dios». Y es que de nada sirve privar a un hombre de las estrellas, porque ser hombre es llevarlas dentro.

Y Perico las lleva. Aquí le tenemos a punto de despertar. Es ese fardo que se adivina junto a una valla desconchada. Hay que acercarse para verle, pues el alba viene tristona y escatima la luz. Cerca de él arde con lenta llama un montón de basuras. Como el calor que despiden las brasas no es generoso, *Trespatas* se le ha metido dentro del capote. Por un desgarrón del paño asoma su hocico amigo, media oreja desmayada y el muñón. La cabeza del niño descansa sobre el macuto. Sus manos están fuertemente asidas a la imagen fosforescente de la virgen que salvó de las ruinas de su casa. Llueve; llueve mansamente sobre Perico. Las basuras humedecidas exhalan un humo espeso impregnado de olor blando y nauseabundo.

No. No ha habido «sábanas de hilo para mi general» ni «beso en la frente antes de dormir», como imaginó Catalino. No obstante, Perico sonríe. Sueña y sonríe. ¿En qué sueña Perico? ¿Por qué, de qué sonríe? Quizá no haya tanta amargura en sus sueños como la hay en su vida. Pero ¿es que acaso hay amargura en su vida? ¿Es que no vive cuando sueña? ¿Es que no sueña cuando vive?

Una mujer sin edad ha cruzado la carretera con un cubo de basuras. Las greñas le caen sobre los ojos soñolientos. Se acerca a la valla y vuelca las inmundicias sobre las brasas. La lluvia las humedece. Dentro, crepita el fuego luchando con la humedad. Descubre a Perico conmovida. La compasión asoma a su rostro. «¡Pobre crío!», murmura. No obstante, nada hay en el ánimo del niño —¡en el ánimo, que es lo que cuenta!— que merezca su compasión.

—Buenos días, *Trespatas.*
—¡Hola, chico!
—¿Qué haces metido dentro de mi capote?
—Es que... está lloviendo.

Perico levanta la cabeza hacia un cielo de galena, amenazador.

—¡Bah! Llueve muy poco. ¿No me dijiste un día que esta lluvia se llama calabobos?

Como el perro se resiste, Perico se lo extrae con las manos, lo zarandea en el aire, le besa.

—¡Menudo susto te llevaste ayer, eh?
—Y tú también, Perico... ¡que te lo noté en la cara!
—Pero el que más se asustó de todos fue el señor de los cacahuetes.
—¿El que te pegó en el trasero?
—Sí.

Perico rompió a reír con el recuerdo. Le imitó en la voz y en los ademanes. «¿No sabías que si llegas más lejos te podían coger los faciosos, jolines?» Y ¡zas!, un azote. «Merecías que un moro te hubiese echado el guante.» Y ¡zas!, otro azote. «¿Crees tú que las alcantarillas son sitio para jugar?» Y ¡zas!

—Zas, no —corrigió *Trespatas*—. Fueron ¡zas, zas, zas!, que yo los conté.

Perico se desternillaba recordando la cara de espanto del hombre al descubrirlos y más que nada, las palabras tan feas que dijo: «¡Yo estaba cagao al oír vuestras voces! ¡Cagao estaba yo pensando que eran los moros!». Después les regaló cacahuetes y los dejó marchar, no sin antes amenazarle caso de que volviesen a jugar por las alcantarillas. «—¡Con tu madre me gustaría a mí hablar para que te deje solo otra vez!»

Al recordar aquellas palabras del hombre de los cacahuetes el rostro del chico se dulcificó... «¡para que te deje solo otra vez!»... Su madre no tenía la culpa de haberle dejado solo tanto tiempo. La casa estaba toda rota... y como a él no le encontraron se vinieron todos a Madrid... Quedóse un instante como alelado. La lluvia le resbalaba por el rostro. ¿Estarán sus padres en el balcón cuando él llegue? ¿Los encontrará en la calle? ¿Tendrá que llamar al timbre? De ser así, ¿quién le abrirá la puerta?

El mecanismo imaginativo cedió muy pronto el sitio —*primum vívere*— a las imperiosas necesidades del subsistir.

—Estoy triste, Perico.
—Triste tú... ¿por qué?

El perro se encogió de orejas.

—No sé.
—Será que tienes hambre. ¡Vamos a comer! Ya verás qué pronto se te pasa.

Ante la sola promesa del manduco el perro desentumeció las orejas, batió la lluvia con el rabo, alzó el morro fascinado y temblón.

—¿Nos vamos ya a tu casa?

Los ojos de Perico no acompañaron a los labios en la sonrisa.

—Hoy todavía no, *Trespatas*. ¡Mira qué sucios estamos!
—¿Cuándo entonces?
—Mañana...

¡Qué grandes, qué desoladas, le parecieron a Perico las calles de Madrid! ¡Y qué sucias! Las basuras e inmundicias —restos de comidas, papeles, bichos muertos— se amontonan en las aceras sin que nadie las retire. Grupos de hombres armados prohíben el acceso a determinadas vías o exigen la documentación para circular por ellas. Lejanos tranvías quejumbrosos —¡cuántos meses hacía ya que Perico no veía ninguno!— atruenan el barrio. Automóviles apenas hay. De los dos grandes afanes que su vida andariega le plantea —cómo dormir, dónde comer—, Perico, en su estreno madrileño, ha satisfecho el primero sin dificultad. Días más tarde confirmará su impresión de que en la ciudad es mucho más fácil resolver este problema que no en campo abierto. Las escalerillas del metro, la arboleda de los parques, los andenes de las estaciones, los solares sin edificar donde queman sus basuras los traperos son muy limitados ejemplos de las formidables posibilidades que ofrece Madrid para pernoctar.

La dieta involuntaria es, en cambio, harto más ardua de combatir que no en el campo. «¡Vamos a comer!», le ha dicho el mozo a su mutilado y fiel guardaespaldas. Y en verdad, en verdad, que es más fácil decirlo que hacerlo. Difícil... mas no imposible. También era difícil para el resto de los madrileños. En Madrid el hambre hurgaba en las tripas y el mal talante de una población hosca y desesperada. Perico tardó en descubrirlo lo que tardó en topar con la más característica de las instituciones del Madrid rojo: una cola. Las colas de los mercados fueron para Perico aquella primavera aula de picardías, sala de espera, teatro de regocijos y centro de información. No sería lícito quedarnos con la imagen de un Perico rodeado de mujeres irascibles y vociferantes; que palpa y acaricia con los ojos los rimeros de mercancías recién llegadas de Levante y que paladea de ansiedad a medida que se acerca a unos comestibles que están al alcance de sus manos, que no de su bolsillo. Sería tanto como pintar una sola mitad de la verdad de Perico. Y desde luego no la más importante. Decir que pasaba hambre y que robaba para comer sería decir bien poco. Para evitar equívocos quizá sea oportuno añadir que lo hacía muy bien —pues tal industria exige tanta habilidad en las piernas como en la mente—, y a él, a Dios gracias, ni una ni otra le faltaban. Mas no habremos dicho todo cuanto conviene a la verdad del

caso sin precisar que, a más de bien, lo hacía muy a gusto.
¡Ah, esto no podrá entenderlo quien no esté en su pellejo, pero no hay oro bastante en el mundo para pagar el goce inefable de abalanzarse sobre las mercancías sin cartilla de racionamiento, dinero ni cosa que lo valga y salir por piernas esquivando perseguidores, maldiciones y hasta pedradas! Se le alegraban a Perico las pajarillas del alma al planear la operación; no cabía en sí de contento al comprobar la eficacia de *Trespatas* al guardarle la retirada —interponiéndose en el camino de sus perseguidores— y, una vez satisfecho su apetito se quedaba de chirinola horas enteras comentando con su cómplice y confidente las incidencias del día.

—A que estás ahora más contento, ¿eh, *Trespatas*? ¡Atrévete a decir que no!

Relamióse el perro recordando la gran panzada.

—¿Y si, para completar el día, nos fuéramos ahora a tu casa? ¿Eh, qué te parece?

—¡De acuerdo! —respondió con voz firme; pero al punto se distrajo, al observar la burda maniobra de un vencejo posándose en un poste. ¡Qué torpeza la de los pájaros en esos breves instantes que preceden a su toma de contacto con la tierra! Tan airosos e ingrávidos como antes volaban libres por el azul y ahora —al recuperar el peso de que antes carecían— aletean inseguros trocando la pasmosa elegancia de la seguridad en la grotesca contorsión de la incertidumbre. Más tarde, ya en tierra, recuperarán con el equilibrio la insolente belleza.

Algo de esto acontecía a Perico. ¡Con qué seguridad volaba ingrávida su fantasía y con qué guapeza manejaba sus pasos por tierra firme! No obstante, la transición entre uno y otro plano, la toma de contacto desde el ensueño a la realidad no se producía sin un agitado, a veces doloroso, aleteo de perplejidades.

—¿Y si nos fuéramos ahora a tu casa? —repitió el perro—. ¿Eh, Perico?

—De acuerdo...

Echó a andar, sin rumbo, con pasos indecisos.

—Lo que pasa —dijo deteniéndose— es que ya es muy tarde. Y mis hermanos están en el colegio. Y papá en el despacho. Y Anselma en la compra.

—¿Y tu madre?

—Mamá está en casa. Pero si vuelvo va a pensar que me he puesto malo. Y llamará al médico. Y se paseará por el pasillo diciendo: «¡Ay estos niños! ¡Me van a matar a disgustos!». Y así todo el tiempo. Y me querrán operar otra vez de apendicitis.
—¿Cómo lo sabes?
—Porque lo sé.
—¿Cuándo iremos entonces?
—Mañana...

Los dos preciosos tesoros de su pertenencia, de que goza pródigo —tiempo y libertad—, los invierte Perico en los más variados menesteres: viajar en metro, visitar los refugios antiaéreos, introducirse en los blocaos de cemento que cubrían las fuentes de Madrid para protegerlas de los bombardeos, penetrar en las iglesias convertidas en almacenes, o cuarteles (y que a pesar de ello conservan intacto su fascinante misterio), o galopar sobre un inmenso caballo de bronce derribado de su pedestal y cuyo augusto jinete fue descabalgado —que es tanto como destituido de la Historia— por la Revolución. No hay ejercicio más portentoso que éste de trepar a lomos de la estatua y cabalgar sobre la misma silla donde otrora lo hiciera un rey de la Casa de Austria. Es un tiovivo quieto y poco verbenero, pero mucho más alucinante. Otras veces Perico se va de caza —tiragomas su escopeta y cantos por proyectil—; sube a los topes de los tranvías, se cuela de rondón en los cines, o asiste en los parques al asombroso pálpito de la primavera. Allí persigue entre los tallos de los hierbajos, el rastro militar de las hormigas, trepa a los árboles para observar de cerca los botones lustrosos, recién nacidos en las ramas, por donde asoman las hojas tímidamente sus primeros penachos, deshace entre sus dedos los capullos por donde comienzan a emerger las corolas para comprobar si los pétalos están realmente dentro, planchados y doblados como la ropa blanca en los armarios de su casa, o se abisma escuchando el divino parloteo de los sapos en los estanques.

En modo alguno ha abandonado su propósito de reunirse con los suyos. Cuando estuviese un poco más limpio, apenas se agencie unos zapatos menos cochambrosos, en cuanto se acuerde algo mejor del camino, irá hacia allá sin pérdida de tiempo. No obstante, al imaginar su llegada prefiere eludir la escalera principal. En la sala de entrada hay un óleo muy poco

afortunado que representa a su madre. Nunca le gustó ese cuadro. Perico se recordaba a sí mismo, de niño, absorto ante el lienzo sin poder despegar sus ojos de aquellos otros increíblemente fríos que le miraban quietos, lejanos, ciegos. El día que suba a su casa Perico decide hacerlo por la escalera de servicio.
—¿Sabes una cosa, *Trespatas*? En casa hay un cuadro muy bonito. Pero a mí no me gusta.

Trespatas, a pesar de ser perro viejo —y ya es sabido que el diablo sabe más por viejo que por diablo—, está a punto de preguntar:

—Di, Perico: ¿Por qué no subimos a verlo?

Pero se abstiene —prudente—, pues conoce de antemano la respuesta:

—Mañana...

Índice

A	«En los ojos de tu madre — serás niño hasta el final.»	9
B	«No bien hemos nacido — ya comienzas a herirnos.»	19
C	«Una barca en tierra. ¿Hay algo más triste?»	33
CH	«Y cambiaste la rosa — por las olas amargas.»	39
D	«Y la espuma giraba — en sus hélices nuevas.»	46
E	«Y en el iris de aceite de su estela saltaban — los delfines lustrosos como obuses de guerra.»	55
F	«... era un redil de ovejas — que iban al matadero y que balaban.»	65
G	«Hay un destino claro colgado de los cielos.»	80
H	«El ciervo que tú has herido — está balando en la sierra.»	94
I	«El hombre que ha luchado inútilmente — para matar al Ángel de la Guarda.»	105
J	«Señor, pon en su noche una estrella inmutable — donde apunte su brújula sobre rosas de viento.»	115
K	«Para tirar en un solar la carne — que abrigaron la madre y las hermanas.»	130
L	«Ríos de sangre brava — se encrespan en los prados.»	146
LL	«... y defienden su imagen del olvido — para que un día, al trasponer las nubes, — la reconozcas pronto entre los ángeles.»	157
M	«Vuelvo a viajar por mapas ignorados. — Más de una vez recordaré tu casa.»	164
N	«Con tu presencia sola — era asombrosa el agua — y misterioso el árbol.»	171
Ñ	«Dios hizo de la niebla los ángeles primeros.»	182
O	«Y sin embargo, hermanos enemigos, — ¡qué cerca nuestra sangre!»	191
P	«Y la vida, tan bella, pero que a veces hiede — como un hermoso ciervo que se pudre en el bosque.»	201
Q	«Por la llanura fría, allá hacia octubre — cuando trashuman las merinas lentas.»	214
R	«Si algún día pinto un mapa — te pondré en el litoral.»	223
S	«Hoy sé que un corazón debe pararse.»	236

T	«Tren de mis vacaciones: en tus redes — yo me dejé olvidada una cometa...»	247
U	«Cuando rasgan el yeso de la celda — con su luz viva, las apariciones.»	256
V	«Porque somos hermanos en nostalgias — ¡nosotros sí, nos hemos comprendido!»	273
X	«... Yo te vi, Patria, — con tus mozos tendidos con la boca ya seca — bajo encinas con luna, y las manos cruzadas.»	290
Y	«Otras ciudades ríen, en medio de sus rosas; — mas tú estás con tu nieve, valiente en la frontera.» .	298
Z	«Con la brújula loca... ¡pero fija la Fe!»	309